Leadership Theory

Ishikawa Jun

リーダーシップの理論

経験と勘を活かす
武器を身につける

石川 淳［著］

中央経済社

はじめに

本書は，リーダーシップ理論をわかりやすく解説している書籍である。専門用語をわかりやすい解説つきで用いたり，平易な文体を用いたりすることで，リーダーシップの専門家でないビジネス・パーソンでも理解が容易になるようにした。また，リーダーシップに関わるケースと，理論を用いたケース分析を各章に載せることで，抽象的な理論を具体例に当てはめて理解できるよう工夫している。

一方で，学術的レベルを落とすことなく詳細に記述するよう心がけた。学術レベルを落とさないように留意したのは以下の２つの理由による。第１に，学術レベルを落とさない方が，かえって理論を理解しやすいと考えられるからである。確かに理論は複雑で，一見するとわかりづらい。しかし，各理論には，それぞれが重視する視点や越えようとしている先行研究の限界がある。これらを理解した上で理論を見ないと，かえって理論の本質がわかりづらくなる。手間を惜しまず丁寧に記述すれば，その本質も含めて理論を理解しやすくなると考えられるのである。第２に，理論の意義と限界を理解してもらうためである。どのような理論にもその意義と限界がある。理論を実務に用いる際には，意義と限界を理解した上で用いることが必要になる。そうでなければ，当該理論を用いるのに不適切な場面で用いようとしてしまうことにもなりかねない。そうなると，理論を用いることが効果を発揮しないばかりか，逆効果になってしまうことさえある。それぞれの理論の意義と限界を理解するためには，各理論を学術的にきちんと把握することが必要となるのである。

また，本書では，古いものから最新のものまで，様々なリーダーシップ理論を取り上げる。実務に役立つために理論を学ぶのであれば，最新の理論あるいは重要な理論を少数に絞って説明すればよい，という考え方もある。しかし，先述したとおり，どの理論にも意義と限界がある。どのような現場でも役立つ万能の理論というものはない。このため，それぞれの現場において最も適切な理論を用いることが必要となる。そのためには，様々な理論を知っていた方がよい。理論は，使い方によっては，実際に現場でリーダーシップを発揮するための武器になる。武器は多い方がよい。最新の理論が役立つこともあれば，場合によっては，使い古された理論の方がうまく機能する場合もある。多くの理論を知ることが，自らのリーダーシップの汎用性を高めることにつながるのである。

さらに，本書では，ただ理論を列挙するのではなく，リーダーシップ研究の流れに沿って解説する。その理由は２つある。第１に，ただアドホック的に並べられるよりも，流れに沿って解説された方が理論を理解しやすいからである。他の研究と同様にリーダーシップ研究も，既存の研究の弱点を克服する形で進化してきている。このため，研究の流れを理解することが，各理論が大事にしている視点や意義，限界を理解することに役立つ。つまり，理論の本質を理解しやすいのである。第２に，研究の流れを知っていた方が，今後必要となるリーダーシップを予見しやすいからである。たとえ最新のリーダーシップ理論を学んだとしても，それだけで今後必要となるリーダーシップを予見することはできない。理論よりも現場の方が速く進むので，時代の流れに変化が生じた際には，自分で考えていくしかない。その際に，リーダーシップ研究の流れを知っていることが重要になる。なぜなら，これまでのリーダーシップ研究は，時代の流れを反映しているからである。個人や組織，それらを取り巻く環境の変化に適合する形で進化してきている。このため，これまでの時代の流れと理論の進化をたどることができれば，今後の時代の変化に合わせてどのような理論が求められ，現場でどのようなリーダーシップが必要となるのかを推測することができるのである。

本書の最大の目的は，読者にリーダーシップ理論に興味や関心を抱いてもらうことである。具体的には，「リーダーシップ理論はわかりやすい」とか「リーダーシップ理論は面白い」とか「リーダーシップ理論は役に立つ」，「リーダーシップ理論をもっと勉強してみたい」などと感じてもらうことである。

第１に，リーダーシップ理論はわかりやすい。確かに学術書や学術論文に書かれている理論は難解に見える。しかし，専門用語を用いず，抽象的な概念を具体例に当てはめて考えてみると，とても理解しやすいことがわかる。リーダーシップ理論は，我々が日常業務で直面している現象を扱っているのだから，日常に当てはめて考えれば，わかりやすいのは当たり前のことである。

第２に，リーダーシップ理論は面白い。理論を紐解いてみると，日頃自分が感じていることをうまく整理していることがわかり，「あぁ，こういう時にはこういう行動をしてはダメだよね」などと改めて感じることもあるだろう。場合によっては，これまでにない考え方に触れることで，「このような考え方もあるのか，今度試してみよう」などと感じるかもしれない。いずれの場合であっても，仕事をしていく上でリーダーシップに少しでも関心を持っている人には，面白いと感じてもらえるだろう。

第３に，リーダーシップ理論は実務に役に立つ。リーダーシップ理論に対するよくある誤解は，“理論などというものは，実践には何の役にも立たない”というものだろう。確かに，理論は抽象度が高いため，そのままでは役立たない。しかし，理論によって自らの持論を鍛えることで，実践に役立たせることができる。自らの経験だけから構築された持論を，理論を通じて高度化した持論2.0にすることで，自らのリーダーシップの有効性を高めることができる。“理論が実務に役立つ”ということは，強くビジネス・パーソンに訴えたいことであるため，第１章において詳細に記述している。

本書を機に，さらにリーダーシップ研究を進めたいと考える人が増えることを期待したい。これまで多くの研究がなされ理論が提示されてきた。しかし，研究は常に進化し続ける。また，今日のように環境変化が激しい時代には，理論の素早い進化が必要となる。学術的に一定レベルの信頼がある研究を行うには，一定程度の研究者としての訓練を受ける必要がある。少なくとも，修士課程（あるいは博士課程前期課程）において，専門のトレーニングを受ける必要がある。しかし，逆に言えば，専門家でなくても，一定程度の訓練を受ければ，特別な才能がなくても学術的な信頼度が高い研究を行うことができる。もちろん，専門家のように高度に学術的な研究や○○理論を構築するといった大作を作成することは難しい。しかし，実務に役立ったり自らの持論2.0を発展させたりする研究を行うことは十分にできる。研究の裾野が広がることが，リーダーシップ研究の発展だけでなく，現場において人を適切に育成し配置し動機づけることにつながり，ひいては組織の発展に大いに貢献することになると考えられる。

本書は，実務の現場で理論を役立たせてもらうことを期待して書かれているので，第1には，ビジネスの最前線で活躍するビジネス・パーソンに読んでいただきたい。リーダーシップで悩んでいる人や，リーダーシップに関心がある人，あるいは，リーダーシップは自分とは関係ないと感じている人も含めて一度は目を通していただきたい。本書を読んでいただければ，リーダーシップが肩書きや特別な才能がなくても誰でも発揮することができるし，また，誰もが発揮した方が職場の成果が高まることを理解してもらえるだろう。また，読む前よりも，ほんの少しだけ，自らのリーダーシップの発揮に自信をもつことができるだろう。

一方で，学生など経営学を学んでいる人や，リーダーシップ研究に興味がある人にも読んでいただきたい。リーダーシップに対する学びを深めるためにも，また，リーダーシップ研究を進めるためにも，先行研究を体系的に理解することが必要となる。"巨人の肩の上に立つ"ことが必要なのである。本書は，多くの先行研究の知見をもとに，これまでの研究上の議論が体系的に示されている。また議論に際しては，多くの重要な先行研究が引用されている。これらの研究に触れることで，リーダーシップ研究に興味関心を抱き，「リーダーシップについてもう少し勉強してみよう」とか「リーダーシップ研究にトライしてみよう」と思う人が出てくればありがたい。

本書は8つの章で構成されている。第1章では，理論を知ることが，実務の現場で効果的なリーダーシップを発揮するために必要であることが述べられている。環境変化が激しい今日では，それまでの経験と勘だけから構成された持論を，理論によって得られた英知も交えてバージョンアップし続ける"持論2.0"にすることが必要であることが詳細に述べられている。

第２章では，これまでのリーダーシップ研究の流れが概観されている。先述したとおり，リーダーシップ理論を適切に理解するためにも，今後必要となるリーダーシップを予見するためにも，社会やマネジメントの変化に対してリーダーシップ研究がどのように変化をしていったのかを把握することが必要になる。

第３章から第６章までは，研究の流れに従ってそれぞれの理論を解説している。中には，すでに研究上も実務上もあまり注目を浴びなくなってしまった理論も含まれている。しかし，そのような理論であっても，今日の最新の理論につながる重要な役割を担っている。また，場合によっては持論を整理する際に役に立つ場合もある。このため，ケース分析を交えながら丁寧に説明をしている。

第７章では，比較的新しい理論をいくつかピックアップして概観している。リーダーシップ理論，特に新しい理論は数多ある。このため，すべてを紹介することはできない。新しい理論の中で実務上のインパクトも強く，かつ，研究上も発展している理論に焦点を絞って本章で紹介している。

第８章では，リーダーシップ持論2.0を構築するために必要なパーソナリティ・ベース・リーダーシップという考え方に言及している。また，どのようなリーダーシップを発揮する際にも必ず必要となるリーダーシップの基本についても解説している。効果的なリーダーシップを発揮するためには，他の優れたリーダーの真似をするよりは，自らに適したリーダーシップを発揮した方がよい。しかし，何にでも基本があるように，リーダーシップにも基本がある。自らの個性を活かすためにも，まずは基本を踏まえておく必要がある。最後に，効果的なリーダーシップを発揮するためのリーダーシップ持論2.0をバージョンアップし続けるためにPDCAサイクルを回すことが必要であることを指摘している。

職場の誰もが適切なリーダーシップを発揮すれば，その分だけ職場の成果は高まる。また，特別な才能や権限がなくても，誰もが，適切なリーダーシップを発揮できるようになる。適切なリーダーシップを発揮するためには，自らの経験と勘だけに頼るのではなく，先人たちの英知の結集である理論を参考にすることが効果である。本書がきっかけとなり，リーダーシップ理論に興味を感じてくれる人が１人でも増えることを望んでいる。

2022年３月

石川　淳

目　次

はじめに　i

理論を知っているかどうかで差がつく時代の到来

1　経験や勘の限界 —— 001

2　理論とは？ —— 006

3　理論はわかりやすいし役に立つ —— 013

4　最も効果的な理論の使い方…それは持論を通じて —— 019

5　なぜ多くの理論を知る必要があるのか？ —— 033

120年の研究を一気に読む——リーダーシップ研究の流れ

1　リーダーシップとは何か？ —— 039

2　リーダーシップ研究の流れ —— 047

資質アプローチ研究

1 資質アプローチ研究の成り立ちと内容 ——063

2 資質アプローチ研究の応用例とその評価 —— 067

行動アプローチ研究

1 オハイオ研究 —— 076

2 ミシガン研究 —— 078

3 PM理論 —— 079

4 行動アプローチ研究の応用例とその評価 —— 081

コンティンジェンシー・アプローチ研究

1 フィードラー理論 —— 090

2 SL理論 —— 096

3 パス・ゴール理論 —— 104

4 コンティンジェンシー・アプローチ研究の応用例とその評価 —— 113

第6章 変革型アプローチ研究

1 カリスマ型リーダーシップ —— 124

2 バスの変革型リーダーシップ理論 —— 131

3 ティシーとディバナの変革型リーダーシップ理論 —— 137

4 コッターの変革型リーダーシップ理論 —— 142

5 変革型アプローチ研究の応用例とその評価 —— 147

第7章 その他のリーダーシップ研究

1 サーバント・リーダーシップ研究 —— 161

2 オーセンティック・リーダーシップ研究 —— 168

3 温情主義的リーダーシップ研究 175

4 LMX理論 —— 182

5 暗黙的リーダーシップ理論研究 —— 189

6 シェアド・リーダーシップ研究 —— 198

リーダーシップ持論2.0へ

1 パーソナリティ・ベース・リーダーシップという考え方 —— 221

2 リーダーシップの基本 —— 224

3 リーダーシップ持論のPDCA —— 230

4 誰もが効果的なリーダーシップを —— 235

おわりに 241

REFERENCES（参考文献） 243

索 引 257

第1章

理論を知っているかどうかで差がつく時代の到来

一般的には，「理論は難しくて理解しづらい」とか，「理論など現場では役に立たない」と考えられることが多い。しかし，実際には，リーダーシップ理論はわかりやすいし役に立つ。特に，現代のように，環境の変化が早く，これまでの経験や勘だけではうまく乗り切ることが難しくなってきた時代には，理論の重要性がより一層高まる。そこで，本章では，リーダーシップ理論がどのようなものであるかを明らかにした上で，それがわかりやすいだけでなく，実務にも役に立つことを説明する。併せて，実務に役立たせるためには，1つだけでなく様々な理論を知っていた方が有利であることも明らかにする。

1　経験や勘の限界

今日ほど，理論の重要性が高まっている時代はない。理論をきちんと理解した上で，それを実務に応用することの必要性が高まっているのである。

その最大の理由は，これまでマネジメントの現場で重要な役割を果たしてきた経験や勘が限界に達しているからである。理論に頼らないビジネス・パーソンの多くは，自身の経験や勘を重視していた。これまで，経験や勘によってうまく現場を回すことができたからである。

しかし，今日では，そのような経験や勘だけでは，現場がうまく回らないことが多くなってきた。これまでうまくいっていたやり方が，通用しなくなる場面が増えてきたのである。例えば，今まで部下をうまく率いてきた課長が，最近になって，若い世代の部下から疎まれるようになってきた，などということが身近で起こっていないだろうか？　自分を鍛えてくれた上司の真似をしても，部下が全くついてこず，時代の変化を感じる，などと思っている人もいるかもしれない。

これまでの経験や勘が限界に達している理由は，組織を取り巻く環境の不確実性がこれまで以上に高まっているからである。その主な理由は3つある。技術進歩の加速化，顧客ニーズの多様化，競争環境の激化である。

第1に，これまで以上に技術進歩のスピードが速まってきていることがあげられる。インターネットにしてもスマートフォンにしてもAI（人工知能）にしても，これまで不可能だったことが，圧倒的に早い技術進化によって，あっという間に実現可能になっている。このため，これまで売れていた製品やサービスが，あっという間に売れなくなってしまうことがよく起こる。例えば，モバイル通信の普及はPHSによって始まったが，やがてガラケーが中心となり，現在ではスマホが主流となっている。これに伴い，コミュニケーション手段も口頭にメールが加わり，やがてLINE（ライン）やInstagram（インスタグラム）等のSNS（ソーシャル・ネットワーキング・サービス）が盛んに用いられるようになってきた。このような技術進化は，新商品や新サービスを生み出すだけでなく，既存の商品やサービスの競合相手を変えてしまうこともある。例えば，スマホが発達することにより，タクシー会社の競合相手は，他のタクシー会社だけでなく，配車アプリUber（ウーバータクシー）[1]経由の一般ドライバーになってくる。このように，技術進化によって，製品やサービスがあっという間に売れなくなったり，競合相手が変わってしまったりする。このため，これまでの勝ちパターンが通用しなくなることが多くなってくるのである。

第2に，様々な顧客ニーズに対応する必要が高まってきていることがあげられる。物質的な豊かさが増してくると，顧客のニーズは多様化するのが一般的である。掃除機1つをとっても，昔はキャニスター式しかなかったし，多くの顧客はそれで満足していた。このため，家電メーカーは，主として吸引力の強さを競っていればよかった。しかし，現在では，スティック型もあればコードレスもある。自動型のものある。同じキャニスター型であっても，紙パックのものもあればサイクロン式のものもある。家の作りや使用状況に合わせて掃除機に対するニーズが多様化しているからである。

もちろん，グローバル化が進んでいることも多様化を促進する原因の１つであろう。グローバル企業であれば，各国・地域のニーズに合わせた製品開発が必要になる。コカ・コーラは，国によって味を変えている[2]。国や文化によって味の好みが違うからである。日本の伝統工芸品の１つである有田焼も，海外展開を視野に入れた「2016/」プロジェクトをきっかけに，海外向けの様々なデザインも制作するようになった。このように，今後は，多様なニーズに対応する必要が出てくる。そうなると，これまでのように固定的でニーズが明確なターゲットに合わせたやり方が通用しなくなる。

第３に，これまで以上に競争環境が激化してきていることがあげられる。競争が激化している理由の１つは技術進化である。EV（電気自動車）の開発が進んだり，AIの進化により自動運転化が進んだりしている自動車メーカーにとっては，競合相手は従来の自動車メーカーだけではなくなる。EVには，テスラをはじめとした様々な新興企業が参入しているし，自動運転化にはGoogleなど他業種企業が参入している。テレビ局にとっても，これまでは同業の他局が競争相手であったが，現在では，Netflix（ネットフリックス）などの動画配信サービスやYouTube（ユーチューブ）などのオンライン動画が新たな競争相手になっている。

これまで業界を守ってきた参入障壁が，技術の進化によって崩され，より多くの競争相手が参入してくることになる。そうなると，これまでとは異なる競争の仕方を考える必要がある。場合によっては，これまでと全く異なる商品やサービスを提供することが必要となるかもしれない。また，他社が追随できない市場を開拓することで，競争しない方法を考える場合もあるだろう。いずれにしても，これまでの競争環境で最適なやり方が通用しなくなる可能性が高まるのである。

このように環境の不確実性が高まると，これまでの経験や勘だけを頼りにできなくなる（図表1-1）。なぜなら，経験や勘の多くは，それまでの成功体験に基づいているからである。環境変化が激しく不確実性が高まると，過去の成功体験が今日の課題解決に活かすことができない。例えば，証券会社の個人向け営業活動を考えてみよう。これまでは，“ドブ板営業”という言葉に表されるように，見込みのありそうな家を回ったり，飛び込み営業を行ったりと，文字通り靴をすり減らして外回りをすることが効果的であった。どれだけ靴をすり減らすかが成功の証でさえあった。しかし，今日のようにオンラインが発達すると，必ずしもドブ板営業だけが成功への近道ではなくなる。それにもかかわらず，ドブ板営業による成功経験に縛られて，部下に対してドブ板営業だけを指示していたらどうだろうか？　部下からの信頼は得られないばかりか，営業成績自体も伸びないだろう。このように，過去の成功体験が役に立たない場面が増えてくると，それまでの経験や勘だけに頼ったマネジメントには限界が出てくるのである。

図表1-1　経験と勘が限界に

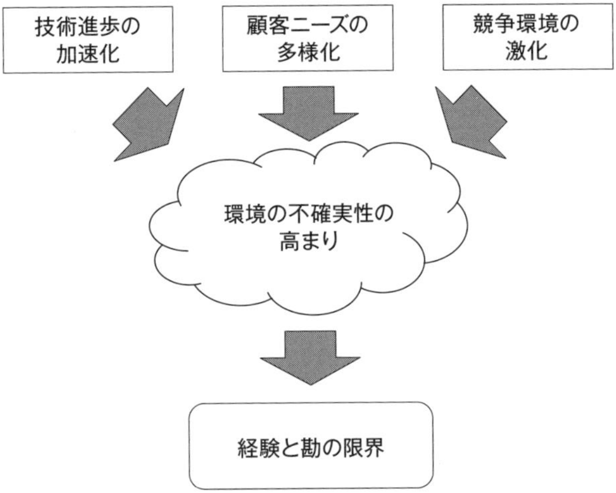

リーダーシップにも同じことがいえる。経験や勘によるリーダーシップに限界が来ているのである。マネジメント同様に，過去の成功体験に基づいたリーダーシップが役に立たなくなってきているからである。例えば，鬼軍曹的な

リーダーシップで成功してきた人は，効果を発揮するために鬼軍曹的なリーダーシップが重要なのだと認識しているかもしれない。情には厚いが部下には厳しく，時に理不尽な要求をすることもあるが，頼られたらとことん面倒を見てやる，といったタイプである。そのような人は，自分もそのような上司に育てられたし，これまでも，そのように部下に接して，部下とよい人間関係を築けていたと考えている。しかし，今日では，そのようなタイプに合わない部下もいる。特に価値観の多様化が進んだ現在では，理想とする上司像も部下によって様々である。それにもかかわらず，本人のこれまでの成功体験に基づいて鬼軍曹タイプを推し進めてもうまくいかないことが多いであろう。

しかし，残念ながら，今日，リーダー的な立場にある人ほど，経験や勘にとらわれる可能性が高い。なぜなら，このような立場にある人たちは，過去に成功を収めた人だからである。これまでの成功体験が，自身の経験と勘に基づくリーダーシップ・スタイルに自信を与えている。このため，状況が変化したり，また，うまくいかないことがわかったりしても，容易にやり方を変えることができないのである。今日，スポーツ指導の場面や通常の職場でも，パワハラが絶えない。これだけ社会で問題視されているにもかかわらずパワハラが絶えないのである。その理由は様々であるが，大きな理由の１つは，過去の成功体験に基づいた経験と勘が，現在の行動を縛っていると考えられる。「これまでうまくやってきたのだから，これからもうまくいくだろう」という根拠のない自信である。

ただし，経験と勘が全く役立たないわけではない。経験と勘には重要な示唆が含まれている。これまでの成功や失敗の様々な実体験から導き出されたものであるから，そこには様々な役に立つヒントが隠されているはずである。もちろん，経験と勘だけに頼るリーダーシップは限界に来ている。しかし，経験と勘を適切に使うことができれば，これほど役に立つものはないのである。今日においても，である。したがって，経験と勘に頼り切るのでもなく，また，経験と勘を疎んじるのでもなく，それらを適切に使うことが重要になる。

実は，その経験と勘を適切に使うために最も重要な役割を果たすのが理論である。理論というと，経験と勘の真逆にある存在に思っている人もいるかもしれない。しかし，そうではない。理論を適切に使えば，経験や勘を適切に使うことができる。相互に補完的な関係にあるのである。

2　理論とは？

理論は，経験や勘の足りないところを補って，それをさらに役立たせることができる。つまり，経験や勘と理論をうまく組み合わせて使えば，非常に役に立つ。

それにもかかわらず，多くの人は理論が何かを正確には理解していない。我々は，理論という言葉を日常で使うことがある。例えば，「もう少し理論的に整理して話して欲しい」とか，「彼を説得するためには，理論武装していく必要がある」などと使うこともある。また，アインシュタインの相対性理論など，内容はよくわからなくても，有名な理論については，その名前を知っているものもあるかもしれない。しかし，実際に，「理論とは何ですか？」と問われると，それに明確に答えることができる人は少ないのではないだろうか。“理論”というもののイメージは誰しももっているものの，実際にそれが何かということについては，意外と知らない人が多いと思われる。

したがって，まずは理論が何かを正確に理解しておく必要がある。理論が何であるのかをきちんと理解していなければ，それが役立つとか役立たないといった議論そのものが成り立たなくなってしまうからである。

1　概念間の因果関係

“理論とは何か？”という問いに最も簡潔に答えるのであれば，それは，“多くの人に，ある程度の時間・空間を超えて適切であると認められた概念間の因果関係”と答えるのが妥当であろう。概念とは，ある事物の概括的で大まかな意味内容のことである[3]。例えば，我々が日常で使う“電車”とか“犬”など，通常は事物や事象の名前と認識しているものが概念である[4]。また，因果関係とは，原因と結果の関係である。Ａという原因によってＢという事象が生じたとすれば，ＡとＢとの間には因果関係があるといえる。例えば，“褒められる”と“うれしいと感じる”とすれば，“褒める”という概念と“うれしく感じる”という概念の間には因果関係があるといえる。

これを，リーダーシップとその効果に置き換えて考えてみると，図表１-２のようになる。この図は，リーダーシップという概念が原因でその結果として生じるフォロワーの満足という概念が結果であることを示している。フォロワーとは，リーダーシップの影響を受ける人たちである。上司の部下に向けられたリーダーシップを考えれば，上司がリーダーで部下がフォロワーになる。この図は，リーダーシップの発揮度合いがフォロワーの満足度に影響していることを示している。リーダーシップの発揮度合いが高くなればフォロワーの満足度も高くなり，逆に，リーダーシップの発揮度合いが低くなれば，フォロワーの満足度も低くなることを示しているのである。この関係を，「多くの人が，だいたいの場合（時間を超えて），だいたいの国において（空間を超えて）適切である」と考えるのであれば，これも理論，ということになる。

図表１-２　リーダーシップと満足度の関係

また，図表１-３で示した因果関係図が理論になることもあるかもしれない。図表１-２では，単にリーダーシップの発揮度合いが原因の概念として置かれているが，ひと口にリーダーシップといっても，色々なスタイルがある。先ほど示したような鬼軍曹のようなリーダーシップもあれば，フォロワーの気持ちに配慮するような配慮型のリーダーシップもあるだろう。仮に，配慮型のリーダーシップはフォロワーの満足度を高め，鬼軍曹型のリーダーシップがフォロ

ワーの満足度を下げるとしたら，図表1-3のように描くことができるかもしれない。

図表1-3　2つのタイプのリーダーシップ

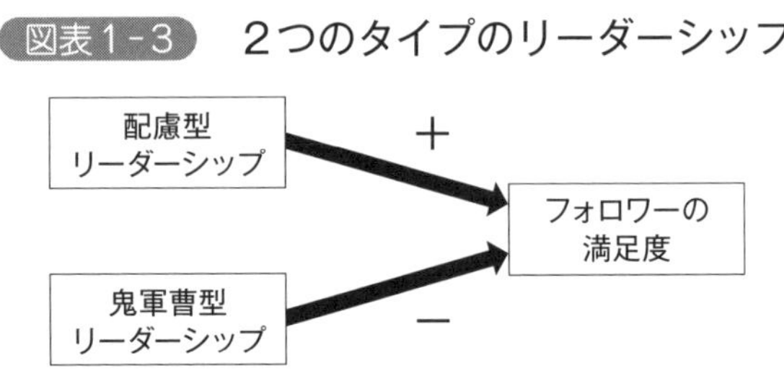

これらの例とは逆に，リーダーシップが結果となっている因果関係を考えてみよう。ある人が，どのようなリーダーシップのスタイルをとるかは，様々な要因の影響を受ける。例えば，その人の性格の影響を受けるだろう。ある人が発揮するリーダーシップのスタイルは，その人の性格によって異なるに違いない。また，それまでの経験も影響するかもしれない。それまで成功したリーダーシップ・スタイルは，次の場面でも使いたくなるものだ。さらには，その人の能力も影響するだろう。いくら「カリスマ的なリーダーシップ・スタイルをとりたい」と思っても，それに見合った能力がなければ不可能であろう。このように，リーダーシップ・スタイルを結果と考えて図にしてみると図表1-4のようになる。これについても，多くの人が，ある程度の時間・空間を超え

図表1-4　リーダーシップ・スタイルに及ぼす影響要因

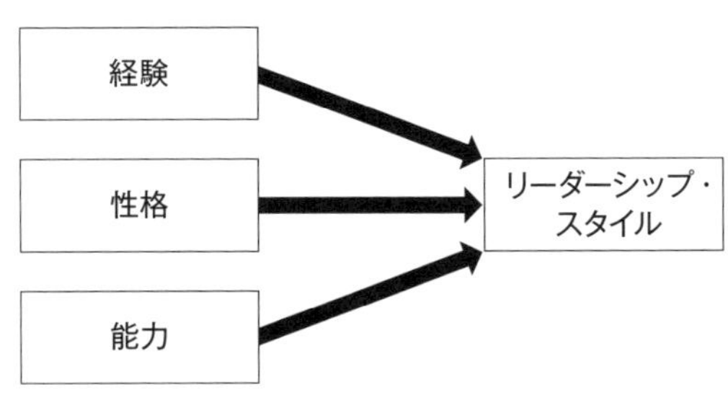

て適切であると考えれば，十分に理論として認められる。

残念ながら，リーダーシップとその効果の関係を示す理論に比べると，リーダーシップに影響を及ぼす要因との関係を示す理論の方が圧倒的に少ない。しかし，実務的には，有効なリーダーシップを明らかにするだけでなく，どうしたらそのようなリーダーシップをとることができるかも重要な関心事である。そのためには，リーダーシップに影響を及ぼす要因を明らかにすることも重要である。

2　理論として認められる条件とは？

理論と認められるには，提示された概念間の因果関係を多くの人に適切であると認識される必要がある。単に概念間の因果関係を提示しても，「そんなの理論じゃないよ」とか「そう思っているのはおまえだけだよ」といわれるのはよくある話である。

“多くの人”が何人くらいを指すのかは，理論や理論が属する学術分野によって異なる。自然科学系であれば，理解できるかどうかは別として，地球上のほぼすべての人類の同意が求められるかもしれない。一方，社会科学系の場合は，特定の国や地域に暮らす人たちに限定して同意されるものも理論と認識されることがある。場合によっては，数人だけであっても，その当事者の全員が同意するのであれば，その人たちにとっては理論と認識されるかもしれない。

また，理論として認められるには，ある程度の時間・空間を超える必要がある。その場の1回限りしか成り立たない因果関係は，一般には理論として認められない。理論と認められるには，場所が異なっていても，また，年月が変わったとしても成り立つ因果関係である必要がある。

ただし，“ある程度”がどの程度なのかについても，やはり学術分野によって異なるだろう。自然科学系であれば，場所は地球のどこでも，また，時間については千年後も成り立つことが求められるかもしれない。しかし，社会科学系では，国や文化によって因果関係が異なることはよくある話だし，100年前と今と100年後では，因果関係が変わる可能性があるものも理論と認められることがある。

このように考えると，１人だけしか適切だと感じていなかったり，非常に狭い範囲でしか成り立たなかったりする因果関係は理論とは認識されない。例えば，「若い人を従わせるには，怒鳴りつければよい」と信じている人を考えてみよう。その人は，この因果関係が適切だ，と考えているかもしれない。これを図にすると図表１-５のようになる。しかし，多くの人が，この因果関係が正しいと考えるかどうかは別である。多くの人は，「怒鳴りつけるだけでは人はついてこない」とか「それがうまくいく場合もあるだろうが，うまくいかないことの方が多い」といった印象を持つのではないだろうか。また，たまたまその人がこれまで置かれた状況では適切であったとしても，組織が変わったり，仕事内容が変わったりなどと状況が変化したら，そのまま当てはめることができなくなる可能性がある。このような因果関係は，本人がどのように思うかは別にして，一般的には理論とは認められない。

図表１-５　多くの人に賛同を得にくい因果関係

3　理論と持論

他人の同意が得られるかどうかとか，別の状況でも適切かどうかに関係なく，自らの経験と勘に基づいて適切であると信じられている因果関係は，理論というよりも持論といわれることが多い。これまで，“経験と勘によるリーダーシップ”という言い方をしてきたが，それは“持論によるリーダーシップ”と言い換えることができるだろう。持論は，理論と呼ばれているものとは成り立ちも違えば，その用途も大きく異なる。もちろん，持論も，概念間の因果関係を想定している。しかし，持論によって想定された因果関係は，その人に当てはまる可能性はあるものの，それを他の人や他の状況に当てはめることが困難な場合が多い。

持論と比べてみると，理論の特徴が浮き彫りになる。理論が持論と大きく違うのは，汎用性の高さと抽象度の高さである（図表１-６）。

図表１-６　理論と持論の違い

理論	持論
抽象度が高い：現場で応用しづらい 汎用性が高い：時間・空間を超えて使いやすい	抽象度が低い：現場で応用しやすい 汎用性が低い：時と場所によって使えたり使えなかったりする

第１に，理論は，持論に比べて汎用性が高い。理論は，多くの研究者によってその正しさが検証されている。検証に用いられるサンプルは，何万，何十万，もしくはそれ以上に及ぶこともある。また，国境を越えて支持される理論は，様々な国でも検証されている。さらに，今日残っている理論は，ビジネス・パーソンからも多くの支持を得ている。このように，理論として認められているものは，時間・空間を超えて検証が行われており，多くの人に支持されているのである。このことは，理論が，時間や空間を超えて汎用性が高いことを意味する。

これに対して持論は，本人にしか当てはまらないことが多い。確かに本人に当てはまることは多いのかもしれない。しかし，それが，異なる人に当てはまるとは限らない。また，同じ当人であっても，状況が異なれば，当てはまらない場合も出てくるかもしれない。このように，個人の経験や勘に基づく持論は，理論に比べて汎用性が低いのである。

第２に，理論は，持論に比べて抽象度が高い。先述したとおり，理論は，多くの人に当てはまる。このことは，個別具体的な概念は捨象されていることを意味する。そもそも，理論が焦点を当てている概念は抽象度が高い。また，当該理論が最も重視する因果関係に焦点を当て，それ以外の概念や因果関係は捨象する傾向がある。

例えば，SL理論（第５章参照）は，リーダーシップ・スタイルを４つに分類し，それぞれのリーダーシップ・スタイルが有効であるかは，フォロワーの成熟度によって異なると主張する。しかし，世の中には多くのリーダーシップ・スタイルが存在する。というよりも，厳密に全く同じリーダーシップ・スタイルをとっている人はいない。つまり，人の数だけリーダーシップ・スタイルは存在するのである。それを無理矢理４つに分類してしまうのだから，それぞれの４つのスタイルは抽象度が高い概念になる。また，ある特定のリーダーシップ・スタイルが有効であるかどうかは，フォロワーの成熟度以外にも様々な概念が影響を及ぼすはずである。にもかかわらず，SL理論では，他の概念や因果関係を捨象し，４つのリーダーシップ・スタイルとフォロワーの成熟度だけに焦点を当てているのである。

これに対して持論は，本人が意識しているかどうかは別にして，当人の置かれた状況や当人の性格や能力，フォロワーとの関係，フォロワーの性格や能力などの具体的な要因を勘案して因果関係が想定されている。例えば，当人の性格について考えてみよう。学術的に性格をいくつかのパターンに分類することはできるし，性格のパターンと適したリーダーシップ・スタイルを関係づける理論もある。しかし，実際には，人によって性格は様々で十人十色である。このため，完全に類型化されたパターンに当てはめることはできない。持論の場合，パターン化された性格を考えるのではなく，当人のありのままの性格，場合によっては言語化されない性格まで考慮してリーダーシップ・スタイルとの結びつきが検討される。つまり個別具体的な状況が勘案されているのである。

なお，ここで主張したいことは，理論と持論のどちらの方が優れているか，ということではない。それぞれ特徴が異なる，ということである。それがゆえに，両者の有効な使い方が異なる。このため，うまく両者を使うことができれば，相互補完的な役割を果たす。つまり，両方をうまく使いこなすことができれば，より効果的なリーダーシップを発揮することができるのである。この点は重要なので，後に詳述する。

3　理論はわかりやすいし役に立つ

理論は大きな誤解を受けている面がある。特に一般的によくある理論に対する認識は，「理論は難しくてよくわからない」とか「理論など知っていても役に立たない」といったものであろう。このように理論が認識されているのは，「理論というのは，実務の現場を知らない研究者が勝手につくったものだから，実務の現場からかけ離れている」とか「研究者が自己満足のために必要以上に理屈をこねくり回して複雑にしている」と考えられているからだろう。

しかし，少なくともリーダーシップ理論はわかりやすいし，実際に役に立つ。また，リーダーシップ理論を実務に役立てているリーダーも多くいるし，著名な経営者の中には，リーダーシップに限らず経営学の理論に驚くほど精通している人もいる。

1　実は理論はわかりやすい

“リーダーシップ理論が概念間の因果関係を示したものである”ということがわかると，それがわかりやすいものであることを理解してもらえるだろう。なぜなら，リーダーシップ理論で扱う概念も，また，概念間の因果関係も，ビジネス・パーソンにとってなじみがあるものだからである。

例えば，リーダーシップを原因とした因果関係を考えてみよう。リーダーシップを原因とした場合，その結果はリーダーシップの効果，ということになる。一般的には，フォロワーのモチベーションであったり満足度であったり，リーダーへの信頼などがあげられよう。イメージを図示すると図表1-7のようになる。図中でリーダーシップから出ている矢印の先にある概念は，いずれも，リーダーシップがフォロワー個人に及ぼす効果である。これとは別に，チーム全体が効果の対象となる場合もある。例えば，図表1-8のようになる。このように，リーダーシップが，フォロワー個人ではなくてチーム全体に及ぼす効果としては，チーム全体の雰囲気やチームの団結力などが考えられる。いずれの場合であっても，効果として検討されている概念は，現場で重要視されている概念であり，ビジネス・パーソンにとってなじみ深い概念であろう。

図表1-7　リーダーシップのフォロワーへの影響

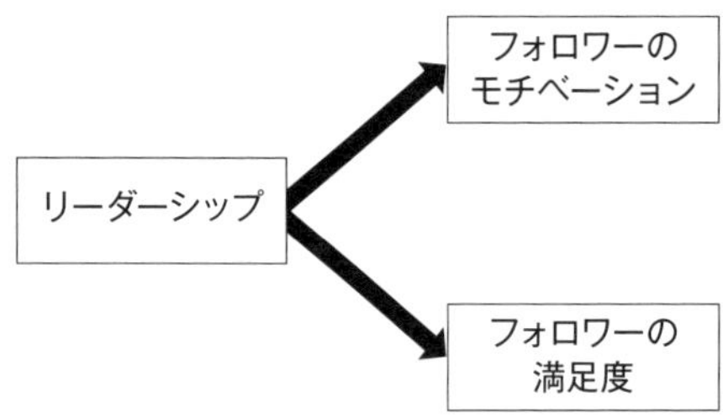

図表1-8　リーダーシップのチーム全体への影響

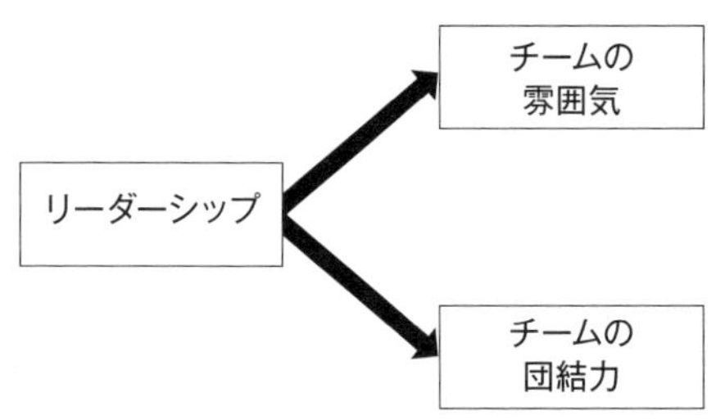

一方のリーダーシップ・スタイルについても，様々な概念が提唱されている。これらの中には，参加型リーダーシップやカリスマ型リーダーシップなど，その名称を聞いただけでイメージしやすいものが多く見られる。一方で，サーバント・リーダーシップのように，名称を聞いただけでは，どのようなリーダーシップ・スタイルかイメージしづらいものもある。しかし，そのようなリー

ダーシップ・スタイルであっても，スタイルについての説明を受ければ，ほとんどがイメージできるものである。

例えば，サーバント・リーダーシップである。詳細は，後の章に譲るが，簡単に言えば，サーバント（使用人／召使い）のようにフォロワーに奉仕しつつ，最終的にはフォロワーをゴールに導いてしまうリーダーシップ・スタイルである。フォロワーを，上からぐいぐいと引っ張っていくのではなく，下から支えながらゴールを目指すタイプのリーダーシップである。このような説明を受ければ，イメージしやすいだろう。場合によっては，「これは，職場にいる○○さんにそっくり」などと感じるかもしれない。このように，リーダーシップ理論で扱う概念は，ビジネス・パーソンにとって，なじみがあり理解しやすいものである。

これに加えて，リーダーシップ理論で扱う概念間の因果関係もわかりやすい。例えば，図表1-9を見てもらいたい。これは，参加型リーダーシップの発揮度合いが，フォロワーの満足度に影響を及ぼしていることを示している。具体的には，参加を促すリーダーシップが発揮される度合いが高まればフォロワーの満足度は上がり，逆に，その度合いが下がればフォロワーの満足度が下がることを想定している。つまり，参加型リーダーシップがフォロワーの満足度に正の影響を及ぼすことを想定している。図中で示している“+”の印は，正の影響を及ぼすことを表している。参加型リーダーシップをとることがフォロワーの満足度を高めることは，実際にありそうだし，本当にそうなのかどうかは別にしても，話としては理解することはできる。このように，リーダーシップ理論の概念間の因果関係も，ビジネス・パーソンにはなじみがあってイメージしやすいものが多い。

図表1-9　参加型リーダーシップの影響

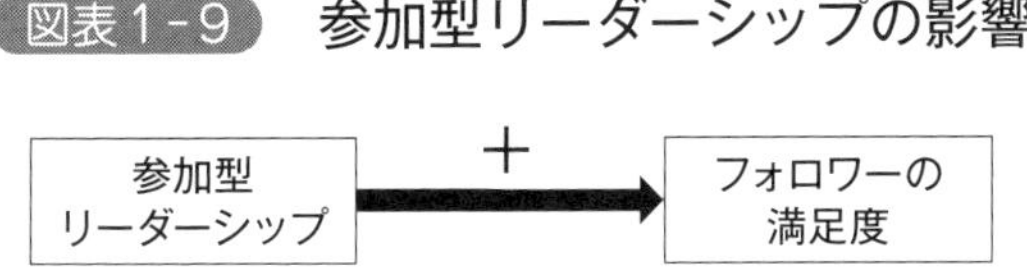

一方で，多少複雑な因果関係を示す場合もある。例えば，図表1-10は，参加型リーダーシップとフォロワーの満足度を職務の自律性がモデレートしていることを示している。職務の自律性とは，仕事のやり方や進捗度合いを自分自身で決められることができる度合いである。職務の自律性が高いということは，自分で決められる度合い，すなわち自由裁量度が高いことを意味する。一方の“モデレートする”とは，概念間の因果関係を強めたり弱めたりすることである。図表1-10は，参加型リーダーシップがフォロワーの満足度を高めるものの，その高める度合い（＝因果関係の強さ）は，職務自律性の度合いによって異なることを示している。

このように図にしてみるとやや複雑であるが，その意味するところは単純である。この図は，職務自律性が高ければ参加型リーダーシップの影響は強まり，逆に低い場合はその影響が弱まることを意味している。実際に，仕事を進める上で自由裁量度が高い職場では，参加型リーダーシップによって，参加する喜びを感じ，それが仕事への満足度につながる可能性がある。一方で，ルーチンワークのように，自律性がほとんど無いような仕事を行っている職場では，いくら参加を促しても，参加することに意義を感じられず，満足度向上にそれほどつながらないだろう。このような因果関係も，ビジネス・パーソンにとってはなじみがあるはずである。

図表1-10　職務の自律性のモデレート効果

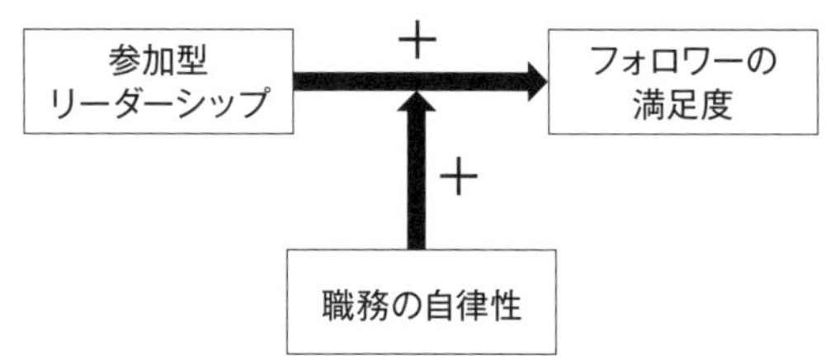

2　理論は役に立つ

リーダーシップ理論は，ビジネス・パーソンにとって役に立つ。これまで見てきたとおり，リーダーシップ理論は，ビジネス・パーソンにとってわかりやすい。これに加えて理論は，現場の実務にも役に立つものである。そもそも，理論は，様々な研究者やビジネス・パーソンによる検証に耐えてきたものであるため，様々な人や状況への応用力が高い。このことは，今，ビジネス・パーソンの目の前で生じている現象にも応用することができる可能性が高いことを意味している。

具体的には，リーダーシップ理論は次の３点で実務に役に立つ。事象を説明できる点，結果を予測できる点，そして結果をコントロールできる点である（図表1-11）[5]。

図表1-11　リーダーシップ理論が実務に役立つ点

事象を説明できる	リーダーシップに関わる事象が生じた原因を説明する枠組みを提供してくれる
結果を予測できる	リーダーシップに関わる行動の結果を予測することができる
結果をコントロールできる	求める結果を得るために，もしくは望まない結果を避けるために，必要な行動を考えるためのヒントを提供してくれる

まず，リーダーシップに関わる事象が生じた際に，その事象がなぜ生じたのかについて，リーダーシップ理論は，説明する枠組みを提供してくれる。例えば，フォロワーとの関係がうまくいっていない場合や，逆に，非常に関係が良好な場合にうまくリーダーシップを発揮できる人が，そこそこ人間関係が良いフォロワーに対しては，うまく発揮できない場合があったとしよう。もし，その人のリーダーシップが人間関係よりもタスクの達成を重視するタスク志向の

リーダーシップを発揮していたのであれば，フィードラー理論でうまく説明できる。フィードラー理論は，リーダーとフォロワーの人間関係が非常に良好か，もしくは険悪な場合は，タスク志向のリーダーシップがうまく機能し，両者の関係が，良好でも険悪でもない中間くらいの時には，人間関係を重視するリーダーシップが機能することを指摘している[6]。フィードラー理論を知っていれば，なぜ，その人のリーダーシップがうまくいく時といかない時があるのかを説明することができるのである。

また，リーダーシップ理論を用いれば，リーダーシップに関わる行動について，その結果を予測することができる。例えば，パス・ゴール理論によると，フォロワーが自分の仕事能力に自信が無い場合は，指示型リーダーシップが効果的である。したがって，自信の無いフォロワーに対して指示型リーダーシップをとればフォロワーはモチベーションを高め，仕事の成果も高まる可能性が高くなる。一方で，そのような自信の無いフォロワーに対して，参加型リーダーシップをとってしまうと，かえって不安になったりモチベーションを下げたりして，結果的に成果が上がらない可能性が高まる。このように，パス・ゴール理論を知っていれば，仕事に自信が無いフォロワーに対して，どのようなリーダーシップをとるとどのような結果が生じるのかについて予測することができるのである。

さらに，リーダーシップ理論は，求める結果を得るために，もしくは望まない結果を避けるために，必要な行動を考えるためのヒントを提供してくれる。例えば，ティシーとディバナの変革型リーダーシップ理論は，組織変革の最終プロセスで，変化の制度化を行う必要があると主張している。せっかく変革を行ったとしても，その結果生じた変化を制度化しないと，元に戻ってしまうということである。組織の慣性は強く，伸ばした時のゴムのように元に戻ろうとする力が強い。このため，制度化しないとせっかくの変革が台無しになってしまう。これまでも，カリスマ的リーダーが組織変革を行ってある程度成功したとしても，カリスマが去った後，結局元に戻ってしまった組織は数限りなくある。ティシーとディバナの変革型リーダーシップ理論を知っていれば，そのような失敗を避けるために制度として固定化することの重要性を理解することができよう。

なお，リーダーシップ理論の説明力，予測力，コントロール力は高い。なぜなら，これらの理論は，多くの研究者やビジネス・パーソンによる検証を経てきたからである。その意味では，何千，何万の人たちの経験や勘の集大成が理論といっても過言ではない。これに対して持論は，本人１人だけ，もしくは周りの少数の人間によって検証されているだけである。このため，持論には限界がある。特に，これまで経験したことがないような新しい状況に直面した時は，それまでの持論が役に立たないことが多い。今日のように，環境変化が激しい時代には，個人の経験や勘による持論だけでなく，より多くの人の経験や勘の集大成である理論を知ることが役に立つのである。

ただし，その使い方には注意が必要である。なぜなら，理論は抽象度が高いため，そのまま現場の事象に当てはめることができない場合が多いからである。したがって，理論の限界を知った上でうまく使いこなすことが重要になる。ではどのように使うのがよいのであろうか？　この点については，次に詳述する。

4　最も効果的な理論の使い方…それは持論を通じて

実は，理論の最も効果的な利用の仕方は，持論を通じて用いることである。「これまで経験や勘に基づいた持論には限界があると主張してきたにもかかわらず，結局大事なのは持論か」と思われる人もいるかもしれない。確かに，持論だけでは限界に来ていると述べてきた。しかし，決して持論が役に立たない，というわけではない。問題なのは，“だけ”ということにある。持論に“だけ”頼るのが問題なのである。そうではなく，理論の助けを得ることができれば，持論ほど役に立つものはないのである。

1 持論とは

持論とは，自らの行動に関わるメンタルモデルである。ここで言うメンタルモデルとは，因果関係に関する信念である。つまり，持論とは，“あのように行動したらこのような結果を生む”という自分なりのイメージである。理論が“多くの人に，ある程度の時間・空間を超えて適切であると認められた概念間の因果関係”であるのに対して，持論は“時間・空間が個人に限られた範囲内において適切であると認められた概念間の因果関係”ということもできる[7]。

例えばある人は，「部下の悩みにきちんと耳と傾けてあげれば，部下は自分のことを信頼し，一所懸命頑張ってくれるだろう」と信じているかもしれない。“部下の悩みを聞く”が“自分への信頼”に影響を及ぼし，最終的には，“一所懸命働く”に影響を及ぼす因果関係を表す。しかし，これは多くの研究者によって検証されたわけでもなく，また，自分以外の人に当てはまるかどうかもわからない。さらにいえば，その人にとっても，今後，どのように状況が変化したとしても必ず当てはまる，とは限らない。このため，広く受け入れられている理論とは異なる。このような，その人が個人的に信じている因果関係を持論という。

持論には，明示的な持論と暗黙的な持論がある。人によっては，「部下の意見にきちんと耳を傾けることが，部下のやる気を引き出すコツだ」などというように，明示的なリーダーシップに関する持論（以下，リーダーシップ持論）をもっている人もいる。このような人は，通常，持論に従ったリーダー行動をとっている。一方で，このような明示的なリーダーシップ持論をもっていない人もいるだろう。しかし，そのような人であっても，いざ，リーダーシップを発揮しなければならない場面になれば，「無理にやらせるだけでは動いてくれそうにないな」とか「部下たちの意見にも聞く耳を持った方がよさそうだ」などと瞬間的に考え行動に移すことがあるだろう。これらは，その人に暗黙的なリーダーシップ持論があり，その持論から導き出された行動だといえる。このように，持論の中には，「これが私のリーダーシップ持論だ」といえるような明示的で直接行動に影響を及ぼすものもある一方で，日頃は気づかないが暗黙的にもっていて，いざとなると行動に影響を及ぼすようなものもあるだろう(図表１-12)。

図表１-12　明示的持論と暗黙的持論

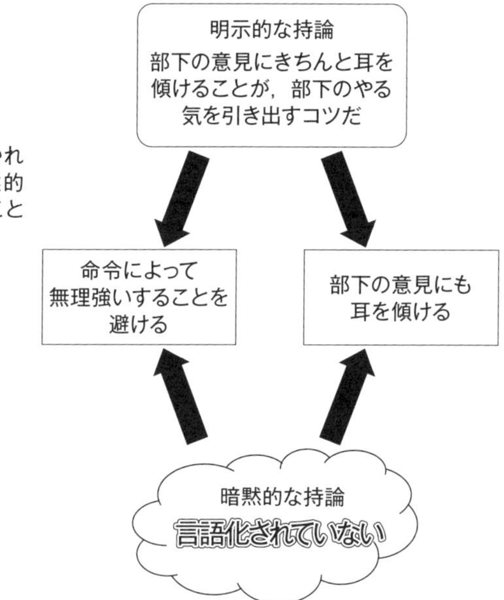

明示的であれ暗黙的であれ，リーダーシップ持論は，これまでの経験から培われる。日々の成功や失敗の経験から，「部下には厳しく接した方がうまくいく」とか「部下が落ち込んでいる時には無理に励まそうとしない方がよい」などといった持論を身につける。もちろん，自分の経験だけでなく，お世話になった上司とか，うまくいっている同僚とか，失敗している先輩など，周りの人の経験を観察することが持論構築に役立つ場合もあるだろう。当然のことながら，様々な経験において，常に成功や失敗の要因は同じであるとは限らない。

しかし，様々な経験を積み重ねると，その中で共通して重要な影響を及ぼす要因というものが何となくわかってくる。これが持論を形成する。つまり，様々な経験を通じて，それらに共通して，なおかつ重要な影響を及ぼす因果関係を抽象化したものが持論なのである。

明示的な持論は意識しないと構築されない場合が多い。例えば，「感情にまかせるまま部下を叱ると，かえって部下のやる気を削いでしまうことが多い。これまでの経験を考えると，部下を叱る時は，感情を抑えて，理性的に説明することが大事なのだ」といった持論があったとしよう。この場合は，経験から意識的に明示的持論が構築されたり精緻化されたりしている。このように，明示的持論は，意識しないと構築されたり精緻化されたりすることが難しい面がある。

一方で，暗黙的持論は，無意識のうちに構築されることが多い。なぜなら，暗黙的持論については，そもそもこれが持論であると意識していないからである。例えば，新人の時に先輩に悩みを聞いてもらったり，慰めてもらったりすることで元気を回復した経験がある人が，自分が先輩になった時に，自然に後輩に同様に振る舞うことがあるだろう。その人は，「先輩からこのようなリーダーシップが効果的であることを学んだ。だから自分も同様のリーダーシップを発揮する」といった具合には意識していないかもしれない。しかし，先輩との経験が無意識のうちに蓄積され，後輩に対する振る舞いに自然に表れているのである。このような場合は，後輩に対する持論を構築しようと意識されているのではなく，無意識のうちに暗黙的持論として構築されているのである（図表1-13）。

このように考えると，リーダーシップ持論をもっていない人はほとんどいないといえる。なぜなら，ほとんどの人が，多かれ少なかれ，リーダーシップを経験したり観察したりしているからである。もちろん，誰もが，課長や部長といった役職に就いたことがあるわけではない。学生時代であっても，キャプテンや委員長のような役職についたことがある人は，むしろ少数であろう。しかし，公式にリーダー的な立場になくても，ちょっとしたインフォーマルなリー

図表１-13 持論の構築

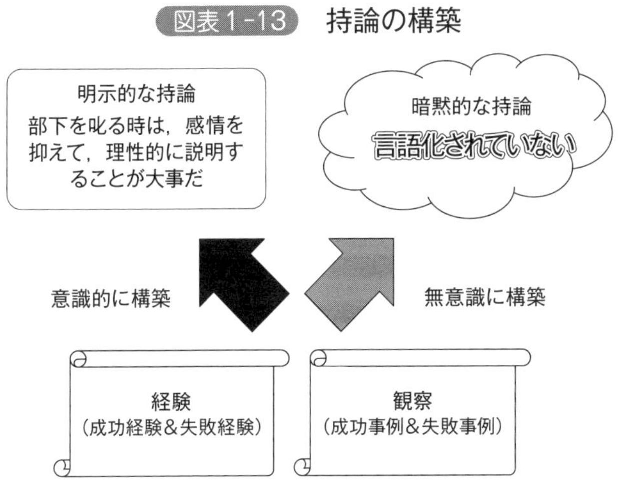

ダーシップであれば，多くの人が発揮したことがあるに違いない。たとえそのような経験が無かったとしても，公式なリーダーが発揮するリーダーシップやリーダー的な立場にない人のちょっとしたインフォーマルなリーダーシップを観察したことはあるだろう。もちろん，経験や観察したリーダーシップのすべてが効果的であったとは限らない。むしろ，失敗したことの方が多いかもしれない。しかし，成功であれ失敗であれ，そこでの経験や観察から構築されるのが持論である。逆に，これまで全くリーダーシップを発揮した経験もなければ観察したこともない，という人は，むしろ少数派であろう。そう考えると，暗黙的か明示的かは別にして，多くの人が，自分なりのリーダーシップ持論をもっているはずである。

2　持論は役に立つ

実践の場で最も役に立つのが持論である。なぜなら，持論は実践の場で培われたものだからである。特に，持論は，応用が容易である点，パーソナリティに基づいている点，状況に依存している点で実践の場で役に立つ（図表１-

14)。

第１に，持論は，応用が容易である。なぜなら，持論は，それまでの経験の中で，最も重要な部分を自分なりに抽象化したものだからである。たとえ経験から学ぶことが重要であったとしても，全く同じ場面に出くわすことはあまりない。このため，たとえ持論であっても，場面に応じて応用する必要がある。一般に，抽象度が高いものを具体的な場面で応用することは難しい。なぜなら，具体的な場面がどのように抽象化されたのか，その道筋がわからないからである。理論などはその典型である。ところが持論は，理論と違って自分で抽象化している。具体的な事例から持論へ抽象化した道筋がわかっている。このため，その逆の道筋をたどって具体的な場面に応用することも容易となる。自ら抽象化した持論の場合，別の場面に直面した時に，それを具体化してその場面に当てはめることが容易なのである。

第２に，持論は，自らのパーソナリティに基づいている。同じ経験をしても，そこからどのように学び，どのような持論とするのかは人によって違う。それは，人によって，性格や能力によって違うからである。自らのパーソナリティに向かないリーダーシップを発揮するよりも，自らのパーソナリティにあったリーダーシップを発揮する方が効果的であろう。このため，パーソナリティに基づいた持論は効果的なのである。

第３に，持論は状況に依存している。持論は限られた個人の経験から形成されることが多い。このため，個人が経験した状況において有効なリーダーシップが持論として形成される。リーダーシップのコンティンジェンシー・アプローチによる研究によると，リーダーシップが有効であるかどうかは状況によって異なる。先述したとおり，SL理論によると，フォロワーの成熟度によって有効なリーダーシップ・スタイルが違う。日頃の経験から培われた持論であれば，現場の状況に最も適しているはずである。その会社・職場の文化や価値観，人間関係に最も適した持論として形成される可能性が高いと考えられる。このため，持論の有効性は高いのである。

図表1-14　持論が効果的である理由

応用が容易	自ら抽象化しているので，別の場面に当てはめる（＝具体化する）ことが容易
パーソナリティがベース	自分に最も向いたリーダーシップを発揮
状況に依存	日頃の状況に適したリーダーシップ

3　持論のバージョンアップが必要

もし，持論が効果的で，なおかつ誰もが持論を持っているとすれば，誰もが効果的なリーダーシップを発揮することができるはずである。誰もが，現段階で優れたリーダーになっているはずである。

しかし，実際にはそうなっていない。もちろん優れたリーダーシップを発揮している人は確かに存在する。しかし，そうではない人も少なからず存在する。残念ながら，現実には優れたリーダーを発揮できていない人の方が多いかもしれない。また，そのことで悩んでいる人も多いだろう。

リーダーシップをうまく発揮することができない最大の理由は，持論が通用しない場面に出くわすからである。例えば，「これまでは，若手を育成するために，なるべく干渉せず，まずは自分で動き出すのを見守るようにしていた。ところが，最近の若手は，見守っているだけでは，自分から動き出そうとしない。最近の若手はやる気が足りないのだろうか」などと悩む場合があるかもしれない。また，「営業部にいた時には，一緒に食べて飲む機会を頻繁に設ければ打ち解け合えたが，新しく異動になったマーケティング部では，一緒に飲みに行こうと誘っても誰もついてこない」などと嘆いている場合もあるかもしれない。いずれも，それまで通用していた持論が，別の場面では通用しなくなったことを実感した例である。

特に，今日のように，環境の不確実性や曖昧さが高い時代には，持論が通用しなくなることが多い。持論が通用しなくなる主たる原因は，フォロワーや仕事のやり方，組織制度や文化などといった状況要因が変化するからである。持論が通用するかどうかは，これら状況要因に依存するため，状況要因が変わると持論の有効性も変わるのである。環境の不確実性や曖昧性が高いと，状況要因が変わりやすい。これまでと異なる顧客のニーズに対応したり，新しい人事制度に対応したり，価値観や考え方が異なるフォロワーと仕事をしたり，といったことが起こりやすくなる。

そうなると，これまでの持論をバージョンアップする必要が出てくる。これまでの持論を修正して，新しい状況に合った持論にしていく必要がある。どのような考えであってもスキルであっても，それが通用しなくなれば，新しい考え方を採り入れたり，新しいスキルを身につけたりする必要が出てくる。リーダーシップ持論も同様である。

ところが，このバージョンアップは意外と難しい。その理由は2つある。自信過剰と手詰まり感である（図表1-15)。

図表1-15 持論のバージョンアップが難しい理由

バージョンアップに向けた第1の障害は，持論に対する過剰な自信である。持論は，それまでの経験から構築される。特に，これまでの成功体験によって培われることが多い。成功体験に基づいた持論であればあるほど，当該持論へ

の信頼や愛着は強くなる。なかには，「昔はこのやり方でうまくいったのに……」といったノスタルジックな愛着までもっている人もいるかもしれない。このような信頼や愛着があるため，変えることに抵抗感を感じる人が多いのである。

第２の障害は，何とかしたいけれどもどうしてよいかわからない，という点であろう。実際にこれまでの持論が通用しなくなっているのは感じつつも，どのように変えればよいかわらかない，と感じている人は多いかも知れない。昔のようにやってもうまくいかない。別のやり方をいくつか試したが，どれもうまくいかない。「今の時代には，私のやり方は合わない」などと言って諦めてしまう人もいるかもしれない。

4　持論のバージョンアップに理論が役立つ

このような障害を乗り越えて，持論を適切にバージョンアップするために最も重要なことは２つある。持論の明示化とPDCAサイクルである。

第１に，自らの持論を明示化することが重要になる。先述したとおり，持論には，暗黙的なものと明示的なものの両方がある。多くの人は，暗黙的な持論はもっているものの，それを明示化していないかもしれない。しかし，明示化されていなければ，その持論が有効なのか，変化する状況に合っているのかさえわからない。このため，客観的に見れば有効でないことが明らかであっても，本人にはそれがわからず，結果的に，以前の成功体験に基づいた持論をダラダラと続けることになってしまう。また，たとえ有効でないことがわかったとしても，持論のうちのどの部分が有効でどの部分が有効でないのか，とか，どの部分をどのように変えなくてはならないのか，といったことも検討することができない。このため，まずは，暗黙的な持論を文章化するなど明示化することが必要になる。

第２に，PDCAサイクルを回すことである。我々は，業務を実践する際に，必ずPDCAサイクルを回すことを意識させられる。計画を立て（Plan），実践し（Do），実践の結果を評価し（Check），評価結果に基づき，改善策を検討し（Action），その上で次の計画を策定する（Plan）。PDCAサイクルを回すことで，現状の課題や改善点を明確化し，それに向けた改善策を検討することができる。持論も全く同じである。PDCAサイクルを回すことで，今もっている持論の課題や改善点を明確化し，これを克服し，より効果的な持論にバージョンアップするための改善策を検討することができる。逆に，このようなサイクルを経なければ，何が問題なのか，どのように変えればよいかわからず，結果的にこれまでの持論を続けてしまうことになる。なお，PDCAサイクルを回すには，持論を明示化する必要があることは言うまでも無い。

このように，持論をバージョンアップするためには，明示化とPDCAが重要になるが，その際に重要な役割を果たすのが理論である。具体的には，持論を整理する，持論を補足する，持論を新しい環境に合わせることで役に立つ。

第１に，理論は持論を整理するのに役立つ。持論は，言葉にできないまま暗黙的な状態であったり，また，言葉になったとしても，「こういうときはこのようにした方がよい」といった断片的な持論が羅列されているだけでうまく整理されていなかったりすることが多い。しかし，この状態では，自分の持論を明確に把握することができないし，PDCAを回すこともできない。持論を明確に言語化することができなければ，当該持論を実践したり，その効果を検証したりすることができないからである。理論は，暗黙的もしくは断片的な持論を整理するためのフレームワークを提供してくれる（図表1-16）。

例えば，「部下のやる気や能力によって，部下への接し方を変えた方がよい」と考えている人がいたとしよう。その人は，このように明示化された持論をもっているものの，実際にどの部下にどのように接するかは，その場の勘任せにしている。そのような人が，リーダーシップのSL理論を知ったとしよう。SL理論は，フォロワーのやる気や能力によって，タスク志向と人間志向の度合いを変える必要があることを主張している。これを参考に，「能力ややる気がない部下には厳しめに接し，能力とやる気が出てくるにつれ，優しさや気遣いも見せることにする」という持論に整理し直すかもしれない。この持論が適切かどうかは別にして，少なくとも，それを実行したり，効果を検証したりすることはできる。つまり，理論を参考に曖昧だった持論を整理することで，PDCAを回すことができるようになるのである。

図表1-16　理論を用いて持論を整理

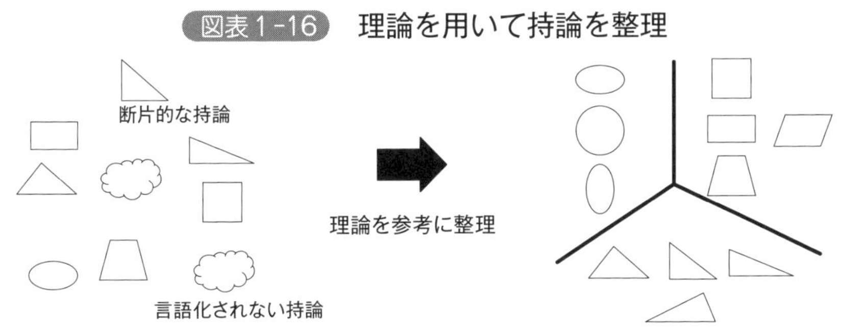

理論が役立つ第２の点は，持論が足りないところを補足することができる点である。持論は，理論に比べて具体的で，現象に関わる概念を幅広く網羅しているように感じられる。しかし，人間には認知能力に限界があるため，自分を取り巻く環境のすべてを完全に認知できているわけではない。特に，知覚の選択的バイアスにより，自分にとってなじみのある情報や都合のよい情報だけを選択的に取得していることが多い。このため，持論においても，自分にとって関心がなかったり，大事ではないと考えていたりする概念が抜け落ちている可能性がある。理論を知ることで，持論から抜け落ちている概念を知ったり，それを持論に付け足したりすることができるのである（図表1-17）。

例えば，「日本の大学の体育会のように，上下関係が明確で昔ながらのしきたりが重要視されている場では，監督は権威をもって選手に接することが，選手からの信頼獲得に大事だ」と考えている人がいたとしよう。確かに，そのような面が必要であることは否めない。実際に，温かい心を持つ親分を想起するような温情主義的リーダーシップの研究では，権威を示すことが重要であると主張している。しかし，温情主義的リーダーシップは，それだけでなく，倫理性や慈悲深さを同時に示すことが必要であることも指摘している。つまり，権威だけを示すのでは効果がないと指摘しているのである。権威を示すことを持論にしていた人が温情主義的リーダーシップの研究を知れば，権威を示すだけでは選手からの信頼を獲得できないことに気づくだろう。

図表1-17　持論の足りない部分を理論が補足

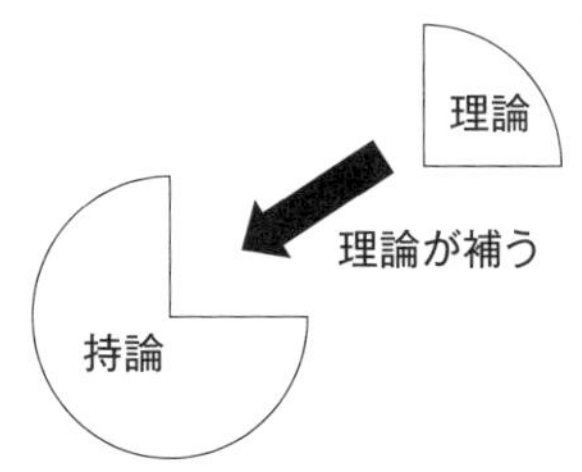

第３に，理論は，持論を新しい環境に合わせるために役に立つ。リーダーシップ研究者によって，次々と新しい理論が生み出されている。また，既存の理論も，バージョンアップしている。これはすべて，新しい時代環境に理論を合わせるためである。これまでの時代に適合していた理論が，新しい時代に合わなくなる，もしくは不十分な効果しか生み出せなくなることは，よくあることである。環境変化が激しければなおのことである。このため，理論も常に新

図表1-18　理論が進化を後押し

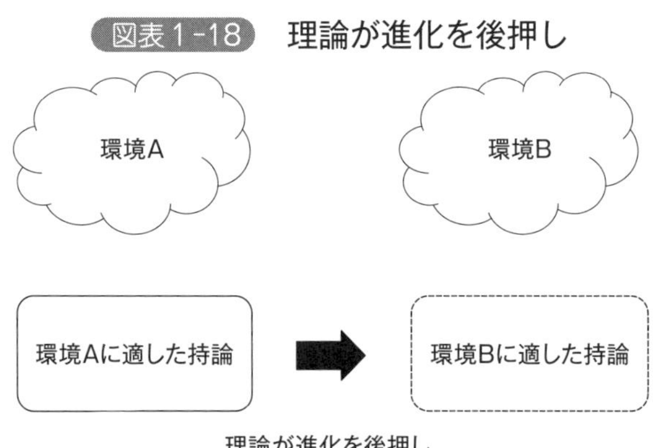

しいものが生まれたりバージョンアップしたりしているのである。したがって，最新の理論を知ることができれば，現在の環境において，どのようなリーダーシップが求められているのかを知ることができる（図表1-18）。

また，これまでの理論の流れを知ることができれば，今後必要になるリーダーシップ持論を考えるヒントを得ることもできる。リーダーシップ理論の流れを知れば，環境の変化に合わせて，理論がどのように変化してきたのかがわかる。それがわかれば，今後，環境変化に合わせて適切なリーダーシップがどのように変化するのかの予想がつく。環境がどのように変化するかを予想することができれば，その変化に合わせて必要な持論を考えることができるようになるのである。

5　持論から持論2.0へ

現場で最も役に立つ持論をより効果的な持論にバージョンアップするためには，何よりも経験が必要である。持論は経験や観察から構築されているからである。しかし，個人でできる経験には限界がある。このため，より多くの人の経験を持論に組み込む必要がある。その際に役立つのが理論である。なぜなら，理論は，非常に多くの経験を集大成したものだからである。理論は抽象的であるため，一見すると経験とは無関係に見える。しかし，集大成するために抽象的になったのであって，その大元は，様々な人の現場における経験である。持論のバージョンアップのために理論を用いることは，経験や観察だけでバージョンアップするよりも効率的で，なおかつずっと効果的なのである。

本書では，個人的な経験や勘だけで構築されてきた持論に対して，理論も参照しながらバージョンアップを続ける持論を“持論2.0”と呼ぶことにする。持論2.0は，単なる持論とは違う。単なる持論であれば，ほとんどの人が持っている。それは役に立つときもあれば，役立たないときもある。今日のように，環境の変化が早く，不確実性が高い時代には，役に立たないことが多い。これに対して，経験と勘だけでなく，理論も参照しながらバージョンアップを続ける持論2.0の有効性は高い。個人的な経験や観察を超えて様々な人の集合知を採り入れることができるからである。また，理論を参照することで論理的に持論を構築することができる。さらにバージョンアップを続けることで，より一層，効果的な持論にし続けることができるのである。

持論と持論2.0を図にしたものが図表1-19である。図は，持論が自らの経験だけから構築されているのに対して，持論2.0が経験だけでなく理論を参照しながら構築されていることを示している。また，持論が進化しないのに対して，持論2.0が時間の経過とともに進化することも示している。

図表1-19　持論と持論2.0

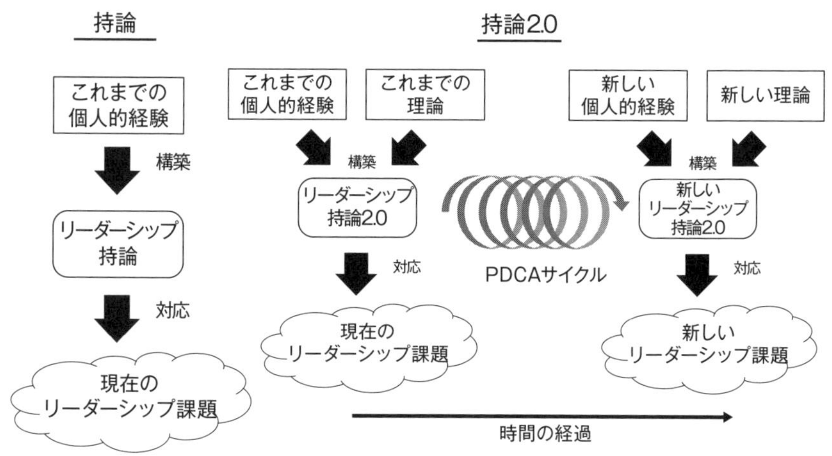

効果的なリーダーシップを発揮するためには持論2.0が必要となる。なぜなら，効果的なリーダーシップを発揮するためには，理論と持論をうまく使い分けることが必要となるからである。理論は最も抽象度が高く，様々な人の経験から成り立っている。これに対して持論は，理論に比べて抽象度が低く，なおかつ自分自身や自分を取り巻く環境を考慮して構築されているため応用力がある。現実には，全く同じ現象に出くわすということは無いが，日々の仕事で出くわす現象には類似点があり，全く異なる現象に出くわすことは難しい。した

がって，持論を応用することでほとんどが解決する。しかし，環境が変化したり，これまでと異なる状況に出くわしたりすると，これまでの持論が通用しなくなる。その場合は，持論のバージョンアップが必要になる。このバージョンアップに最も役立つのが理論である。単なる持論を，理論を参考にしながらバージョンアップを続ける持論2.0にすることで，環境の不確実性に対応した効果的なリーダーシップを発揮することができるようになるのである。

5　なぜ多くの理論を知る必要があるのか？

理論が実務に役立つことが理解できたとしても，なかには，なぜ多くの理論を知る必要があるのか不思議に思う人もいるだろう。この書籍では，多くの理論を紹介する。古い理論から最新のものまで紹介する予定である。しかし，理論を実務に役立たせるのであれば，最新の著名な理論を１つだけ知っていれば十分ではないか，と考える人もいるかもしれない。

だが，実際には，多くの理論を知ることが，豊かな持論構築につながるのである。ここで言う“豊かな持論”とは，有効性と汎用性が高い持論のことである。持論は，実際の現場で用いられる。よって，効果がなければそもそも意味がない。それに加えて，汎用性も重要である。なぜなら，持論は様々な場面で用いられるからである。例えば，これまでは部下に若手しかいなかった課長について考えてみよう。今度，その課長に新しく年上の部下が配属されることになった。このような場合でも効果的なリーダーシップを発揮するためには，年下の部下にしか通用しない持論よりも部下の年齢に関係なく通用する汎用性が高い持論の方が適切であろう。

このように有効性も汎用性も高い豊かな持論にするためには，様々な理論を知っておいた方がよい。その理由は３つある。理由の１つ目は，理論が現象の一部だけを説明しているからである。２つ目は，理論がある現象に対して１つの視点しか提供してくれないからである。そして３つ目は，理論が時代とともに変化しているからである。

1　理論は現象の一部だけしか説明していない

理論は，実際の現象のすべてを説明しているわけではない。実際の現象には様々な要因が影響を及ぼしている。あるリーダーシップ・スタイルがうまくいったとしても，その原因は様々である。細かいことをいえば，その日のフォロワーのテンションの度合いなども関係するだろう。しかし，それらの要因をすべて含めてモデル化することはできない。仮にできたとして，それはその場だけに通じるモデルであって，汎用性が低くなってしまうだろう。このため，理論では，現象の中で最も重要だと考える概念だけに焦点を当てている。例えば，先述したSL理論は，リーダーシップの有効性に影響を及ぼす要因として，フォロワーの成熟度だけに焦点を当てている。

しかし，実際には，それ以外の要因も影響を及ぼしている。例えば，仕事の状況である。仕事が高度に構造化されルーチン化されているのか，それとも各メンバーの役割やプロセスが曖昧なのかによっても，有効なリーダーシップ・スタイルは異なってくるだろう。このようなことについてSL理論は答えを出してくれない。したがって，もし，SL理論しか知らなければ，その他の要因が影響してリーダーシップの発揮がうまくいっていない時に，適切なリーダーシップ・スタイルを考える上で適切なヒントを得ることができないのである。

もし，他のリーダーシップ理論を知っていれば，他の要因も考慮することができる。例えば，パス・ゴール理論を知っていたとしよう。パス・ゴール理論は，フォロワーの成熟度には焦点を当てていないものの，仕事の状況やフォロワーの性格などには焦点を当てている。このため，フォロワーの成熟度以外の要因についても考えるためのヒントを得ることができる。このように，複数の理論を知っていれば，現象に関わる様々な要因を考慮することができるのである。

2　理論は１つの視点しか提供しない

ある現象が生じた際に，１つの理論は１つの視点しか提供してくれない。これまで述べてきたとおり，理論は，現象に関わるすべての概念に焦点を当てることはできない。しかし，それ以前の問題として，理論は，通常，生じている現象を１つの固定された視点でとらえている。なぜなら，１つの現象を同時に複数の視点でとらえて言語化し，因果関係に落とし込むことが難しいからである。このため，様々な視点を１つのモデルに盛り込んで理論化することがしづらいのである。したがって，多くの理論はある視点に限定して現象を説明しようとする（図表１-20）。これにより，必然的に他の視点を排除してしまっているのである。ゆえに，１つの理論しか知らないと，現象をとらえる際に，その理論がもつ視点だけしか参考にすることができないのである。

図表1-20　同じリーダーシップでも理論によって見方が異なる

ちなみに，どの理論にも強みと限界があるのは，このことに起因する。どんなに世間からもてはやされた理論であっても，必ず限界を抱えている。相手や状況に関わりなく通用する万能の理論というものは，この世に存在しない。なぜなら，すべての理論は，その理論固有の視点によって立っているからである。

どの理論にとっても，その強みは，多くの人が重要だと考える視点をもっていることであり，逆に，その限界は，その視点しかもつことができないことなのである。

例えば，米国アップル社の創業者である故スティーブ・ジョブズ氏のリーダーシップを考えてみよう。ジョブズ氏を，アップル社を創業してあれだけの大企業に育て上げただけでなく，IT革命を世界にもたらした人であり，すばらしいリーダーシップを発揮した人ととらえる人もいるだろう。また，部下に対して高い目標を設定して奮い立たせる面を知っている人は，ジョブズ氏を部下の育成に適切なリーダーシップを発揮する人だと評価するかもしれない。一方で，ジョブズ氏が，部下に暴言を吐いたり気に入らない部下を解雇したりすることを目の当たりにした人は，同氏を独善的なリーダーシップを発揮する人だと考えるかもしれない。

このように，同じジョブズ氏によるリーダーシップであっても，様々な考えが生まれるのは，視点が異なるからである。起業家精神の視点から見れば，ジョブズ氏の行動力やアイデア力，人を惹きつける力が焦点になるだろう。一方，部下の育成やモチベーション向上の視点から見れば，ジョブズ氏の部下への言動が焦点になるだろう。理論にも，それぞれがよって立つ視点があり，理論によってそれは異なる。このため，同じリーダーシップ現象でも，用いる理論によって焦点が異なるのである。

3　理論は時代とともに変化する

複数の理論を知っておいた方がよい第3の理由は，理論が時代とともに変化するからである。次章で詳述するとおり，理論は時代とともに変わる（図表1-21）。「そうであれば，最先端の理論だけ知っていればよいではないか」という考えをもつ人もいよう。しかし，最先端だけでなく，これまでどのように変化してきたのか，理論が変化していく全体の流れを知ることのメリットがある。

その理由の１つ目は，理論の視点を理解するためには，理論の流れを理解することが一番の早道だからである。新しい理論は，それまで主流だった理論のアンチテーゼとして提案される。それまでの理論では，余り重視されていなかった概念が新たにモデルに組み込まれることがある。また，それまでの理論が主張する因果関係に対立する因果関係が組み込まれることもある。このようにアンチテーゼが提示されるのは，それまでの理論がもっていた視点では説明できない現象が生じたり，当該視点の相対的な重要性が低下したりすることによる。このため，理論の流れを理解すると，これまでの理論の視点が何で，新しい理論がどのような視点を重視しているのかがわかる。加えて，なぜこれまでの視点が廃れ新しい視点が提案されたのか，その背景にまで理解を深めることができる。

理由の２つ目は，今後必要となるリーダーシップを予測することができるからである。一般に，未来を知るためには，歴史を学ぶことが重要であろう。これは，リーダーシップ理論にも当てはまる。最新のリーダーシップ理論であっても，その時には有効かもしれないが，時代が変われば，新たな時代に適切なリーダーシップ理論が必要とされる。しかし，これまでの理論の流れを振り返ることができれば，これまでのリーダーシップ理論がどのように時代を反映してきたのかを知ることができる。なぜなら，新しい理論は，時代の流れを反映し，それまでの視点を否定することから生まれてきたからである。つまり，理論の流れを理解すれば，どのような時代にどのような視点が必要になるのかがわかる。そうなれば，時代の流れに合わせて，今後，適切なリーダーシップを考えるためにどのような視点が重要になるのか考察を深めることができるのである。

これまで見てきたとおり，リーダーシップ理論を学ぶことには意義がある。リーダーシップ理論はビジネス・パーソンにとって理解しやすい。また，リーダーシップ理論をうまく使いこなせば，経験や勘に頼ったリーダーシップの限界を超えることができる。さらに，１つではなく複数のリーダーシップ理論を学ぶことが，理論を現場で適切に使いこなすために非常に役立つのである。

図表1-21 進化する理論

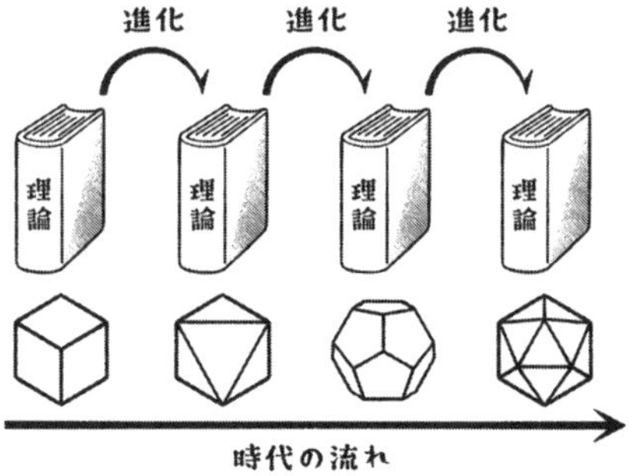

進化 進化 進化

理論 理論 理論 理論

時代の流れ

注

1 2022年現在，日本では，道路運送法の規制により，一般のドライバーが自家用車を用いて有償で乗客を運ぶライドシェアは認められていない。

2 Ghemawat, P. 2007. *Redefining Global Strategy: Crossing Borders in a World Where Differences Still Matter*. Boston, MA: Harvard Business Press.

3 松村明編，大辞林（第4版）：三省堂。

4 我々は，様々な色や形の“電車”や“犬”を知っている。それにもかかわらず，我々は，“電車”や“犬”と，色や形状が似ているそれ以外のものを区別することができる。これは，“電車”である，とか，これは“犬”ではない（例えば狐とか狸など）などということができる。これは，“犬”や“電車”の色や形状を超えて普遍的にある要素を“犬”とか“電車”と認識しているからである。そのような認識が概念である。

5 この考え方は，Robbins, S. P. 1997. *Essentials of Organizational Behavior* (5th ed.) Upper Saddle River, NJ: Prentice Hall.で示された組織行動論の目的を参考にしている。

6 フィードラー理論は，必ずしも，リーダーとフォロワーの人間関係だけを重視しているわけではない。地位パワーやタスクの構造化度合いなどもモデルに組み込んでいる。詳しくは，第5章第1節のフィードラー理論の節を参考のこと。

7 ここでいう持論は，著名な経営学者であるクリス・アージリスが主張した“theory-in-use”に近い。

第2章

120年の研究を一気に読む
——リーダーシップ研究の流れ

本章では，まずリーダーシップとは何かを定義する。リーダーシップを実践したり研究したりする上で，リーダーシップを様々な視点からとらえることは重要である。しかし，そもそも，「リーダーシップとは何か？」という問いに答えられなかったり，人によって答えが違ったりしたら，リーダーシップについての議論そのものが成立しない。“正義”の定義が異なる人同士が，“正しい行いとは何か”を議論するようなものである。そこで，リーダーシップについてかみ合った議論を行うために，リーダーシップが何であるかを説明する。その際には，よく似た概念であるマネジメントとの違いについても言及する。

その上で，リーダーシップ理論についての研究がどのように変化してきたのかを概観する。理論といえども，時代背景の影響を受けながら，重視する視点を変化させてきている。このため，事前に全体の流れを理解していた方が，それぞれの理論が，時代とともにどのように視点を変化させてきたのかを把握しやすいのである。

1 リーダーシップとは何か？

以下では，本書におけるリーダーシップの定義を提示する。これまでの研究を参考にしながら様々なリーダーシップの定義に言及した上で，本書における定義の妥当性について説明する。また，本節の後半では，リーダーシップと混同されやすいマネジメントとの違いについても説明する。マネジメントとの違いを明確にすることで，リーダーシップが何なのであるのかをよりクリアにすることができるからである。

1　リーダーシップの定義

“リーダーシップ”という概念は，広く日常に浸透している。実際に，リーダーシップという言葉を聞いたことがない人はいないであろう。また，誰もがリーダーシップというものが，どのようなものであるかおよその察しはつくだろう。このため，本書においても，これまで当たり前のように“リーダーシップ”という概念を用いてきたし，特にそれについて注釈をすることもなかった。

それにもかかわらず，明確にリーダーシップが何であるのかを把握している人は少ないと思われる。実際に「リーダーシップとは何ですか？」と聞かれて，即座に，自信をもって答えられる人は少ないだろう。なかには，迷いながらも，洞察力とか決断力などと答える人もいるかもしれない。確かに，これらは，リーダーシップを発揮する際に必要とされるものである。しかし，リーダーシップそのものではない。また，別の人は，率いる力と答えるかもしれない。リーダーシップは，指導力とか統率力と訳されることが多い。このため，そのような面もあるのだろう。しかし，率いる力でリーダーシップのすべてを説明できるとも思えない。このように，リーダーシップの定義は曖昧だったり，人によって異なっていたりすることが多い。

しかし，定義が曖昧なまま議論を進めることには問題がある。人によってリーダーシップの解釈が異なれば，リーダーシップの有効性や理論の是非について検討しようとしても，議論がうまくかみ合わない可能性がある。そうなると，いくら理論についての話を進めても，理論を正確に理解できない。それでは，理論を実践に用いようとしても，適切に用いることができないのである。

そこで本書では，リーダーシップを，“職場やチームの目標を達成するために他のメンバーに及ぼす影響力”と定義する（図表2-1）。この定義について，読者の中には奇異に感じる人がいるかもしれない。特に，統率力とかそれに近いイメージでリーダーシップをとらえていた人はそのように感じるだろう。しかし，この定義は，リーダーシップ研究者の間ではオーソドックスな定義である。また，後述するとおり，よく考えると，ビジネス・パーソンにとっても腑に落ちる定義だと思われる。

図表2-1　リーダーシップの定義

この定義のうち，リーダーシップが職場やチームの目標の達成に向けたものである点については，同意する人が多いのではないだろうか。いくらリーダーシップを発揮していると本人が思っていたとしても，それが自身の個人的な利益や名誉が目的であれば，それはリーダーシップとはいえない。自分のために，策を弄して人を思い通りに動かすことができたとしても，他者からはリーダーシップに見えないだろう。

一方で，リーダーシップが影響力であるといわれると，人によっては不思議に感じるかもしれない。一般的には，リーダーシップをカリスマ性のような特殊な才能を持った人や，部長や課長といった一定の権限を持った人が発揮するものと考えている人が多い。特殊な才能や権限によって人を動かすのがリーダーシップであると考えれば，ただ単に“影響力”というと弱く感じるかもしれない。単に影響力というと，職場で困っている部下の悩みを聞いたり，忙しくて手が回らなくなっている同僚の手伝いをすることも含まれてしまうからである。

しかし，職場で成果を上げるために必要なのは，カリスマ性や権限だけではないだろう。確かに，部下の前で感動的な演説を行ったり，革新的なアイデアで仲間の尊敬を集めたりすることは，職場の成果を高めるために重要である。

しかし，職場の全員が元気にやりがいをもって仕事に取り組んだり，お互いに協力・連携をしあったりしなければ，やはり成果にはつながらない。そのためには，部下の悩みを聞いたり同僚の手助けをしたりすることも，十分に成果に貢献する行動となり得る。つまり，職場や組織の成果を高めることに焦点を当てるのであれば，カリスマや権限だけでなく，さりげない気遣いや縁の下の力持ち的な貢献も必要になることがわかる。言い換えれば，職場やチームの目標達成に向けた影響力であれば，どのようなものであれ成果向上に貢献するのである。

このため，最近のリーダーシップ理論では，リーダーシップを影響力ととらえることが多い。古いリーダーシップ研究が，権限や特殊な能力に注目しすぎたことに対する反省でもある。実際の現場では，必ずしも，権限や特殊な能力がなくても成果が上がっていることが多々見られる。組織や職場の成果を高める原因としてのリーダーシップを，権限や特殊な能力などに限るよりも，広く影響力ととらえた方が現実に生じている現象をうまく説明することができるのである。

なお，厳密に言うと，リーダーシップの定義について，研究者間で完全なコンセンサスがあるわけではない。本書の定義のうち，“職場やチームの目標を達成するために他のメンバーに”までは，研究者によって大きな違いは無い。また，“影響”を重視する点についても，大きな異論は無い。一方で，“影響力”ととらえるかどうかについては，研究者によって違いが見られる。研究者によっては，影響を及ぼす“能力”ととらえたり，影響を及ぼす“行動”ととらえたり，また，影響を及ぼす“プロセス”ととらえる立場もある（図表2-2）。

これらの中で，現在では，プロセスととらえる研究者が多数派である。例えば，リーダーシップの最も標準的なテキストの1つである『*Leadership: Theory and Practice*[1]』（以下，Theory and Practice）は，“Leadership is a process whereby an individual influences a group of individuals to achieve a common goal.（リーダーシップとは，共通の目標を達成するために，個人がグループに影響を及ぼすプロセスである）”と定義している。

図表2-2 リーダーシップの正体

このように，多くの研究者がプロセスととらえているのは，リーダーシップを，それを発揮する人の個人的な資質（生まれ持って備わっている特性）ととらえるよりも，影響力が発生しているプロセスに着目した方が，様々な現象を適切に説明することができるからである。先述したとおり，以前のリーダーシップ研究は，権限やカリスマ性など特別な能力を重視していた。このため，研究の焦点は，リーダーシップを発揮する人そのものであり，リーダーが持つ肩書きや資質に着目していた。しかし，実際にフォロワーが動くのは，フォロワー自身が“動こう”と思った時である。いくらリーダーが権限や特別な能力を示したつもりになっても，フォロワーがそれを受けて“動こう”と思わなければ，そこに影響関係は生じない。このため，重要なのは，リーダーがどのような人であるか，とか何を持っているかではなく，リーダー自身やリーダーの言動がフォロワーにどのように伝わるのかというプロセスなのである。本書も，この考え方には同意する。

ただし，本書では，“影響プロセス”ではなく，“影響力”と定義する。この場合の“影響力”とは，影響する能力ではなく，影響を及ぼしている度合いを意味する。つまり，多くの研究者と同様に，生まれ持っての資質ではなく，影響を及ぼしているプロセスそのものに焦点を当てる。

それにもかかわらず，プロセスではなく影響力としたのは，日本語でプロセスという言葉を用いると，かえってわかりづらくなると考えられるからである。プロセスというと，途中経過やメカニズムを過度に強調して感じられることがある。もちろん，リーダーシップ研究は，影響のメカニズムに焦点を当ててはいるが，リーダーシップそのものが途中経過やメカニズムと考えられてしまうとわかりづらくなる。それよりも，日本語で“影響力”とした方が，研究者が一般的に用いているinfluence processのイメージに近い表現だと考えられる。

加えて，“影響力”ととらえることが，実務的にも大きな違和感がないと思われる。職場において，「あの人はリーダーシップを発揮している」と言えば，影響力を発揮していることを表すであろうし，また，「あの人にはリーダーシップがないね」と言えば，影響力がないか，もしくは，効果的な影響力を発揮していないことを表すであろう。一方で，「あの人にはリーダーシップがないね」といった時に，影響プロセスととらえると，直感的にはわかりづらい。もちろん，「リーダーシップがない」とは，影響プロセスが効果的でないことを示しているという説明を加えれば理解はできる。しかし，「リーダーシップがない」とは影響力がないということだ，と解釈した方が直感的にもわかりやすいだろう。

このため，本書では，リーダーシップを“職場やチームの目標を達成するために他のメンバーに及ぼす影響力”と定義する。したがって，本書において，“リーダーシップを発揮する”という記述があれば，それは“影響力を発揮する”という意味である。また，“リーダーシップを身につける”という記述があれば，それは，“影響力を発揮できるようになる”という意味になる。

2　リーダーシップとマネジメント

今後，本書では，リーダーシップという概念とともに，マネジメントという概念が頻出するようになる。リーダーシップ研究の流れを語る上で，マネジメント研究がどのように変化しているのかについて概観することが欠かせないからである。

しかし一方で，リーダーシップとマネジメントの違いについて，よく理解されていない面もある。どちらも，日常でよく使われる概念であり，これらの概念を知らない人はいない。しかし，両者の正確な意味や違いを知っている人は，意外に余り多くない。このため，リーダーシップとマネジメントが混同して使用される場合がある。だが，両者は概念的に明確に異なる。にもかかわらず，両者の違いを明確にしないまま議論を進めると，リーダーシップについての議論が正確にできなくなるおそれがある。

代表的なマネジメントのテキストの1つである『*Fundamentals of Management*』[2]に従えば，マネジメントとは，“人を通じて，そして人とともに，物事を効率的および効果的に成し遂げるプロセス”である。また，マネジメントの重要な役割には，計画すること，組織化する（役割分担や指示命令，報告のルートを決めることなどが含まれる）こと，リードする（従業員をモチベートし，方向を示すことなどが含まれる）こと，そしてコントロールすることがあげられる。ちなみに，世界的に著名な経営学者であるヘンリー・ミンツバーグは，マネージャーの重要な役割として，対人関係における役割，情報に関わる役割，意思決定に関する役割をあげており，対人関係における役割の1つにリーダー的役割をあげている。

このように考えると，リーダーシップとマネジメントは明確に異なる（図表2-3）。リーダーシップを発揮することは，マネジメントの役割の1つであるといえるかもしれない。しかし，マネジメントが必要ない場面でもリーダーシップが求められる場面はある。例えば，大きな困難にぶち当たって停滞してしまったプロジェクトを考えてみよう。ほとんどのメンバーが，これ以上進めることは難しいと考えている。プロジェクト・リーダーでさえも，撤退を考え始めている。そのような時に，一メンバーに過ぎないあなたが，まだ挽回のチャンスがあると考えていたらどうするべきだろうか？　もちろん，皆に合わせて撤退に賛同するのも1つの手である。一方で，勇気を振り絞って，声を上げることもできるだろう。まだ，挽回のチャンスがあることを説得力をもって説明し，また，他の皆を励ますような言葉をかけることだってできるかもしれない。その結果，またプロジェクトが動き出し，最終的に目標を達成することができたら，あなたは立派なリーダーシップを発揮したことになる。マネジメントは，プロジェクト・リーダーやその上司が行う。あなたは，マネジメントを行うことは求められていない。しかし，まだ挽回のチャンスがあると信じているメンバーとして，リーダーシップを発揮することが求められるのではないだろうか。このような事例はいくらでもあるだろう。必ずしも，マネジメントを行う人だけがリーダーシップの発揮を求められるわけではない。

図表2-3　リーダーシップとマネジメントの違い

リーダーシップ	マネジメント
職場やチームの目標を達成するために他のメンバーに及ぼす影響力	人を通じて，そして人とともに，物事を効率的および効果的に成し遂げるプロセス •計画すること　•リードすること •組織化すること　•コントロールすること

なお，マネジメントを行う人がマネージャーであり，リーダーシップを発揮する人がリーダーである（図表2-4）。通常は，１つの職場にマネージャーは１人である。マネジメントを複数で担当したり，職能別と地域別のマトリックス組織になっていたりして営業部門の上司と地域本社の上司の２人がいたりする場合もあるが，典型的な職場では，１つの職場を１人のマネージャーがマネジメントをしている。

図表2-4　リーダーとマネージャー

しかし，リーダーシップを影響力と考えれば，リーダーは必ずしも１人とは限らない。通常の職場では，最も多くのリーダーシップを発揮するのがマネージャーであろう。だが，マネージャーでも何でもない人がリーダーシップを発揮することがあるのは先述したとおりである。特に，リーダーシップを影響力と考えれば，上司から部下だけでなく，先輩から後輩へ，とか，同僚同士の間でも発揮されることがある。時には，後輩から先輩へ，とか，部下から上司へ影響力が発揮されることもあるかもしれない。部下から上司への提案なども，それが上司に影響を与えたとすれば立派なリーダーシップなのである。

このように考えると，リーダーは肩書きに関係しないことがわかる。たとえマネージャーであっても，リーダーシップを発揮していないのであれば，その人はリーダーではない。プロジェクト・リーダーなどといった肩書きについても同様である。どのような肩書きがあろうとも，リーダーシップを発揮していなければ，その人はリーダーとはいえない。逆に，そのような肩書きがなかったとしても，職場の目標達成に向けた影響力を発揮している人がいるとすれば，その人はリーダーであるといえる。

2　リーダーシップ研究の流れ

本節ではリーダーシップ研究の全体像を概観する。しかし，これまで100年以上の歴史があるリーダーシップ研究をたった数ページで概観するのには所詮無理がある。なので，細かいところは削りに削って，本当に重要なポイントだけを概観する。ただし，リーダーシップの研究がどのように形成されてきたのかといった研究の流れだけは明確に理解できるように説明する。なぜなら，リーダーシップ理論の進化のプロセスをたどることが，それぞれの時代のリーダーシップ研究を理解するのに役立つだけでなく，最新の研究を正しく理解することにも役立つからである。まずは，リーダーシップ研究が時代の流れに影響を受けながら発展してきたことを説明した上で，時代ごとに研究の流れを追っていくこととする。

1　時代と研究

リーダーシップ研究に限らず，科学的な研究は，時代とともに変遷する。例えば，人材マネジメント研究でも，ひと昔前は，労使関係研究が花形で，協調的労使関係を築くために必要な要因を探る研究が多く行われていた。現在でも，労使関係研究は行われているものの，むしろ，戦略的人材マネジメント研究が花形で，企業業績に資する人材を獲得しモチベートする方法に焦点がおかれた研究が多く行われている。

このように，時代とともに研究が変化していく理由は２つある。進化と時代適合である。

第１に，そもそも研究とは，どのような分野であれ，常に進化し続けるものだからである。進化し続けるがゆえに，時が経てば，古い研究が廃れ，新しい研究が行われるようになる。なぜなら，研究上の新しい発見は，真空の状態から生まれるのではなく，それまでの様々な研究の積み重ねによって生まれるからである。それまでの研究や理論の問題点を解消することを目指すことで，新たな要因や物質を発見することがある。また，それまでの研究を全く新しい視点でとらえ直したり，古い研究で得られた知見を組み合わせたりすることで，新しい発見を行うこともある。

ノーベル医学・生理学賞を受賞した本庶佑（ほんじょたすく）氏の研究が元になったがん免疫療法の治療薬オプジーボは，Ｔ細胞の免疫機能を抑制するPD-1と結合してPD-1の働きを抑制する[3]。このことによって，Ｔ細胞が持つ免疫機能によってがん細胞を攻撃できるようにするのである。しかし，この画期的な研究も，免疫機能に関するそれまでの研究や，Ｔ細胞に関わる先行研究があったからこそ，PD-1の機能に関する発見につながったのである。また，がん細胞そのものを標的としていたそれまでの化学療法の課題があったからこそ，新しいメカニズムによる研究が進められたのである。このように，研究活動とは，古い研究の問題点を明らかにし，その問題点を克服する新しい知識を生み出す活動である。

したがって，研究者がこの世にいる限り，新しい知識は生み出され続け，研究は進化し続けていく運命にある。

第2に，研究は，時代の価値観やニーズの影響を受けるからである。なぜなら，科学の発展は，社会状況と無関係ではないからである。例えば，ガリレオが唱えた地動説も，当時の社会状況の影響を受けている。十字軍の派遣により，ヨーロッパがイスラム世界やビザンツ世界と接触したことや，アラビア語を通じて古代ギリシアの自然科学がヨーロッパに流入したことが，彼の研究に影響を与えたといわれている。また，精度の高い望遠鏡の発明がなければ，彼は，そこまで地動説に確信を持つことはできなかったであろう。当然のことながら，コペルニクスという先駆者も彼の研究に影響を与えている。

自然科学のように，社会とは直接関係の無い自然界の法則を明らかにしようとする研究でさえ，社会状況の影響を受けるのである。まして，社会科学の研究は，社会状況の影響を強く受ける。リーダーシップ研究も，他の科学と同様に，時代の流れとともに変化してきている。以下では，どのように変化してきたのかを概観する。

2 リーダーシップ研究の概観図

リーダーシップ研究の流れを概観するために図示したものが図表2-5である。リーダーシップ研究の流れをどのように示すのかは研究者によって異なる。このため，図表2-5が絶対的な示し方ではない。しかし，図表2-5は，先に言及したリーダーシップの最も著名なテキストの1つである『*Theory and Practice*』を参照しながら作成したものである。このため，多くのリーダーシップ研究者が共有している流れの示し方であるといえよう。

19世紀は，産業革命によって家内制手工業から工場制機械工業が中心になっていった時代である。しかし，19世紀は，資本家が圧倒的に強く労働力も豊富であり，労働者の権利意識は希薄であった。マネジメントについての研究も行われておらず，現場の経験と勘だけに頼ったマネジメントが主流であった。場

図表2-5 リーダーシップ研究の流れ

	1900-20年代	1930-40年代	1950-60年代	1970-80年代	1990年代	2000年以降
マネジメント研究	科学的管理法に代表される初期のマネジメント研究 →	→	人間関係論に代表されるようにグループ内のプロセスに焦点を当てた研究	行動科学を応用したマネジメント研究 →	→	→
リーダーシップ研究の視点	集権化とコントロールに焦点	生まれながらの資質に着目	リーダーの行動に焦点	貢献意欲を高める影響力に焦点 →	→	→
具体的なリーダーシップ研究	初期のリーダーシップ研究	• ストッグディル研究 • マン研究	• オハイオ研究 • ミシガン研究 • PM理論	• フィードラー理論 • SL理論 • パス・ゴール理論	• カリスマ型リーダーシップ • バスの変革型リーダーシップ理論 • ティシーとディバナの変革型リーダーシップ理論 • コッターの変革型リーダーシップ理論 • LMX理論	• サーバント・リーダーシップ研究 • オーセンティック・リーダーシップ研究 • 温情主義的リーダーシップ研究

合によっては，非人道的なマネジメントも行われていた。このような状況であったため，リーダーシップについての研究も，この時代にはほとんど行われなかった。

これに対して，20世紀に入った頃から，マネジメント研究が本格化するようになる。それまで現場で実施されていた前近代的なマネジメントに対するアンチテーゼとして，データや十分な裏付けに基づいたマネジメント研究が本格化したのである。

その理由の1つは，非人道的なマネジメントに対する批判である。人権意識が高まるにつれ，暴力を伴うような非人道的なマネジメントを否定するようになってきた。

しかし，それ以上に大きな理由は，人や組織によって効率が大きく異なることへの反省である。同じような組織であっても，組織によって作業効率が異なる。また，同じ組織内であっても，現場のマネージャーによって大きく異なる。現代でも同様のことはあるが，当時は今以上にそのような差が激しかった。

このような状況を打破するために，個人の経験や勘に頼らない効率的な作業を行う方法を見いだす必要性が高まってきた。産業社会が徐々に成熟し，組織間の競争が本格化すると，作業効率が低い組織は生き残ることが難しくなってくるからである。一方で，経験や勘任せのマネジメントでは，どうしてもマネージャーによって違いが出てきてしまう。たまたま優秀なマネージャーがいれば効率は上がるが，そうでなければ下がってしまう。このため，組織全体を常に効率化するためのマネジメントが求められるようになってきたのである。こういった社会的ニーズから，効率的なマネジメントを理論化しようという動きが始まったのである。

3　1900–20年代

この時代に入ると，前近代的なマネジメントへのアンチテーゼとして，マネジメント研究の必要性が認識され，現場の優れた経験や勘を集積して理論化する動きが始まった。例えば，アンリ・ファヨールは，マネジメントを計画し，組織し，指揮し，調整し，統制するプロセスであると定義した上で，効果的なマネジメントに必要な14の原理を提示した[4]。また，ヘンリー・ガントは，今日でも用いられているガントチャートを考案したり，ノルマを達成した労働者にボーナスを支給するインセンティブ制度を考案したりした[5]。

これら初期のマネジメント研究の中で最も大きな注目を浴びたものの１つが，フレデリック・テイラーによる科学的管理法である[6]。その中でテイラーは，それまで各労働者任せにされていた現場の作業の標準化を図ることを提言している。例えば，最も効率的な作業を行う労働者の動作を分析することで標準的な作業動作を設定し，当該作業動作を他の労働者も実践することを奨励した。定められた時間内で最も効率的な作業方法を明らかにした上で，この作業方法をすべての労働者に適用することで組織全体の効率を上げることを目指したのである。このように，科学的管理法は，現場の経験や勘任せであったマネジメントを，データに基づいたマネジメントに変更することを提言するものであった。

マネジメント研究の発展に伴い，マネージャーに焦点を当てた研究も進んだ。マネージャーによって現場の効率が大きくなる原因の１つとして，マネージャーに注目が向けられるようになったからである。このため，現場の効率を高めるために必要なマネージャーの役割に関心が集まったのである。例えば，テイラーの科学的管理法においても，複数の職長による専門的な指導の必要性が主張されている。また，ガントは，現場の監督者が，労働者が産業における適切な慣習を身につけるのを促進する役割を果たす必要があることを主張している。

しかし，この時代は，マネジメントとリーダーシップの概念的な違いは明確にされていなかった。このため，リーダーシップという概念が研究上着目されることはほとんどなかった。

また，この時代の研究の焦点は，現在のリーダーシップ研究とは大きく異なっていた。この時代の研究が主に関心を示したのは，集権化とコントロールである。科学的管理法で提案されたようなマネジメントを現場で導入するためには，集権化とコントロールが必要だったからである。また，集権化とコントロールを実現する手段として，報酬と罰則が重視されていた。

このように，この時代には，まだ本格的なリーダーシップ研究は始まっていないといえよう。マネジメント研究が本格化するにつれ，マネジメントを実行する役割を担う人としてマネージャーに焦点が当てられるようになった。しかし，それは，この時代のマネジメント研究の成果を現場で実行に移す人としての役割に焦点が当てられたマネージャー研究であり，今日のリーダーシップ研究とは大きく異なるものであった。

4 1930-40年代

1930年代になると，いよいよ本格的なリーダーシップ研究が始まる。初期のリーダーシップ研究者であるブルース・ムーアによると，1927年にはすでにリーダーシップに関する会議が開かれている[7]。しかし，研究として本格化するのは1930年代以降である。

この頃になると，マネージャーとしての役割を越えて，マネージャーそのものに焦点が当てられるようになってくる。なぜなら，それ以前から行われてきた研究によってマネージャーの役割が明確化されたにもかかわらず，マネージャーによって現場の効率が大きく異なることが明らかになってきたからである。このため，業績を上げることができるマネージャーとそうでないマネージャーの違いについて焦点が当てられるようになってきたのである。

そこでは，リーダーやリーダーシップという概念がマネジメントやマネージャーと区別して用いられるようになる。なぜなら，研究の焦点が，マネージャーとしての役割ではなく，マネージャー自身が持つ資質に当てられるようになったからである。

このように，リーダーが持つ資質に焦点が当てられ，データの収集・分析をもとに，業績を上げることができるリーダーの資質を明らかにしようとする研究が盛んになってきた。具体的には，現場での知恵を集めて理論化するという方法だけでなく，定量的なデータを集め統計的に解析しようとする動きが盛んになったのである。方法論も含めて，現代的な研究に少しずつ近づいてきたといえよう。

また，これらの研究は，次第に，集権化やコントロールよりも影響という概念に着目するようになってくる。集権化やコントロールだけでは，業績向上に限定的な影響しか及ぼさないことがわかったからである。このため，組織や職場の業績向上のためにマネージャーが及ぼす影響力全般に焦点が当てられるようになってきた。

また，強制力に基づく影響力をリーダーシップと区別するようになった。現場では，未だに強制力に基づくマネジメントが行われている場合もあった。しかし，時代の流れとともに，次第に，そのような非人道的なマネジメントに批判がなされるようになってきた。これに加えて，強制力では，業績向上への寄与が限定的であることも明らかになってきた。このため，強制力に基づかない影響力をリーダーシップと考えるようになってきたのである。

一方で，この時代の研究の多くは，リーダーシップは，資質，すなわち，生まれ持った特性など，その人に固有に備わっている要因に基づくととらえられていた。身長の高さや声の大きさといった身体的な特徴や大胆で意志の強い性格など，もともとその人に備わっていた資質が，リーダーシップの効果に重要な影響を及ぼすと考えていたのである。ある一定の資質を持った人はリーダーに向いており，そのような資質を持っていない人は，どのように頑張っても，リーダーとして大きな成果を収めることができないという考え方である。このため，実務上も研究上も，最大の関心事は，そのような資質を持ち合わせた人材をいかに見いだし，現場でリーダーシップを発揮してもらうか，ということにあった。

5　1950–60年代

マネジメント研究でこの時代に脚光を浴びるようになったのが人間関係論研究である。ホーソン実験に始まる人間関係論研究は，グループ内の人間関係に着目した。職場やグループ内の規範や同調行動，グループの目標意識など，グループのインフォーマルなつながりや，グループ内の心理的側面が職場の生産性に重要な影響を及ぼすことを明らかにしたのである[8]。

それまでのマネジメントでは，生産性向上のための重要な手段として賃金によるインセンティブを重視していたが，必ずしも賃金のインセンティブだけで生産性が上がるわけではないことを示したのである。当時は，テイラーの科学的管理法を応用したフォード生産システムなどにより，大量生産が可能となり，大量消費社会が実現しようとしていた。人々の生活は豊かになり，労働者の人間的な側面が重視されるようになってきた。そのような状況において，賃金のインセンティブを中心としたマネジメント方法が限界に達していたのである。

人間関係論をきっかけに，グループに対する研究が進み，リーダーシップ研究もその影響を受けるようになった。これらの研究は，リーダーシップの有効性を，リーダー自身の資質に帰属させるのではなく，グループ内のプロセスに帰属して考えるようになる。つまり，リーダーそのものがどのような存在であるか，ということよりも，フォロワーがいかに影響を受けるか，という点に焦点が移ってきたのである。リーダーがどのような資質を持っていたとしても，フォロワーがそれに影響を受けることがなければ，そこにリーダーシップは発生しないからである。

このような研究の流れの中で特に着目されたのが，リーダーの行動である。なぜなら，フォロワーがリーダーの影響を受けるのは，リーダーの資質ではなく行動だからである。背が高いとか声が大きいなどといった身体的な特徴は別にして，リーダーの性格とか能力，価値観のようなものは，リーダーを見ていただけではわからない。リーダーがこれらに基づいて行動を起こした時，初めて，それらの行動から類推してわかるのである。つまり，フォロワーから直接的に見えるのはリーダーの行動であり，リーダーに従おうとフォロワーが考えるかどうかも，行動から類推して判断するのである。

リーダー行動が重視されることでリーダーの育成ニーズに応えることができるようになった。生まれ持った性格や価値観を訓練で変化させることは難しい。まして，身体的特徴は無理である。しかし，行動であれば，訓練によって変えることができる。つまり，効果的なリーダーシップを育成することが可能になるのである。このように，この時代からリーダーの育成に関する研究も本格化するようになってくる。

また，リーダーシップの集団維持機能にも焦点が当てられるようになってきた。集団維持機能とは，リーダーとフォロワーの間，もしくはフォロワー間の信頼関係や仲間意識などを良好に保つ機能である。グループ活動に研究の焦点が当てられることにより，労働者のインフォーマルな側面が，モチベーション等に重要な影響を及ぼすことがわかった。このため，効果的なリーダーシップを発揮するためには，集団維持機能を果たす必要があると考えられるようになったのである。

それまでのリーダーシップ研究では，集団維持機能は重視されていなかった。なぜなら，マネジメント研究は，主として，労働者のフォーマルな活動に焦点を当ててきたからである。科学的管理法による動作研究などはその典型である。しかし，ホーソン研究では，インフォーマルなグループやそのグループ内でのコミュニケーションが，モチベーションや作業効率に重要な影響を及ぼすことが明らかにされた。リーダーシップにおいても，これまで，タスクの遂行そのものに焦点を当てる研究が多かったが，グループのメンバーの人間関係やそれに伴う感情に及ぼす影響についても，焦点が当てられるようになってきたのである。

6　1970-80年代

人間関係論は一世を風靡したものの，その後，いくつかの批判を浴びるようになる。その中で最も大きな批判は，人間のモチベーションの源泉を人間関係などのグループ内心理に帰属させすぎている，というものである。確かにグループ内の人間関係はモチベーションに重要な影響を及ぼすだろう。しかし，モチベーションに影響を及ぼす要因はそれ以外にもあるはずである。

このような中で誕生したのが，行動科学を応用したマネジメント手法である。行動科学とは，心理学，社会学，文化人類学などの学問分野にまたがり，学際的に人間の行動を研究する学問分野である。マネジメント分野において，行動科学研究における知見をベースにおいたモチベーションの理論が発達することになる。実際に，多くのモチベーション理論が生み出され，産業界においても大きな影響力を発揮した。例えば，アブラハム・マズローの５階層欲求理論[9]やそれをベースとしたＸ理論・Ｙ理論[10]や２要因理論[11]などである。

行動科学を応用したマネジメント研究が注目されるようになったのは，心理学など他の学問分野が発達したことや，学際的な研究の重要性が認識され始めたことなどが重要な契機となっている。そして，何よりも，労働者の高学歴化，ホワイトカラー化が進み，集団としての労働者ではなく，個々の人間としての労働者に焦点を当てることの重要性が高まったことが大きな原因である。

そのような流れの中で，リーダーシップ研究では，フォロワーの貢献意欲を高める影響力に焦点が当てられるようになってくる。行動科学アプローチによる研究が進むに従って，労働者の仕事の達成や組織への貢献意欲が業績向上のために重要であることがわかったからである。確かに，報酬と罰則によって，フォロワーの最低限の貢献意欲は得られるだろう。しかし，それはあくまでも報酬を得たい，もしくは罰則を逃れたいというのがモチベーションの源泉である。それらを超えて，心から組織に貢献したいというモチベーションは，報酬と罰則からは生み出されない。このため，単純なインセンティブを超えて，組織への貢献意欲を引き出す影響をどのように及ぼすのかが焦点になったのである。

また，マネジメントに関わる様々な行動科学的知見が明らかになるにつれ，リーダーの影響にどのような要因が関わるのかも明らかになってきた。リーダーシップとその効果をモデレートするモデレータ要因である。例えば，先述したとおり，SL理論では，モデレータ要因としてフォロワーの成熟度を取り上げている。フォロワーの成熟度によって効果的なリーダーシップが異なると主張するのである。確かに，フォロワーの能力やモチベーションのレベルによって，適切となるリーダーシップは異なりそうである。このように，どのようなリーダーシップであっても，常に一定の効果を上げるわけではない。仕事の状況やフォロワーによってその効果は異なる。このため，モデレータ要因を組み込んだモデルが提案されるようになってきたのである。

加えて，リーダーシップをプロセスととらえる考え方が主流になってきた。プロセスととらえるのは，リーダーシップが，リーダーの生まれついての資質によって決まるものではなく，リーダーとフォロワー間の変化しつつある影響関係であることを重視するからである。実際に，外見や性格などが生まれながらにしてリーダーに向いていると思われる人でも，うまくフォロワーに影響を及ぼせない場合がある。リーダーの影響力は，フォロワーによっても異なるだろうし，また，仕事の状況によっても異なるだろう。また，当初うまくいっていた影響力が，時間を経るにつれてうまく機能しなくなる時もあるだろう。このように，リーダーシップは，変化しつつある影響力であることを強調するために，プロセスととらえることが主流になってきたのである。

7　1990年代

この年代に全盛期を迎えたのが，カリスマ型リーダーシップや変革型リーダーシップである。フォロワーに対して圧倒的に強い影響力を及ぼすリーダーシップに焦点が当てられたのである。この時代になると，これまでにも増して企業間の競争が激しくなる。また，変化が激しくなる環境に適応するために，組織を適切に変革していくことも必要になる。これらをやり遂げるためには，フォロワーに強烈な影響力を及ぼすことができるリーダーシップが必要になったのである。

これらのリーダーシップ理論は，フォロワーをリーダーに合わせることを重視している。それまでのリーダーシップ理論の多くが，フォロワーや組織環境にリーダーシップが合わせることを重視していたのと対照的である。激しい競争に勝ち抜くために，また，環境の変化に対応するために，リーダーからフォロワーに対して，フォロワーの変革を働きかけることが必要になるからである。このため，フォロワーの変革を成し遂げることができるリーダーに対する関心が高まった。

また，この時代には，世界の各地でリーダーシップ研究が行われるようになった。それまでのリーダーシップ研究は，主として欧米で行われていた。このため，良くも悪くも，リーダーシップ研究は，欧米のリーダーやフォロワー，組織を対象になされていた。しかし，この時代には，アジアを中心に欧米以外でも盛んにリーダーシップ研究が行われるようになってきた。その理由の1つは，欧米以外でも経営学の研究者が育ってきたことであろう。しかし，最大の理由は，企業のグローバル化が進み，様々な国や文化のもとでリーダーシップを発揮することが求められるようになったからである。このため，欧米以外の国や地域でも効果を発揮できるリーダーシップを明らかにする必要が出てきたのである。

これらの研究が進むにつれ，カリスマ型リーダーシップなどのある種のリーダーシップは，国や文化を越えて効果的であることがわかった。特に変革型リーダーシップについては，様々な国で検証が行われ，どの国でも効果的であることが明らかにされた。

このように，この時点での関心事は，どのような国でも通用するリーダーシップである。国や文化を越えて効果を発揮することができるリーダーシップを明らかにすることが研究の主流だったのである。このため，国や文化によって効果的なリーダーシップが異なることを前提にした研究，つまり，それぞれの国や文化に合わせたリーダーシップを明らかにしよう研究は，まだそれほど活発にはならなかった。

8　2000年以降

2000年代に入ると，様々な視点からの理論が提唱されるようになる。分析手法が発達することで，様々なリーダーシップ研究が行われるようになったことが理由の1つである。また，世界中の研究者がリーダーシップ研究に参入し，研究者間の競争が激しくなったことも理由にあげられる。もちろん，その背景には，実務界において，組織や職場の業績に強く影響を及ぼす要因としてリーダーシップに対する関心がこれまで以上に高まったということもあろう。しかし，最大の理由は，マネジメントにおける現象が多様化・複雑化し，これまでの理論がもつ視点だけではとらえきれない現象が多くなってきたからであろう。グローバル化，技術の進化，競争環境の激化，顧客ニーズの多様化などの影響を受け，マネジメントの現場はこれまで以上に曖昧さや不確実性が高まってきた。このため，これまでの視点だけでは，このような多様化・複雑化する現象をとらえきれなくなってきているのである。

新しい視点の１つが，倫理に焦点を当てたリーダーシップ研究である。それまでのリーダーシップ研究の多くは，リーダーの倫理性についてはそれほど多くの関心を払ってこなかった。しかし，この時代になると，リーダーの倫理性が，社会的に求められるようになってきた。また，リーダーの倫理性の高さが，フォロワーのモチベーションや組織に対する愛着を高め，結果的には組織の業績を高めることもわかってきた。このため，リーダーの倫理性を意識した研究が多く行われるようになった。

また，複数によるリーダーシップ研究も進んできた。これまでの研究の多くは，職場にリーダーが１人しかいないことを想定してきた。確かに，マネージャーは，１人だけの職場が多いだろう。しかし，リーダーは，必ずしも職場に１人とは限らない。リーダーシップの定義は，“職場やチームの目標を達成するために他のメンバーに及ぼす影響力”である。このように考えれば，職場に複数のリーダーシップが発揮されることはあるだろう。リーダーシップを発揮している人がリーダーであることを思い起こせば，職場に複数のリーダーがいることもあり得る。職場に複数のリーダーが存在する，というと奇異に感じられるかもしれないが，それぞれが適切なリーダーシップを発揮していれば，１人のリーダーシップだけに頼るよりも効果的なことが多い。このような視点からのリーダーシップ研究もこの時代になって本格化するようになってきた。

加えて，欧米以外の研究者から新しいリーダーシップ・スタイルが提案されるようになってきた。これまでの研究のほとんどは，欧米の研究者によって行われてきた。理論の提案も欧米の研究者が中心である。しかし，グローバル化が進むと，国や文化によっては，欧米の研究者の視点では説明できない現象が生じることがわかってきた。このため，欧米以外の国や地域の研究者が，新しい理論を提案するようになったのである。特に，ビジネスが盛んになったアジアでは，リーダーシップ研究も盛んに行われ，アジアに特有のリーダーシップ理論が世界で注目されるようになった。

さらに，国や文化による違いに焦点を当てた研究も盛んになってくる。欧米以外での研究も盛んになると，欧米で生まれた理論が必ずしも世界的な普遍性をもたないことがわかるようになる。このため，国や文化によって効果的なリーダーシップがどのように異なるのかを明らかにする研究も増えてきた。

その中で，最も大きなインパクトを与えたものの１つがGLOBE（Global Leadership and Organizational Behavior Effectiveness）研究であろう。GLOBE研究とは，世界の200人以上のリーダーシップ研究者が集まって，62の国・地域の951組織，17,300人のミドル・マネージャーを対象にした調査によって，国・地域の文化に適合したリーダーシップを明らかにしようとした研究である[12]。GLOBE研究では，文化を９つの次元に分け，また，理想とされるリーダーシップ・スタイルを６つの次元に分けている。その上で，文化によって，好まれるリーダーシップ・スタイルが異なることを明らかにしたのである。例えば，高業績に価値を置く文化では，カリスマ型で，チーム中心的で，なおかつ参加型のリーダーシップが好まれることがわかっている。このように，文化によってどのようなリーダーシップが適切であるのかを大規模調査によって明らかにしたという意味で，GLOBE研究は，学術界にも実務界にも大きなインパクトを与えた。

これまで見てきたとおり，2000年以降は視点が多様化すると同時に様々な研究が行われるようになってきた。研究によっては，全く異なる視点から理論構築をしているものもある。このため，これまで以上に理論間で共通するコンセンサスが得にくくなっている時代であるともいえよう。

しかし，そのような中でも，リーダーシップの定義のうち，最も重要な点については，研究者間である程度のコンセンサスが得られるようになってきた。つまり，影響，プロセス，グループ，共通目標という点では，多くの研究者間でコンセンサスを得ているのである。

㊟

1 Northouse, P. G. 2015. *Leadership: Theory and Practice* (Seventh ed.). Thousand Oak, CA: Sage.

2 Robbins, S. P., Coulter, M., & De Cenzo, D. A. 2014. *Fundamentals of Management* (Global ed.). Upper Saddle River, NJ: Prentice Hall.

3 小野薬品工業（株）のHPより。

4 Fayol, H. 1949. *General and Industrial Management* (C. Storrs, Trans.). London, UK: Pitman.

5 Gantt, H. L. 1916. *Work, Wages, and Profits*. New York, NY: Engineering Magazine Company.

6 Taylor, F. W. 1919. *The Principles of Scientific Management*. New York, NY: Harper & Brothers.（有賀裕子訳，2009。新訳　科学的管理法：ダイヤモンド社）

7 Moore, B. V. 1927. The May conference on leadership. *Personnel Journal*, 6 (124): 50-74.

8 Roethlisberger, F. J., & Dickson, W. J. 1934. *Management and the Worker: Technical vs. Social Organization in an Industrial Plant*. Cambridge, MA: Harvard University.

9 Maslow, A. 1954. *Motivation and Personality*. New York, NY: Harper & Row.

10 McGregor, D. 1960. *The Human Side of Enterprise*. New York, NY: McGraw-Hill.

11 Herzberg, F. 1959. *The Motivation to Work*. New York, NY: John Wiley and Sons.

12 GLOBE研究は，ミドル・マネージャーを対象とした2004年研究とトップ・マネジメントを対象とした2014年研究の２つに大きく分かれる。ここでは，2004年研究についてのみ言及している。

第3章

資質アプローチ研究

リーダーシップを身につけたいと思う人は，誰もが次のようなことを考えるだろう。優れたリーダーシップを発揮するためには，どのような資質を身につけている必要があるのだろうか，外向性だろうか，粘り強さだろうか，それともカリスマ性が必要なのだろうか？

このような疑問に答えようと様々な研究が行われた。本書では，これらの一連の研究を総称して，リーダーシップの資質アプローチによる研究（以下，資質アプローチ研究）と呼ぶこととする。

本章では，資質アプローチ研究が勃興した背景やその内容，そして，当該アプローチに対する今日的な評価を紹介することとする。企業におけるリーダーシップについての本格的な研究は，この資質アプローチによって幕が開けられることになる。

1　資質アプローチ研究の成り立ちと内容

この節では，資質アプローチ研究がどのような背景で生まれたのか，また，その内容はどのようなものであるのかについて説明する。

1　資質アプローチの研究が盛んになった理由

資質アプローチの研究が多く行われてきた最大の理由は，企業の現場でのリーダーに対するニーズが高まったことである。現場で効果的なリーダーシップを発揮してくれるリーダーを選ぶ必要性が生じてきたことが，多くの研究を生み出したといえる。

この時代，新しいマネジメント技法が多くの企業で採り入れられるようになった。マネジメントの理論が発達するにつれ，生産性向上に寄与する様々なマネジメント手法が開発されるようになったからである。

ところが，同じマネジメント技法を導入しても，職場によって生産性の向上度合いが配置されたマネージャーによって大きく異なることがわかってきた。同じような職場であっても，就くマネージャーによっては生産性が大きく向上するところもあれば，それほど向上しないところもあったのである（図表3-1）。

図表3-1 マネージャーによる違い

その原因は，マネージャーとしての役割というよりは，マネージャーのリーダーシップによるところが大きいと考えられた。マネジメント技法の導入により，マネージャーとしての役割はある程度標準化されてきていた。それにもかかわらず生産性が異なるのは，マネージャー自身に帰属する要因によるところが大きいと考えられたのである。

そこで，多くの経営者は，自らの経験と勘を頼って，リーダーシップを発揮できそうな人材を選ぶようになる。生産性を高めるためには，効果的なリーダーシップを発揮することができる人材，すなわち効果的なリーダーを選抜することが重要になるからである。経営者自身は，これまで実績を上げてきているため，自身のリーダーシップにも自信をもっているし，必要なリーダーシップについてもわかっていると考えていた。このため，自らの経験と勘で選ぶことができると考えたのである。

このように，当初は，経営者自ら選抜を行っていたが，企業規模が大きくなるにつれ，人事部員など経営者以外の従業員がリーダーの選抜に関わるようになる。企業規模がある程度大きくなると，必要となるリーダーも多くなる。経営者として他にも多くの仕事を抱えているため，すべてのリーダーの選抜を自ら行うことができなくなるからである。

ところが，経営者以外が選抜を行うようになると，それまで頼りにしてきた経営者自身が持つ経験や勘が使えなくなる。人事部員は，経営者のように経験豊富なわけではない。また，人事部員によって経験や勘にばらつきがある。このため，有能なリーダーを選抜できなかったり，選抜結果にばらつきが生じたりするようになるのである。

このため，優れたリーダーに共通する資質を探るべく，多くの研究が行われるようになった。有能なリーダーに固有の資質が明らかになれば，そのような資質をリーダーの選抜基準にすることができるからである。そうすれば，経営者以外の者がリーダーの選抜に関わることができるようになるのである。

2　資質アプローチに属する研究

当初，多くの研究者が，有能なリーダーになるための研究を行ったものの，一貫した結果が得られなかった。様々な業種・企業・職種をサンプル対象とした研究が行われたものの，研究によって，サンプル対象が違ったり調査設計が異なっていたりしたためである。このため，効果的なリーダーに共通する資質が，研究ごとに違っていたのである。

このような状態を受け，いくつかの先行研究をまとめてレビューし，その中から共通する資質を明らかにしようとする研究が出現した。その代表的な研究がストッグディルの研究である。

ラルフ・ストッグディルは，1904年から1947年にかけて行われた124の研究をすべてレビューし，優れたリーダーに共通する８つの資質を以下のとおり特定した[1]。

知性	率先力
用心深さ	粘り強さ
洞察力	自信
責任感	社交性

このリストを見て，どのように感じるだろうか？「やはりね」とか「そのくらいなら自分でもわかる」と思う人も多くいるだろう。確かに，当たり前のリストが並んでいるようにも見える。しかし，多くの人にとって当たり前のように思えるリストが並んでいる，ということは，このリストは，多くの人にとって一定程度の真実を語っている，ともいえるだろう。

しかし，それ以上に大きいのは，それまで，多くの経営者が，経験や勘だけに頼ってきたリーダーに必要な資質を，調査・分析に基づいて，科学的に明らかにした，という点である。その意味で，この研究は，現代的なリーダーシップ研究の始まりを告げるものといえよう。今では古ぼけてしまったこの研究も，リーダーシップ研究を創始したという意義は，今でも残っているのである。

その後，リチャード・マンは，対象を1,400以上の研究に広げて同様のレビューを行い，６つの重要な資質を特定している[2]。また，ストッグディルは，新たに163の研究を用いて，以前の研究結果と比較した上で，リーダーに必要な10の資質を特定している[3]。さらにロバート・ロードらは，マンがレビューで用いた研究を，メタ分析という新しい統計的手法を用いて分析し，３つの必要な資質を特定している[4]。

なお，先述の『*Theory and Practice*』[5]は，これらの先行研究をまとめている。これによると，これまでの資質アプローチによる研究の多くは，共通して，以下の５つが効果的なリーダーシップを発揮するために重要な資質であると指摘している。

知性　　　高潔さ
自信　　　社交性
決断力

資質アプローチによる研究は多く行われたが，その内容をまとめると，有効なリーダーシップを発揮するためには，上記5つの資質を持っていることが重要である，ということになる。つまり，リーダーを選抜する時には，この5つの資質を持っている人を選抜すれば，職場の生産性が上がる可能性が高まる，ということである。

2 資質アプローチ研究の応用例とその評価

以下では，資質アプローチ研究を用いたケースの分析例を示す。また，このアプローチに対する評価にも言及する。

1 ケース

桜田吉宏は，株式会社スコーテ（以下，スコーテ）の人事部門担当ディレクターとして，次週に実施予定のCEOとの面談において，マネージャーの選抜基準についてどのように進言するか考えていた。

スコーテは，現在のCEOである山村隆司が1991年に設立した，IT系の広告企業である。早くから若年層をターゲットにしたWEB広告に特化して事業を進めた結果，2022年現在では，年商40億円を突破し，約300人の従業員を抱えるまで大きくなった。これまでのところ，山村による戦略策定が功を奏しており，スコーテがここまで成長したのは，山村の決断力と行動力によるところが大きい。このため，社内では，良くも悪くも山村が強力なリーダーシップを発揮しており，一部の取締役を除き，山村の決断に大きく反対することができる人はほとんどいないのが現状であった。

山村は，組織としてのフレキシビリティを保つことを重視しており，組織構造をシンプルにすることを重視していた。組織階層も，取締役を除くとディレクター，マネージャー，一般社員の３層のみとなっている。一度，マネージャーやディレクターになっても，実績を上げられなければ降格されることもある。しかし，一度降格しても，その後，実績を上げることができれば，また，マネージャーやディレクターに復活できるようになっていた。昇格も降格も，実績に基づき，フレキシブルに運用がなされていたのである。

また，マネージャーおよびディレクターへの昇格については，すべて山村が最終決定をしていた。当該従業員の上司等から念入りに情報を収集はするものの，面談や最終的な決定には山村が大きく関わっていた。なお，マネージャー以上の昇格基準は，過去３年間の業績とリーダーシップである。過去３年間の業績は数値化されているものの，リーダーシップの有無については，山村の決断に負うところが大きかった。昇格するためには，どちらも十分に備えている必要があるとされていたが，その割合には多少のフレキシビリティが担保されていた。実際に，業績は十分であったにもかかわらず，リーダーシップが不十分と見なされ昇格が見送られたケースがあった。一方で，業績がやや不十分であったが，リーダーシップがあると見なされ，昇格されたケースもあった。

このような昇格システムについて，一部の社員は不満に感じているようであった。リーダーシップの基準が明確でなく，山村の恣意によって大きく左右されると感じられる点に不満があるようである。特に，業績が高い社員の中には，いくら業績を上げても，リーダーシップを認められずに昇格できないのではないかと不安を感じている者もいるようであった。ある社員は，「業績を上げても，結局最後は山村さんに気に入られなければ昇格できない。これでは，何を目指して仕事をしてよいかわからない」と語っていた。

桜田は，以前，大手電機メーカーに務めていたこともあり，スコーテの人事システムの制度化が大きく遅れていることを感じていた。しかし，一方で，制度化することによって，フレキシビリティが下がり，硬直的な組織になってしまうことは避けなければならないとも考えていた。

ただし，昇格については，従業員の大きな関心事であり，従業員が公平感を感じられる制度にする必要があると考えていた。特に，業績が高い従業員が不安を感じていることは大きな問題であると認識していた。

あなたが桜田だったとしたら，CEOの山村にどのように進言するだろうか？

2 ケースの分析例

スコーテの社員は，昇格に関して低い組織公正感（Organizational Justice）を感じているといえよう。組織公正感とは，組織成員の心理状態を表す概念の1つであり，組織や職場における全般的な公平感に関する知覚である。

社員が低い組織公正感しか感じていないということは，スコーテにとって問題である。なぜなら，これまでの研究から，組織公正感は，組織コミットメント（組織に対する愛着心）やOCB（Organizational Citizenship Behavior：正式な業務ではないものの，組織や仲間のためになる自主的な行動。困った仲間を助けるなど）[6]，離職意思に影響を及ぼすことがわかっているからである[7]。組織公正感が低いままだと，組織コミットメントやOCBを低め，離職意思を高めてしまう可能性がある（図表3-2）。このため，このまま社員の組織公正感が低い状態が続けば，将来的には，スコーテの成長を妨げる可能性がある。

図表3-2 組織公正感の効果

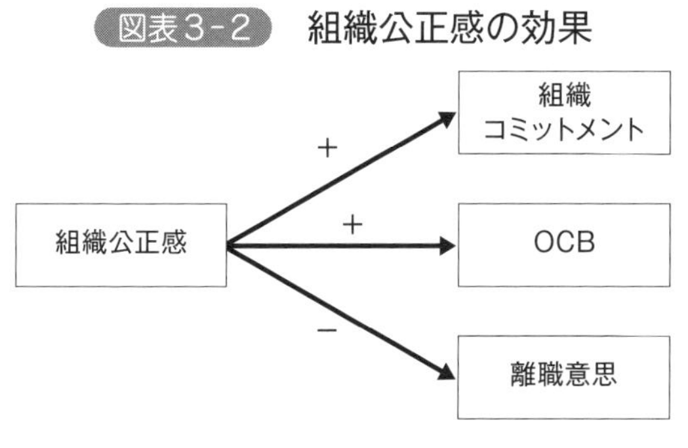

特に問題なのは，組織公正感の中でも手続き的公正感が低いことである。組織公正感には3つの下位概念がある。分配的公正感（Distributive Justice）と手続き的公正感（Procedural Justice），そして関係的公正感（Interactional Justice）である。それぞれ，受け取った報酬に関する公正感，報酬の決定プロセスに関する公正感，そして自身が受けている尊厳や敬意に関する公正感である。スコーテの社員は，昇格の基準が不明確なことに不満を感じている。つまり，組織公正感の中でも手続き的公正感が低くなっているといえよう。しかし，手続き的公正感は，上司への信頼や組織コミットメントには，特に重要な影響を及ぼすことがわかっている[8]。

したがって，スコーテにとって，手続き的公正感を高めることが重要である。そして，そのためには，昇格基準を明確にする必要がある。基準が明確で，当該基準に沿って運用されるのであれば，たとえ昇格できなくても手続き的公正感が下がることはない。また，これから昇格を目指す予備軍も不安を感じることはない。

昇格基準を明確にするためには，リーダーシップについての基準を明確にするべきである。業績については数値化されており，明確になっている。一方で，リーダーシップについては山村が勘で決めている節があり，現状では透明性に欠けているからである。

リーダーシップについての基準としては，前節で示した5つの基準，すなわち，知性，自信，決断力，高潔さ，社交性を用いることができるかもしれない。これらの基準は，多くの研究によって有効性が確認されているため，普遍性が高い。このため，スコーテにおいても当てはまる可能性が高い。また，文字化されているため，山村が直感で決めるよりも透明性が高く，社員にも説明しやすい。

もちろん，これらの5基準の抽象度が高いため，これだけ決めたのでは，結局，直感によってしまう可能性がある。このため，それぞれの基準について，さらにブレイクダウンして言語化した基準を設定する必要があるかもしれない。例えば，知性については，以下のような下位基準を設けることができるだろう。

〈知性〉

1）何か問題が生じた際には，まず新しい方法を試みることが多い
2）職場において新しいアイデアを提案することが多い
3）他のメンバーが驚くような方法を実施することが好きだ
4）従来のやり方と異なるやり方で取り組むことを厭わない
5）常に新しい知識や情報を取り込むように心がけている

このように，5基準のそれぞれに下位基準を設け，下位基準に沿って評価を行えば，恣意が入る余地も少なくなるし，透明性を高めることができる。さらに透明性を高めるには，360度評価を実施することもあり得る。山村や上司だけでなく，同僚や後輩などが評価することによって，評価結果に対する透明性を高めることができる。また，評価結果をもとにフィードバック面接を行うことができれば，リーダーシップの育成にもつながる。

過度な制度化は，組織の硬直化を招く可能性がある。しかし，昇格基準のように，組織メンバーの組織公正感に関わるものについては，最低限の制度化を行う必要がある。リーダーシップ基準について考える際には，資質アプローチ研究の成果を応用することが可能だと考えられる。

3　資質アプローチ研究に対する評価

資質アプローチ研究は，それまでの研究の流れと比べると画期的である。それまでは，そもそもリーダーシップとマネジメントの違いも明確に区別されず，マネージャーの役割を対象とした研究が主流であった。たとえ現場でリーダーシップについて語られることがあっても，なんとなく「このような人が効果的なリーダーシップを発揮できる」と考えられてきた程度である。これに対して資質アプローチ研究は，マネジメントとリーダーシップを区別し，現場の知恵を科学的に概念化し，なおかつデータを元に分析した結果を提示した，という点で大きな貢献をしているといえる。

しかし，今日的な視点で見れば，非常に素朴な研究であり，それがゆえに大きな問題点も抱えている。その最大のものは以下の２つであろう。有効なリーダーシップは，リーダーの資質だけでは決まらない，ということと，リーダーの育成につながらない，ということである（図表3-3）。

図表3-3　資質アプローチ研究の問題点

有効なリーダーシップは，リーダーの資質だけでは決まらない	リーダーの育成につながらない

有効なリーダーシップが資質だけで決まってしまうということは，やや短絡的に思える。確かに，資質で決まるというのは，わかりやすいし，一見，説得力があるように感じる。しかし，実際の現場に目を向けてみると，必ずしも資質だけで決まっているわけではなさそうである。この点についてストッグディルも，リーダーシップの有効性は，資質だけでは決まらないことを指摘している。

実際に，資質だけで決まらない例はよく見られる。例えば，優れたリーダーシップを発揮していた人が，部署を異動したとたんにうまくリーダーシップを発揮できなくなった，などというのは，よくある話である。もし，資質で決まるのであれば，どこの部署に行っても，効果的なリーダーシップを発揮するはずである。その人自身の資質は変わらないのであるから。それにもかかわらずリーダーシップの効果が異なるということは，資質が効果的なリーダーシップに反映されるかどうかは状況によって異なる，ということだろう。

また，前節で示した資質をすべて満たしていなくても，有効なリーダーシップを発揮している人はいそうである。例えば，歴史上のリーダーとしてよく名前があがる織田信長を考えて見よう。確かに，知性や自信，決断力は高そうである。しかし，高潔さや社交性は，それほど高くないように思える。それでも，新しい時代を切り開くという成果を上げていた，という点では効果的なリーダーシップを発揮した人物であろう。織田信長は極端な例かもしれないが，必ずしもバランスよくすべての資質を満たしていなくても，効果的なリーダーシップを発揮している人はいそうである。

資質アプローチ研究のもう1つの問題点は，研究の成果がリーダーの育成につながらない，ということである。これらの研究が明らかにした資質は，生まれついてのもの，もしくは，長い経験によって暗黙的に身につくものである。このため，“必要に応じて育成する”という考え方に結びつかないのである。資質アプローチ研究の成果は，リーダーを選抜する際には重要な示唆を与えてくれるが，“どのようにリーダーを育成すればよいか”という点については，示唆を与えてくれない。

企業規模がそれほど大きくなく，それほど多くのリーダーが求められない場合は，それでも問題ない。リーダー候補から，基準に合ったリーダーを選抜すればよいからである。

しかし，企業規模が大きくなり，多くのリーダーが必要となると，育成することが必要となる。選抜だけでは足りなくなるからである。特に，日本企業のように，人材育成を重視する場合は，リーダーをいかに育成するかは最も重要な課題の1つである。それにもかかわらず，資質アプローチ研究の結果は，育成に対して重要な示唆を与えてくれないのである。

大きな問題点のうち，前者については，コンティンジェンシー・アプローチの研究を待つことになる。一方，後者については，次に隆盛を極める行動アプローチの研究が一定の答えを出すことになる。

注

1 Stogdill, R. M. 1948. Personal factors associated with leadership: A survey of the literature. *Journal of Psychology*, 25(1): 35-71.

2 Mann, R. D. 1959. A review of the relationships between personality and performance in small groups. *Psychological Bulletin*, 56(4): 241-270.

3 Stogdill, R. M. 1974. *Handbook of Leadership*. New York: Free Press.

4 Lord, R. G., De Vader, C. L., & Alliger, G. M. 1986. A meta-analysis of the relation

between personality traits and leadership perceptions: An application of validity generalization procedures. *Journal of Applied Psychology*, 71(3): 402-410.

5 Northouse, P. G. 2015. *Leadership: Theory and Practice* (Seventh ed.). Thousand Oak, CA: Sage.

6 職場の先輩や同僚が困った時に手助けをしたり，上司に求められる前に新しい仕事のやり方を提案したりすることなどは，典型的なOCBの例といえる。

7 例えば，Moorman, R. H. 1991. Relationship between organizational justice and organizational citizenship behaviors: Do fairness perceptions influence employee citizenship? *Journal of Applied Psychology*, 76(6): 845-855.やSimons, T., & Roberson, Q. 2003. Why managers should care about fairness: The effects of aggregate justice perceptions on organizational outcomes. *Journal of Applied Psychology*, 88(3): 432-443.など。

8 Folger, R., & Konovsky, M. A. 1989. Effects of procedural and distributive justice on reactions to pay raise decisions. *Academy of Management Journal*, 32(1): 115-130, McFarlin, D. B., & Sweeney, P. D. 1992. Distributive and procedural justice as predictors of satisfaction with personal and organizational outcomes. *Academy of Management Journal*, 35(3): 626-637.

第4章

行動アプローチ研究

行動アプローチ研究とは，優れたリーダーシップを発揮している人の行動に着目し，具体的にどのような行動をとっているのかを明らかにしようとした一連の研究の総称である。生まれながらの資質に着目した資質アプローチ研究に対して，行動アプローチは，必要な行動に着目しており，資質アプローチ研究の問題点が指摘されるようになるにつれ盛んに行われるようになった。

このアプローチに属する研究が行われるようになった最大の理由は，ビジネス・パーソンのリーダーシップ育成に対する期待が高まったことである。資質ではなく，行動を明らかにすることで，リーダーシップへの育成につなげられると考えたのである。

行動は訓練によって身につけられる。もちろん，人の行動は，その人の資質に影響される。しかし，訓練によって，資質による影響を一定程度克服することができる面もある。例えば，人と接するのが得意でない人も，接客マニュアルのもとに十分な訓練を受ければ，人並みの接客はできるようになるだろう。際だって優れた接客を行うためには，資質が必要かもしれない。しかし，ある程度の成果が見込める接客であれば，訓練次第で身につけることはできる。

同様に，職場において効果的なリーダーシップを発揮するために必要となる行動は，訓練次第で身につけることができる。きわめて優れたリーダーシップを発揮することができるかどうかは別だが，ビジネス・パーソンの要請に見合うだけのリーダーシップを発揮する人を育成することは可能である。

また，フォロワーにとって，リーダーの行動は直接観察することができるが，資質は直接観察することができない。確かに，リーダーの資質を語るフォロワーはいる。しかし，彼ら／彼女らは，リーダーの行動を見て，その資質を推測しているに過ぎない。

そのように考えると，フォロワーにとって大事なのは，リーダーの資質ではなく行動である，といえよう。例えば，リーダー自身が，内心ではがっかりしていたり，落ち込んでいたりしても，フォロワーの前で明るく振る舞えば，それを見たフォロワーは，安心したり，前向きな気持ちになるだろう。逆に，リーダーが心の中で元気のないフォロワーを心配していたとしても，それが“声をかける”などといった具体的な行動に現れなければ，フォロワーには冷たいリーダーと感じられるかもしれない。

このように，効果的なリーダーシップを発揮するために必要となる行動を明らかにすることは，実務的にも大きな意義がある。このため，様々な行動アプローチに属する研究が行われた。本書では，その中で代表的な3つの研究を取り上げる。

1　オハイオ研究

オハイオ州立大学で始まった一連の研究（以下，オハイオ研究）は，行動アプローチ研究の隆盛に最も大きな影響を及ぼした研究の1つである。オハイオ州立大学では，リーダーシップの有効性を明らかにするために，有効なリーダーの性格特性を明らかにしようとする研究に限界を感じ，リーダーの行動に焦点を当てた研究を始めた。実際には，様々な業界に属するリーダーに焦点を当て，それらのリーダーがどのような行動をとっているのかを明らかにしようとしたのである。

具体的には，以下の要領で研究が進められた。まず，リーダーがとり得る1,800以上にのぼる様々な行動を書き出し，その中から，似たような行動を統合し，150項目からなるリーダー行動の一覧を作成した。次に，様々な産業に属する数百の人を抽出し，150項目のそれぞれについて，自分の上司がどの程度の頻度で当該行動をとるかを回答してもらった。これらの回答結果を用いて，様々なリーダー行動をいくつかのカテゴリーに絞り込んだ。

その結果，リーダー行動は，大きく2つのカテゴリーにまとめることができることがわかった。1つが構造づくり（initiating structure）であり，もう1つが配慮（consideration）である。構造づくりとは，仕事そのものに関わる行動である。フォロワーの役割や責任と権限，仕事のやり方，スケジュールを明確化する行動などが含まれる。一方の配慮とは，リーダーとフォロワー，もしくはフォロワー同士の関係に関わる行動である。職場の中でメンバー間の親密度や信頼関係を高める行動が含まれる。

オハイオ研究では，両者はそれぞれ独立した概念であるととらえている。つまり，図表4-1の第1象限（右上）のように，両方の行動がとれるリーダーもいれば，第3象限（左下）のように，両方ともとることができないリーダーもいる，ということである。

図表4-1　構造づくりと配慮

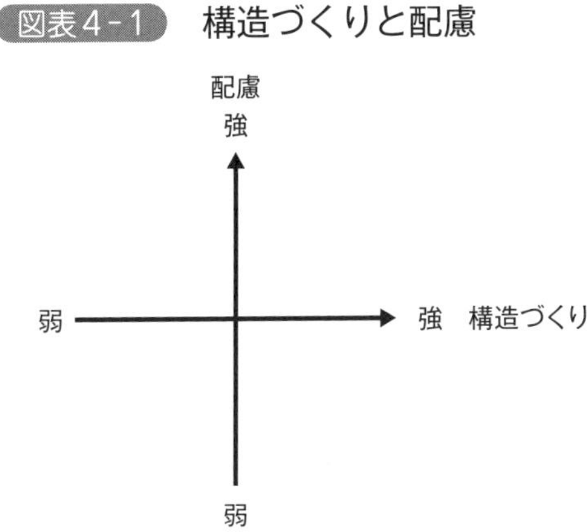

オハイオ研究は，これに加えて，リーダーが，構造づくりと配慮の行動をどの程度とっているのかを特定するための質問紙票を作成した。これが，LBDQ（Leader Behavior Description Questionnaire）と呼ばれるもので，世界各国で翻訳されている[1]。

このため，LBDQを用いた多くの研究が行われ，リーダー行動とフォロワーの満足度やフォロワーの成果との関係が検証された。その結果，リーダーが構造づくりと配慮の双方の行動を頻繁にとっている場合，フォロワーの満足度と成果が最も高まる，と多くの研究が結論づけた。

しかし一方で，異なった結論を示した研究も少なからず存在している。研究によっては，構造づくりだけ，もしくは配慮だけが強い方が，フォロワーの満足度や成果を高めることを示したのである。

これらの結果は，状況要因によってその効果が異なることを示唆している。研究結果によって結果が異なるということは，常に同じリーダーシップが効果を示すとは限らない可能性がある，ということである。

しかし，具体的にどのような状況にどのようなリーダーシップが効果的なのか，ということを明らかにしようとする研究は，この時点ではほとんど行われていない。このため，状況との関係を明らかにしようとする研究の出現は，コンティンジェンシー・アプローチ研究まで待つことになる。

2　ミシガン研究

オハイオ研究が行われていた頃，同様の研究がミシガン大学でも行われていた[2]。この一連の研究はミシガン研究と呼ばれる。

ミシガン研究の結果，グループの成果やフォロワーの満足度に影響を及ぼす２つの行動群が明らかにされた。生産志向（Production orientation）と従業員志向（Employee orientation）である。生産志向に含まれる行動は，仕事の生産性や技術的側面に焦点を当てた行動である。この志向の行動下では，フォロワーは，仕事を達成するための道具として扱われることが多くなる。一方，従業員志向に含まれる行動は，人間関係を重視してフォロワーと接する行動である。この行動下では，リーダーは，フォロワーの尊厳や価値観を重視し，フォロワーの個人的なニーズに十分な配慮を行おうとする。

これらの類型は，オハイオ研究における構造づくりと配慮に似ている。生産志向は構造づくりに，また，従業員志向は配慮とほぼ同じである。

一方で，ミシガン研究は，当初，図表4-2に示すとおり，生産志向と従業員志向を二律背反と見なしていた。つまり，従業員志向が強いリーダーは，生産志向の行動をとることができず，生産志向が強いリーダーはその逆である。

図表4-2　ミシガン研究の生産志向と従業員志向

生産志向 ←→ 従業員志向

しかし，その後の研究から，両者が独立であることが明らかにされ，両行動群は独立した概念としてモデル化された。オハイオ研究と同様に，両志向ともに強いリーダーもいれば，両志向ともに弱いリーダーもいる，と考えたのである。

ミシガン研究においても，リーダーの２つの行動群とグループの成果などとの関係について，多くの検証が行われた。両者を背反の概念として扱っていた時には，従業員志向の行動群の方が，マネジメント上有効な影響を及ぼす結果が多く見いだされた。しかし，その後，両概念が独立であるという前提で研究が進むと，両行動群を頻繁にとっているリーダーも多く存在し，これらのリーダーが，グループの成果にもフォロワーの満足度にもプラスの影響を及ぼしていることが明らかになる。

ただし，オハイオ研究と同様に，ミシガン研究においても，多くの例外的な結果が示された。つまり，必ずしも，すべての研究が，従業員志向と生産志向が高いリーダーが有効であることを示したわけではなかった。

3　PM理論[3]

日本でのリーダーシップ研究は，世界的に見ると活発であるとはいえない。今日の日本では，数多くのリーダーシップに関する書籍が発行されている。このため，リーダーシップ研究が進んでいるように見える。しかし，世界的に見ると，出されている学術論文数も少なく，残念ながら，研究成果が世界の学術界に及ぼす影響も小さい。このため，日本発のリーダーシップ理論もほとんど無いに等しい。

その中にあって数少ない日本発のリーダーシップ理論の１つが，PM理論である。PM理論は，九州大学や大阪大学で教授を務めた三隅二不二（みすみじふじ）によって提唱された理論である。日本の行動アプローチ研究の代表的な成果の１つといえる。

PM理論では，リーダー行動を課題達成機能と集団維持機能に分け，それぞれＰ機能とＭ機能と呼ぶ。ＰはPerformanceから，ＭはMaintenanceからとっている。Ｐ機能とは，グループにおける目標達成や課題解決に関するリーダーシップ機能である。一方のＭ機能とは，グループ・メンバーの情動に配慮したグループの維持に関するリーダーシップ機能である。

PM理論では，Ｐ機能とＭ機能を独立の概念と考え，それぞれ高低のレベルを想定し，４つのタイプを類型化している（図表4-3）。Ｐ機能もＭ機能も高いリーダーシップはPM型リーダーシップであり，Ｐ機能だけ高いリーダーシップはPm型，Ｍ機能だけ高いリーダーシップはpM型，そしてどちらも高くないリーダーシップはpm型リーダーシップと名付けられている。

図表4-3　PM理論でのリーダーシップの類型化

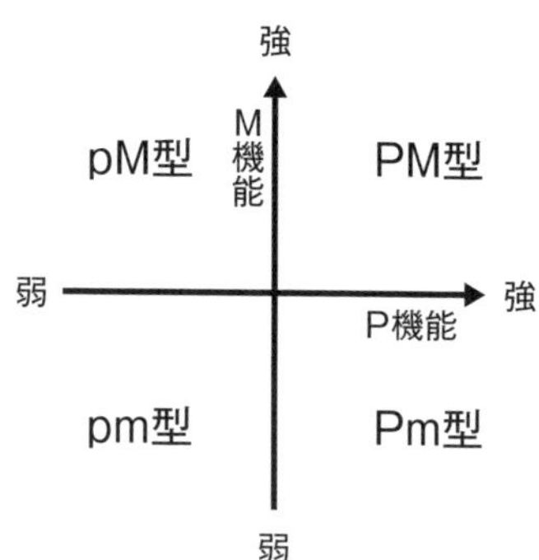

PM理論は，理論構築されただけでなく，その適切さが日本国内で数多く検

証された。なぜなら，P機能およびM機能をそれぞれ測定する尺度が開発されたからである。

これらの検証結果の多くが，PM型が効果的であることを示した。実際に，グループの成果に最も効果的だったのはPM型リーダーシップであった。また，メンバーの満足度向上に効果的であったのもPM型リーダーシップであった。なお，短期的な成果については，PM型に次いで効果が高かったのがPm型で，これにpM型，そしてpm型が続いた。一方，長期的に成果に効果的なのは，PM型，pM型，Pm型，pm型の順であった。ちなみに満足度の向上については，長期的成果と同じ順であった。これらの結果から，三隅は，P機能もM機能も重要な機能であり，かつ，両機能は相互補完的に効果を高めるため，PM型が最も効果が高いと主張している。

PM理論は，日本国内では，学術的にも実務的にも大きな影響力を持った理論の1つであるといえよう。なぜなら，PM理論は，理論構築されただけでなく，日本においてその確からしさが検証されたからである。加えて，同理論は，現場でのリーダーシップ開発にも応用された。具体的には，PM型リーダーシップを開発するためのトレーニングや研修が開発されたのである。

4 行動アプローチ研究の応用例とその評価

以下では，行動アプローチ研究を用いたケースの分析例を示す。また，このアプローチに対する評価にも言及する。

1 ケース

ブルーム製薬株式会社（以下，ブルーム社）の篠原俊充は，西東京地区の大病院を担当している東京営業所営業3課課長である。彼は今，次期課長候補として金村靖彦係長を推すべきか，達川俊二係長を推すべきかで悩んでいた。

ブルーム社は医家向けの医薬品を製造販売している中堅の製薬会社である。

篠原課長が担当している営業３課は，ブルーム社が最も重要視している大病院を受け持っていることもあり，社内の注目度は高い方であった。

春の定期異動により，篠原課長は，北海道営業所へ次長として赴任することとなった。篠原課長は，後任の課長を推薦するように東京営業所長からいわれていた。篠原課長の意見がそのまま通るとは限らないが，篠原課長の意見が，後任の課長人事に大きな影響を与えることは確かであった。

現在の営業３課には課長候補である係長が２人いる。篠原課長としては，自分の部下として頑張ってきた２人のうちのどちらかを課長候補として推薦したいと考えていた。

候補の１人である金村係長は，部下に対して厳しいことで有名であった。金村係長は，部下というものは，自分が見ていなければ常にさぼるものだという意識が強く，常に部下の動向を監視し，部下からの報告も逐一受けなければ気が済まないタイプであった。また，仕事の計画や具体的なやり方について，細かく部下に指示を出し，指示通りに動くことを強く求めた。一方で，優秀な成績を上げた部下はきちんと評価し，大いに褒めるため，部下の中には，金村係長の熱烈なファンもいた。

もう１人の候補である達川係長は，常に部下を信頼し，細かい指示はほとんど出さず，部下に任せるタイプであった。書類についても，半年に１回営業所長に提出する報告書を書かせるだけで，それ以外の報告は一切求めなかった。また営業計画についても，達川係長の方から一方的にノルマを課すのではなく，部下の申請通りの計画を承認していた。仕事中でも，よく，部下と他愛もない冗談を言い合ったりすることがあった。そのような達川係長を信頼する部下も多いが，なかには，細かい指導や指示が無いことに対して不満を持つ部下もいた。

金村係長のグループも達川係長のグループも，営業成績は東京営業所ではトップクラスであり，部下の指導という点では，両名とも営業所長から一目を置かれている存在であった。

あなたが篠原課長なら，どちらの係長を次期課長候補として推薦するだろうか？

2 ケースの分析例

上記事例に答えるためには，以下の2点を検討する必要がある。第1に，両者のリーダーシップは，どのようなスタイルであるのか，という点である。第2に，どちらのリーダーシップ・スタイルが適切であるのか，という点である。

金村係長は，オハイオ研究で言えば，典型的な“構造づくり”のリーダーシップであり，PM理論で言えば，Pm型リーダーシップである。金村係長は，仕事の枠組みややり方をきちんと定める。また，部下の仕事の進捗状況を管理し，具体的な仕事の指示も行う。加えて，部下の感情よりも，仕事の成果を重視している。これらは“構造づくり”の特徴を示している。

一方の達川係長は，オハイオ研究で言えば，“配慮”のリーダーシップであり，PM理論で言えばpM型リーダーシップである。達川係長は，部下の気持ちを大事にする。部下を信じ，部下の申告通りの計画を承認している。また，部下との人間関係や職場の雰囲気を重視している。これは，典型的な“配慮”の特徴を示している（図表4-4）。

図表4-4 2人のリーダーシップ・スタイル

このように，行動アプローチの研究を用いると，両者のリーダーシップにつ

いて，抽象度を上げて整理することができる。これが，研究を用いることのメリットの１つである。

ただし，行動アプローチ研究を用いても，どちらが優れているとは言い切れない。オハイオ研究では“構造づくり”と“配慮”の両方を，ミシガン研究では“生産志向”と“従業員志向”の両方を，PM理論ではPM型が，それぞれ最も優れているリーダーシップであると指摘している。にもかかわらず，金村係長も達川係長も，どちらかしか満たしていないように見える。

それでも，どちらかを選ばなければならないとしたら，どちらを選ぶべきだろうか？　これには２つの考え方がある。PM理論による考え方と育成可能性を視野に入れた考え方である。

PM理論によれば，最も優れたリーダーシップ・スタイルはPMだが，その次は，何をアウトプットと考えるかによって異なる。長期的な生産性やフォロワーの満足度を考えると，PMの次に効果があるのはpMである。一方で，短期の生産性を考えた場合，PMの次に効果があるのはPmである。

PM型リーダーがいないのであれば，次善の策として，どちらを重視するかによって決めるべきであろう。とりあえず短期的な生産性を重視するのであれば，Pm型である金村係長であろう。一方，部下の満足度や組織に対するコミットメントを高め，長期的に生産性が上がる基礎を作るのであれば，pM型の達川係長であろう。どちらも重要であることに違いはないが，２人のどちらかを選ばなければならないのであれば，優先順位に従って選ぶしかない。

一方，リーダーシップの育成可能性で考えれば，どちらが欠落している行動を身につけることができる可能性が高いか，で決めることになる。オハイオ研究で言えば，金村係長には“配慮”が欠落しており，達川係長には“構造づくり”が欠落している。どちらも身につけることが重要であるとすれば，課長になった後，いち早く欠落した行動を身につけるのはどちらか，という視点で選ぶこともできるだろう。

金村係長が課長として成果を高めるためには，“配慮”の行動が必要になる。部下の気持ちを察して思いやりを見せたり，また，部下同士の人間関係にもしたりする必要がある。それを，金村氏が自覚し，そのための行動をとることができるかどうかを考える必要がある。

逆に，達川係長が課長になる場合は，必要な指示は明確に行い，必要としている部下には，仕事面での指導をきめ細かく行う必要がある。時には，部下を叱ることも必要になろう。そのような行動を達川係長がとれるようになるかどうかが重要になる。

行動アプローチ研究を用いると，両係長のそれぞれ足りない部分を，より早く，より効果的に身につけることができるのはどちらなのか，という視点で選ぶことが可能になる。同研究を用いれば，効果的なリーダーシップを発揮するために何が足りないのかが明確になるからである。

さらに，行動アプローチ研究は，育成のための示唆も与えてくれる。個々人のリーダーシップの優れている点と問題点が明確化されるので，問題点を克服するために何が必要なのかも明確になるからである。金村係長と達川係長のそれぞれに対して，今後適切なリーダーシップを身につけるために具体的にどのような行動が必要となるのかを伝えたり，当該行動を身につけるための訓練機会を設けたりすることができるようになる。

ビジネス・パーソンは，ここで書かれたようなことを暗黙的に行っていることが多い。逆に言えば，今回のようなケースは，理論など知らなくても，多くの人は直感的に答えを出すことができるのであろう。しかし，それでも，理論を知り，自らの答えを理論とすりあわせてみることで，自分の答えに確信を持ったり，自分に欠けている視点を見いだしたりすることができる。つまり，理論を知った上で経験と勘を使いながら課題解決に当たれば，経験や勘だけを頼りにするよりも，うまくいく確率が高くなるのである。

3 行動アプローチ研究に対する評価

行動アプローチ研究は，実務に大きなインパクトを与えた。行動アプローチ研究が，効果的なリーダーシップを発揮する行動に焦点を当て，どのような行動が求められるのかを明らかにしてきたからである。行動は，訓練次第では身につけることができることができるため，研究結果をリーダーシップの育成につなげることができるのである。実際に，行動アプローチ研究の成果を用いて，様々なリーダーシップ育成のためのプログラムが開発された。

その中でも大きな注目を浴びたものの1つが，ブレークとムートンが開発したマネジリアル・グリッドであろう。マネジリアル・グリッドとは，本人の関心によってリーダーシップ・スタイルを診断し，最も適切なリーダーシップ・スタイルを身につけるトレーニングを行うためのツールである。

図表4-5に示すとおり，仕事結果に対する関心度と人間関係に対する関心度の2つの軸で5つのリーダーシップ・スタイルをカテゴリー化する。ブレークとムートンは，この中で，9,9であるチーム・マネジメントが理想的なリーダーシップ・スタイルであると想定している。このため，本人のリーダーシッ

図表4-5 マネジリアル・グリッド

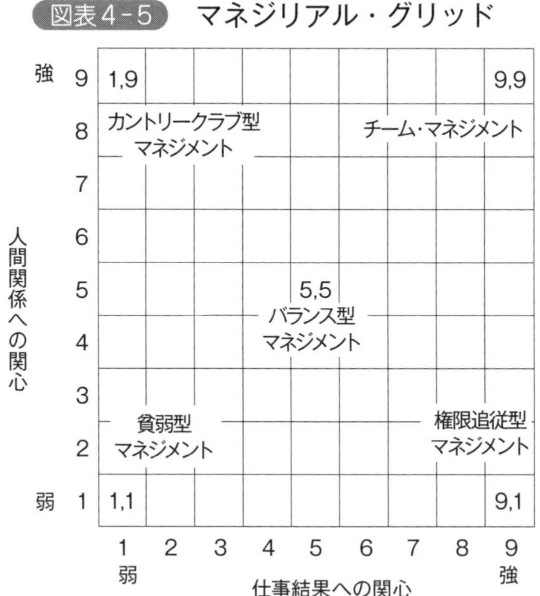

出所：Blake & Mouton (1985)[4]を著者が修正。

プ・スタイルを測定した上で，そのリーダーシップ・スタイルをチーム・マネジメントに近づけるためのトレーニングを実施するのである。

このように，行動アプローチ研究は，実用に資する点で評価できるが，一方で問題点も抱えている。その最大のものは，資質アプローチ研究と同様に，研究によって結果が異なる，ということであろう。直感的に考えると，“構造づくり”と“配慮”の両方を持ち合わせていた方が，優れたリーダーシップを発揮しそうである。しかし，実際には，どちらかしか持ち合わせていなくても効果的なリーダーシップを発揮している人はいるし，逆に，両方持ち合わせていても，効果を発揮することができない人もいる。

例えば，次のような上司を想像してもらいたい。その人は，確かに仕事はできる人であるが，部下に対して，具体的な指示はほとんど行わない。また，部下の気持ちに配慮して，部下に寄り添うようなこともしない。ただ，黙々と，職場のためだけに，職場の誰よりも懸命に自らの仕事を行うだけである。その仕事はすべて，職場の目標達成に向けられており，その上司にとって損になるようなことでも，職場目標達成のためなら，厭わず取り組む。このような上司にほだされて，部下も，ついつい職場目標達成のために，熱心に取り組んでしまう，などということもあるだろう。

このような上司のリーダーシップの有効性を，行動アプローチ研究は説明することができないのである。この上司は，“構造づくり”の行動も“配慮”の行動もとるわけではない。ただひたすら，率先垂範しているだけである。しかし，部下は，そのような上司に刺激を受けてモチベーションを高めている。つまり，この上司は，“構造づくり”も“配慮”も消極的だが，効果的なリーダーシップを発揮していることになる。

このように，資質アプローチ研究で残された課題の1つは，行動アプローチ研究でも解決されず，コンティンジェンシー・アプローチ研究の登場を迎えることになる。

㊟

1　当初はHemphill, J. K., & Coons, A. E. 1957. Development of the leader behavior description questionnaire. In R. M. Stogdill, & A. E. Coons (Eds.), *Leader Behavior: Its Description and Measurement* (*Research Monograph No. 88*). Columbus, OH: Ohio State University, Bureau of Business Research.がLBDQを発表したが，その後Stogdill, R. M. 1963. *Manual for the Leader Behavior Description Questionnaire-form XII*. Columbus, OH: Ohio State University, Bureau of Business Research.が短縮版のLBDQ-XⅡを発表している。実際には，LBDQ-XⅡの方が普及している。

2　Cartwright, D. E., & Zander, A. E. 1953. *Group Dynamics Research and Theory*. Evanston, IL: Row, Peterson.やKatz, D., & Kahn, R. L. 1951. Human organization and worker motivation. In L. R. Tripp (Ed.), *Industrial Productivity*: 146-171. Madison, WI: Industrial Relations Research Association., Likert, R. 1961. *New Patterns of Management*. McGraw-Hill., Likert, R. 1967. *The Human Organization: Its Management and Values*. New York, NY: McGraw-Hill.など。

3　PM理論については，三隅二不二，1984。リーダーシップ行動の科学（改訂版）：有斐閣.に詳しく書かれている。また，三隅二不二，1986。リーダーシップの科学：指導力の科学的診断法：講談社.は一般向けに書かれている。ただし，残念ながら，どちらも現段階では絶版である。

4　Blake, R. R., & Mouton, J. S. 1985. *The Managerial Grid III: The Key to Leadership Excellence*. Houston, TX: Gulf Publishing Co.

第5章

コンティンジェンシー・アプローチ研究

行動アプローチ研究は，実務界に大きなインパクトを与えた。リーダーシップの育成という点で大きな貢献をなしたからである。

しかし，行動アプローチ研究の成果が実務界に浸透するにつれ，問題点も指摘されるようになる。その主たるものは，必ずしも，行動アプローチで想定した行動が適切なリーダーシップの発揮につながらない，という指摘である。前章の最後で例示したように，“構造づくり”と“配慮”の両方の行動をとらなくても効果的なリーダーシップが発揮される場合もあるし，また，両方の行動をとっても，効果が上がらない場合もある。

これに対して，リーダーシップ研究者は，行動アプローチ研究の最大の問題点は，ワン・ベスト・ウェイを想定している点である，と考えるようになる。つまり，どのような状況であっても，常に，効果を発揮するリーダーシップが存在する，という想定が間違っているのではないか，という指摘である。適切なリーダーシップは，置かれた状況，すなわち，仕事内容やフォロワーの能力などによって異なるのではないか，ということである。

このような考え方から，状況と適合するリーダーシップを特定しようという研究が多く行われるようになった。これらの研究を総称して，コンティンジェンシー・アプローチ研究という。

コンティンジェンシー・アプローチに属する研究も多く存在するが，本書では，代表的な３つの研究に言及する。フィードラー理論，SL理論，パス・ゴール理論である。

1 フィードラー理論[1]

ワシントン大学の教授であったレスリー・フィードラーは，どのような状況であっても有効なリーダーシップというものは存在せず，ある特定のリーダーシップ・スタイルが有効であるかどうかは，状況によって異なることを明らかにした。具体的には，リーダーシップ・スタイルとリーダーが置かれた状況をそれぞれ類型化し，両者の組み合わせによってリーダーシップの有効性が異なることを実証的に明らかにしたのである。

1 リーダーシップ・スタイル

フィードラーは，リーダーシップ・スタイルを特定するために，LPC得点というものを用いた。LPCとは，Least Preferred Coworkerの略で，要するに，職場において最も好ましくない同僚，という意味である。フィードラーは，リーダーに対して，これまでの仕事経験において最も一緒に働きたくない人物を思い浮かべてもらい，その人物に対する16対となる形容詞の中で，どの形容詞が当てはまるかを回答してもらった。その結果がLPC得点である。

実際には，**図表5-1**のような質問項目によってLPC得点を測定する。リーダーには，8段階のどこに当たるのかを回答してもらい，その点数の合計をLPC得点とする。好ましい形容詞に近ければ近いほど点数が高いため，全体的に好ましい形容詞に近いところに点数を付けたリーダーの得点は高くなり，その逆は低くなる。

フィードラーは，LPC得点によって，リーダーシップ・スタイルを人間関係志向とタスク志向の2つに類型化した。具体的には，高いLPC得点を示したリーダーのリーダーシップ・スタイルを人間関係志向型と特定し，低いLPC得点を示したリーダーのリーダーシップ・スタイルをタスク志向型と特定した。人間関係志向型は，フォロワーとの人間関係を重視するリーダーシップ・スタ

図表5-1　LPC得点の測定

あなたが，これまでともに働いた人の中で，一緒に働く上で最もうまくいかなかった人を思い浮かべてください。その人についての感情に最も適切なものを，以下から選んでください。

好感が持てる	8	7	6	5	4	3	2	1	好感が持てない
親しみやすい	8	7	6	5	4	3	2	1	親しみにくい
リラックスする	8	7	6	5	4	3	2	1	緊張する
⋮				⋮					⋮

出所：Fiedler, Chemers, & Mahar (1976)[2]を著者が修正。

イルであり，タスク志向型は，仕事の達成を重視するリーダーシップ・スタイルである。

高LPC得点のリーダーは，最も一緒に働くのが嫌だと感じている人にさえ，好意的な感情を抱いている。そのような人は，人間関係を重視し，人間関係によって動機づけられる人だと考えられる。したがって，リーダーシップを発揮する際にも，人間関係を重視したリーダーシップを発揮すると想定される。

一方の低LPC得点のリーダーは，最も一緒に働くのが嫌だと感じている人に対して，強いネガティブな感情を抱いている。そのような人は，何よりも仕事に関心があり，仕事そのものから動機づけられる傾向が強いと考えられる。したがって，リーダーシップを発揮する際にも，仕事の達成を重視したリーダーシップを発揮すると想定される。

2　リーダーが置かれた状況

フィードラーは，リーダーが置かれた状況を3つの要因によって分類しようとした。リーダーとフォロワーの関係性，タスク構造，地位パワーである。

リーダーとフォロワーの関係性は，フォロワーがどの程度リーダーに対して信頼し，忠誠心を感じ，魅力を感じてくれているかを示す。フォロワーが，リーダーを信頼し，リーダーについていきたいと感じているようであれば，リーダーとフォロワーの関係性は良好であり，その逆は険悪である。

タスク構造とは，フォロワーが取り組んでいるタスクの目標や目標を達成するためのプロセスが明確である度合いである。新しいアイデアを出したり，新しい技術を生み出したりするようなタスクは，タスクの構造化の度合いが低く，ルーチン・ワークのように，繰り返しが多かったりやり方が定められたりしているようなタスクは構造化の度合いが高いといえる。

地位パワーとは，リーダーが報酬や罰則に関する権限を保持している度合いである。昔の徒弟制度のように，親方の胸三寸で賃金アップも解雇も行われるような状態は，リーダーの地位パワーが強いといえる。逆に，人事考課に関する権限をもたないプロジェクト・リーダーなどは，地位パワーが相対的に低いといえよう。

フィードラーは，この３つの要因を用いて，リーダーにとってコントロールしやすい状況とそうでない状況を分類している。

リーダーにとってコントロールがしやすい状況は次のとおりである。まず，リーダーとフォロワーの関係性が良好な場合である。フォロワーはリーダーを信頼しているため，リーダーの指示に進んで従おうとするだろう。また，タスクの構造化が高い場合も同様である。タスクを達成するための道筋が明確であるため，リーダーはフォロワーに対して，やるべきことを明確に，かつ具体的に指示することができる。さらに，地位パワーが高い場合もコントロールしやすい。リーダーは地位パワーを利用してフォロワーを従わせることができるからである。

これとは逆の場合は，リーダーにとってコントロールが難しい状況となる。関係性が険悪であれば，フォロワーはリーダーを信頼も尊敬もしておらず，進んでリーダーの指示に従おうとはしないだろう。タスクの構造化が低い場合，タスク達成のためのプロセスが曖昧で不確実性が高いため，リーダーは，業務に関して明確な指示を出すことができない。もちろん，地位パワーが低ければ，権限によってフォロワーを従わせることはできない。

以上をまとめると，リーダーにとってコントロールしやすい状況とそうでない状況は以下のように整理できる。

リーダーにとってコントロールしやすい状況

- リーダーとフォロワーの関係性が良好
- タスクの構造化の度合いが高い
- 地位パワーが高い

リーダーにとってコントロールしづらい状況

- リーダーとフォロワーの関係性が険悪
- タスクの構造化の度合いが低い
- 地位パワーが低い

このように，フィードラーは，3つの要因を用いて，リーダーが置かれた状況を，リーダーにとってコントロールしやすい状況としづらい状況の2つに分類した。

3　リーダーシップ・スタイルと状況のフィット

上述したとおり，フィードラーは，リーダーシップ・スタイルとリーダーが置かれた状況をそれぞれ2つに分類した上で，両者に次のような関係があることを検証した。

タスク志向型（低LPC得点）リーダーシップは，リーダーが非常にコントロールしやすいか，もしくは非常にコントロールしづらい時に有効である。フォロワーとの関係性が良好で，タスクの構造化度合いが高く，地位パワーが強いなど，リーダーにとってコントロールが容易な状況では，リーダーは，フォロワーとの人間関係性に配慮せずにタスクだけに集中することができる。このため，タスク志向型が有効なのだろう。逆に，フォロワーとの関係性が険悪で，タスクの構造化度合いが低く，地位パワーが弱いなど，コントロールが難しい状況においてもタスク志向が有効である。このような状況では，フォロワーとの人間関係に配慮していると仕事が進まなくなってしまうため，タスクに集中したリーダーシップの方が効果的なのだろう。

一方，人間関係志向型（高LPC得点）リーダーシップは，そこそこコントロールしやすい状況で有効である。フォロワーとの関係性もまぁまぁで，タスクもある程度構造化され，地位パワーもある程度あるような場合である。このような状況では，リーダーは非常にコントロールしやすいというわけではないが，非常にコントロールしづらいというわけでもない。そこそこコントロールがしやすい状況であろう。そのような状況では，タスク志向になり過ぎると，フォロワーからの反発を食らってしまう。ある程度，フォロワーに配慮しながら仕事を進める必要がある。このため，人間関係志向型が有効になるのであろう。

図表5-2　コントロールのしやすさと適切なリーダーシップ・スタイル

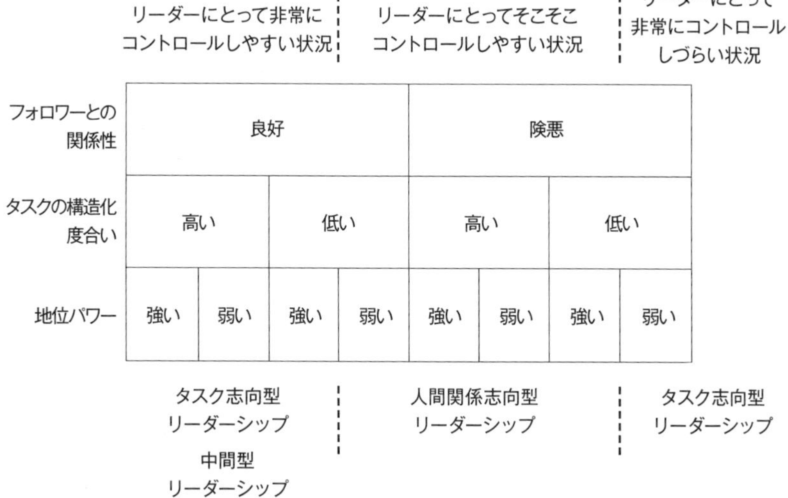

出所：Fiedler & Chemers (1967) [3]を著者が修正。

これらの関係を図に示したものが図表5-2である。

4 フィードラー理論の評価

フィードラー理論の最も大きな貢献は，なんといっても，コンティンジェンシー・アプローチ研究を創始する役割を担った点である。それまで，多くの研究が，状況によってリーダーシップの有効性は異なる可能性があることを指摘していたが，実際に，どのように異なるのかモデル化するまでには至らなかった。これに対してフィードラー理論は，リーダーシップ・スタイルとリーダーが置かれた状況を分類し，リーダーシップが高い効果を発揮する組み合わせをモデル化した。その後のリーダーシップ研究の流れを考えても，それまでどのような状況であっても有効なリーダーシップを探るワン・ベスト・ウェイの研究が主流であったものを，状況によって有効なリーダーシップが異なるという考え方を主流にするきっかけを作った意義は大きい。

これに加えて，フィードラーは，その理論の正しさを明らかにするために，実証を行っている。LPC得点を測定するLPCスケールを作り出し，多くの実証研究によってその主張が正しいことを確認している。単に，モデルを構築するだけでなく，その適切さを検証した点でも大きな意義があるといえよう。

一方で，問題点も指摘されている。よく指摘される問題点は次の3点である。

第1に，なぜ，リーダーシップ・スタイルと状況がフィットするとリーダーシップが効果を発揮するのか，論理的に説明されていない点である。フィードラーは，リーダーが非常にコントロールしやすい，もしくは非常にコントロールしづらい時にはタスク志向型が効果的で，そうでない時は人間関係志向型が効果的である，と主張する。しかし，なぜ，非常にコントロールしやすい，もしくはしづらい時にタスク志向が効果的なのか，その理由について説得力がある論理的な説明がなされていない。たとえ検証されたとしても，背後にある論理的な説明がなければ，人は納得しづらい。

第2に，LPC得点によるリーダーシップ・スタイルの特定である。確かに，人によって，LPC得点が高い人と低い人はいるだろう。しかし，それがリーダーシップ・スタイルとどのように関係しているのかは不明確である。フィードラーは，両者の関係について論理的に説明しようとしている。しかし，それでも，LPC得点とリーダーシップ・スタイルの関係を疑問視する指摘は多くある。

第3に，フィードラーは，リーダーシップ・スタイルを固定的であると考えている点である。リーダーシップ・スタイルはLPCスケールによって特定されており，原則的には，人はリーダーシップ・スタイルを変更できない，という前提に立っている。このため，有効なリーダーシップを発揮するためには，状況に適合したリーダーシップ・スタイルをもつリーダーに任せることが重要となる。状況の変化に応じてリーダーシップ・スタイルを変えるのではなく，リーダーそのものを代える必要があると考えるのである。このため，リーダーシップの育成につながる議論ができないことが大きな問題として指摘されている。

2　SL理論[4]

SL理論も，コンティンジェンシー・アプローチ研究に属する代表的研究の1つである。フィードラー理論同様に，リーダーが置かれた状況とリーダーシップ・スタイルがフィットした時に，最も効果的である，と主張する。また，フィードラー理論と同様に，多くの検証が行われている。一方で，フィードラー理論と比較してフォロワーの発達動態的な視点が含まれており，かつ，リーダーシップ開発にも理論的な貢献を行っている。

1　リーダーシップ・スタイル

ポール・ハーシィーとケネス・ブランチャードによるSL理論では，リーダーシップ・スタイルを特定するために，リーダーシップを発揮するための2つの行動に着目する。指示的行動（Directive Behaviors）と支援的行動（Supportive Behaviors）である。

指示的行動は，フォロワーが目標を達成することを手助けするような行動である。これには，指示をしたり，目標やその評価方法を設定したり，スケジュールや役割を明確化したり，目標の達成方法を示したりする行動が含まれる。

一方の支援的行動は，フォロワーが，快適に仕事をできるように手助けする行動である。これには，フォロワーを褒めたり，フォロワーの意見を傾聴したり，問題解決の手助けをしたり，情報を共有したりする行動が含まれる。

また，SL理論では，オハイオ研究と同様に，両行動をそれぞれ独立と考え，4つのリーダーシップ・スタイルを類型化している。図表5-3で示すS1のリーダーシップ・スタイルは，指示的行動が強く，支援的行動が弱い，指示型リーダーシップである。S2は，指示的行動も支援的行動も強い，コーチング型リーダーシップである。S3は，指示的行動が弱く，支援的行動が強い，支援型リーダーシップである。S4は，指示的行動も支援的行動も弱い，委任型リーダーシップである。

図表5-3　SL理論におけるリーダーシップの類型

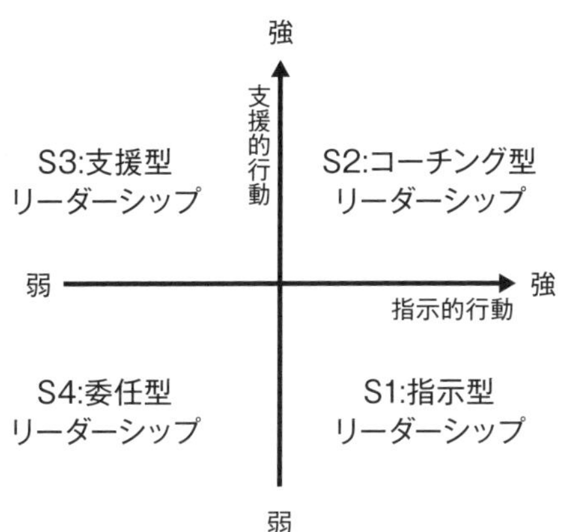

出所：Hersey & Blanchard (1977)[5]から引用。

指示型リーダーシップは，仕事の目標を達成するために，細かく指示を出し，リーダーからフォロワーへ一方向的なコミュニケーションが主となるようなリーダーシップ・スタイルである。スポーツ・チームにおける“昔ながらの監督さん”を思い起こすようなスタイルといえよう。

コーチング型リーダーシップは，細かく指示も出すが，一方で，フォロワーの気持ちにも配慮し，フォロワーの参加を促すようなリーダーシップ・スタイルである。“生徒に理解がある学校の先生”を思わせるようなスタイルといえよう。

支援型リーダーシップは，細かい指示や方法の明確化をせず，フォロワーが仕事をしやすい環境を整えることに注力するスタイルである。選手の自主性に任せるが，困っていたり，伸び悩んでいたりするような選手には積極的に声をかける，“面倒見の良いスポーツ・チームの監督”のようなスタイルである。

委任型リーダーシップは，フォロワーの自主性を重視し，指示も支援も積極的に行わない。フォロワーを信頼し，権限をフォロワーに委譲し，フォロワー自ら責任をとることも促進するようなスタイルである。“外科手術に参加するメンバーそれぞれの能力を信頼し，それぞれの役割を果たすことを期待し，自分はひたすら自らの仕事に集中する執刀医”のようなスタイルである。

2　リーダーが置かれた状況

SL理論では，リーダーが置かれた状況として，フォロワーの成熟度（Development Level）を想定している。ここで言う成熟度とは，仕事や目標を完遂するために必要な能力とモチベーションを有している度合いである。フォロワーが高い能力・モチベーションを有している場合は，そのフォロワーは成熟度が高いと考え，能力・モチベーションを有していない場合は，成熟度が低いと考える。

SL理論は，この成熟度を４段階に分けて考える。図表5-4に示されるＤ１からＤ４までの４段階である。

D1は，モチベーションは高いが，能力が低い段階である。フォロワーは，仕事やゴールを達成するために十分なモチベーションを有しているが，その仕事の経験がないか，もしくは不足しているため，能力・スキルが不十分な状態である。

D2は，能力は少しついてきたものの，逆にモチベーションが不足している段階である。その仕事を始めることにより，当初よりは，必要な能力・スキルを身につけ始めている。しかし，張り切っていた当初に比べると，モチベーションが低下しているような状態である。

D3は，D2に比べて，さらに能力が向上している一方で，モチベーションについては，ばらつきがある段階である。この段階のフォロワーは，仕事の経験も増え，ひと通り，必要な能力・スキルは身につけている。しかし，仕事を完遂できるか，もしくは，目標を達成することができるか，という点についてはやや懐疑的で，高いモチベーションを維持し切れていない状態である。

D4は，能力もモチベーションも非常に高い段階である。この段階のフォロワーは，経験を十分に積み，仕事を遂行する上で必要な能力・スキルを十分に身につけている。また，自らの能力・スキルにも自信があるため，仕事の完遂や目標達成を確信し，高いモチベーションを有している。

また，SL理論では，時間の経過とともに，フォロワーの成熟度がD1からD4

図表5-4 フォロワーの成熟度のレベル

フォロワーのレベル	能力とモチベーションのレベル	
D1	能力	低
	モチベーション	高
D2	能力	中
	モチベーション	低
D3	能力	中～高
	モチベーション	中
D4	能力	高
	モチベーション	高

に向けて発達していくことを前提としている。単にフォロワーを分類するだけでなく，それが発達的に変化していくことも想定しているのである。

3　リーダーシップ・スタイルと状況のフィット

図表5-5に，リーダーシップ・スタイルと状況の関係が示されている。簡単にまとめると，以下のとおりとなる。

まず，フォロワーの成熟度が低いD１の場合は，指示型リーダーシップが有効である。たとえモチベーションが高かったとしても，能力が低いのであれば，細かく丁寧に指示をないと，仕事の生産性を上げることができない。また，フォロワーも指示をもらうことで安心するだろう。

フォロワーの成熟度が少し上がったD２になると，コーチング型リーダーシップが有効になる。能力がそれほど高いわけではないので，相変わらず細かい指示は必要となる。しかし，モチベーションが低いフォロワーに一方的に指示をしているだけでは，彼ら／彼女らのモチベーションを高めることができない。このため，フォロワーの気持ちに配慮した支援行動も必要になるのである。

成熟度がさらに上がったD３の場合は，支援型リーダーシップが有効になる。能力はある程度高いので，これまでのような細かい指示は必要なくなる。また，能力が高まったフォロワーに，能力が低い人と同じような細かい指示を出すと，かえってモチベーションを下げたり，自発的な行動を妨げたりしてしまう可能性がある。一方で，モチベーションについてはばらつきがあるため，まだそれほど高まっていないフォロワーに対しては，気持ちへ配慮した支援行動が必要になる。

成熟度が最も高いD４の場合は，委任型リーダーシップが有効になる。指示的行動も支援的行動も最小限に抑えるということである。能力も高く，なおかつモチベーションも高いフォロワーに対して，必要以上の指示や支援は必要ない。フォロワーが必要とする際に，最小限の指示・支援を行うに留め，後はフォロワーに任せることが，高い成果に結びつく。

図表5-5 フォロワーの成熟度と最適なリーダーシップ・スタイル

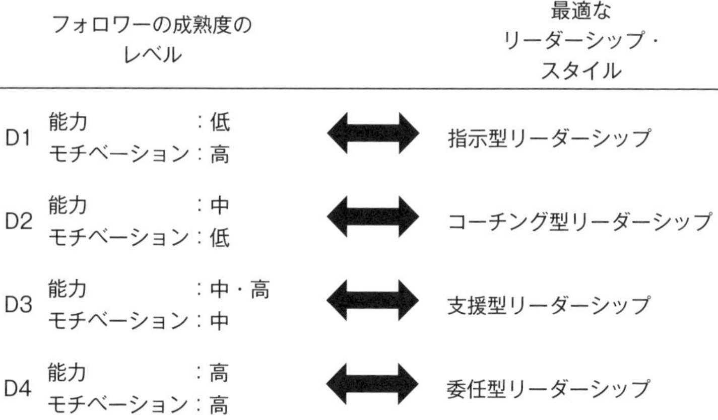

フォロワーの成熟度のレベル		最適なリーダーシップ・スタイル
D1	能力：低 モチベーション：高	指示型リーダーシップ
D2	能力：中 モチベーション：低	コーチング型リーダーシップ
D3	能力：中・高 モチベーション：中	支援型リーダーシップ
D4	能力：高 モチベーション：高	委任型リーダーシップ

出所：Hersey & Blanchard (1977)[6]を参考に著者が作成。

このように考えると，リーダーがまず行うべきは，フォロワーの成熟度がどの段階にあるかを特定することである。モチベーションは高いものの，それに見合った能力やスキルが身についていない場合，当該フォロワーの成熟度はD1レベル，ということになろう。また，能力・スキルはそこそこあるものの，モチベーションについては，高かったりそれほどでもなかったりと，ばらつきがあるようであれば，D3レベルと判断することができる。

次に，リーダーは，当該レベルにあったリーダーシップを発揮する必要がある。例えば，フォロワーの成熟度がD2レベルであれば，リーダーは，コーチング型リーダーシップを発揮する必要がある。また，そのフォロワーがD3レベルになれば，支援型に変える必要があるし，逆に，D1レベルに戻るようであれば，指示型に変更する必要がある。SL理論では，フォロワーは，成熟度のレベルを上げたり下げたりする可能性があることを前提としている。このため，成熟度が変われば，リーダーシップも適切に変更する必要があると考えるのである。

4　SL理論の評価

SL理論が優れているところは，第1に，わかりやすい，という点である。SL理論は，成熟度とリーダーシップ・スタイルを4つに類型化し，それぞれの組み合わせを図で示している。この図を見れば，ひと目でSL理論の主張が理解できるし，その内容も明確でわかりやすい。さらに，直感的に，SL理論の主張には納得がいく。

わかりやすい，というのは，一見，些細なメリットのように思われるかもしれないが，実務的にも学術的にも，非常に重要である。理論を応用するためには，わかりやすく単純な方が良い。したがって，実務的にはわかりやすい理論の方が有益である。また，研究を進展させるためには，既存の理論を検証し，その問題点を克服するような理論を生み出すことが必要となる。したがって，検証しやすく，かつ，問題点の克服方法を考えやすい，単純で明快な理論の方が，学術的価値も高いのである。ちなみに，14世紀の哲学者・神学者のオッカムは，「同じ事象を説明するのであれば，より単純な理論の方がよい」ということを主張しており，このような考え方は“オッカムの剃刀(かみそり)”といわれている。まさしく，学術的理論も，単純で明快でわかりやすい方が優れているのである。

SL理論が優れている第2の点は，SL理論がリーダーシップ・スタイルを可変的であるととらえている点である。フィードラー理論は，1人の人が複数のリーダーシップ・スタイルをとることができないことを前提としているため，リーダーシップ・スタイルが適切でない状況が生じた場合，リーダーそのものを代える必要があった。このため，理論をリーダーシップの育成に応用しづらい，という問題点があった。これに対してSL理論は，フォロワーの成熟度に合わせて，最も適切なリーダーシップ・スタイルをとることができる，という前提に立っている。このため，この理論をリーダーシップ開発に活かすことができるのである。

事実，SL理論の主唱者の1人で著名なリーダーシップ研究者であるポール・

ハーシーによって設立されたThe Center for Leadership Studiesは，SL理論をベースに“Situational Leadership®”として，リーダーシップ開発プログラムを売り出している。“Situational Leadership®”は世界各国で利用され，フォーチュン500企業のうち400以上の企業で応用されているといわれている[7]。

第３に，SL理論は，フォロワーの成熟度合いが変化する，という前提でモデル化されている，という点である。当然のことながら，フォロワーの状態は一定ではない。とりわけ，能力やモチベーションは，時間とともに変化する。SL理論では，能力やモチベーションが時間とともに向上することを前提にモデル化されている。加えて，必ずしも一直線上に向上するわけではなく，時には後退するなど，上がり下がりを繰り返すことも想定している。このため，現実にあったモデルになっている。

一方で，いくつかの問題点も抱えている。主たる問題点は以下の４点に集約される。

第１に，フォロワーの成熟度以外の状況要因に言及していない点である。リーダーシップの有効性に影響を及ぼすのは，必ずしもフォロワーの成熟度だけではない。フォロワーの性格やフォロワー同士の人間関係，仕事の困難度や不確実性の度合いなど，様々な要因が考えられる。それにもかかわらず，フォロワーの成熟度だけで適切なリーダーシップ・スタイルが決まる，という主張は，やや無理があると思われる。

第２に，フォロワーによって成熟度が異なる場合の対処の仕方がわからない，という点である。フォロワーが複数存在する場合，フォロワーが全て同じ成熟度であるとは限らない。一方で，それぞれのフォロワーごとにリーダーシップ・スタイルを変えるのは現実的ではない。フォロワーによって成熟度が異なる場合，リーダーとしてどのように対応すべきか，という点について，SL理論から有効な示唆を得ることができない。

第３に，図表５-４で示されたＤ１からＤ４への成長プロセスが疑わしい，という点である。確かに，Ｄ１から，Ｄ２，Ｄ３を経てＤ４へ至るプロセスを踏む人もいる。しかし，なかには，モチベーションが全く落ちずに能力・スキルが順調に伸びていく人もいるだろうし，また，モチベーションもスキル・能力も全く伸びないような人もいるであろう。すべてのフォロワーが，SL理論で想定した通りに成熟度を上げたり下げたりするわけではない。そのようなフォロワーにどのように対応すべきか，という点について，SL理論は有効な示唆を与えないのである。

第４に，成熟度とリーダーシップ・スタイルのフィットについて，論理的な説明がないという点である。この点は，フィードラー理論と同様である。それぞれの成熟度にどのリーダーシップ・スタイルがフィットするのか，という点については明確に示しており，その主張が正しいことも検証されている。しかし，なぜ，そのフィットが成立するのか，という点について，SL理論は，論理的な説明を提供していないのである。

このように，SL理論は，いくつかの問題点をもつものの，当時としては大きなインパクトを与えた。学術面では，これまでに考慮されていない要因をモデルに組み込むことができている点が評価されている。特に，フォロワーの発達という視点に目が向けられていることの意義は大きい。また，実務面では，企業を中心に，多くのリーダーシップ育成プログラムに取り入れられており，リーダーシップ教育において多大な貢献をしたといえる。

3　パス・ゴール理論[8]

パス・ゴール理論も，これまでの理論と同様に状況要因に焦点を当てている。状況要因にフィットしたリーダーシップ・スタイルをとることが，フォロワーのモチベーションや生産性といったアウトプットを生み出す，と想定してモデル化されているのである。

しかし，パス・ゴール理論を正確に理解するためには，その理論的背景を知ることが重要である。なぜなら，これまでの理論と異なり，なぜフィットがリーダーシップの有効性を高めるのかについても理論化しているからである。パス・ゴール理論が，これまでの理論と比べて理論的な精緻度が高いといわれているのもそれが理由である。

1　パス・ゴール理論の理論的背景

パス・ゴール理論は，フォロワーのモチベーションを高めることを最も重視している。フォロワーのモチベーションが高まれば，生産性も高まるし，また，それに応じてフォロワーの満足度も上がると考えられるからである。

フォロワーのモチベーションを上げる仕組みについて，パス・ゴール理論は，モチベーション理論の１つである期待理論[9]を用いて説明している。期待理論を簡単に説明すると，人のモチベーションは２つの要因によって決まることを主張している理論である。１つは，努力に応じて成果が上がる，という期待であり，もう１つが，成果が上がれば本人が望む報酬がもらえる，という期待である（図表5-6）。「一所懸命努力すれば成果が上がる」と信じており，なおかつ，「成果が上がれば，自分が望む報酬，例えば高額のボーナスなどをもらえる」と信じていれば，人は，成果を上げるために努力する。逆に，「どうせ努力しても成果は上がらない」とか「たとえ成果が上がっても望む報酬はもらえない」と思っていれば，人は努力しようとは思わない。

図表5-6　期待理論

努力をすれば成果が上がるという期待	×	成果が上がれば望む報酬を受け取れるという期待	＝	モチベーションの高さ

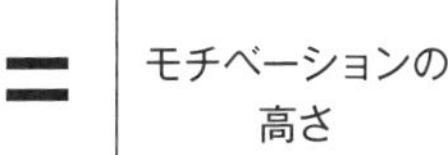

この考え方に立てば，フォロワーのモチベーションを上げるためにリーダーがすべきことは，努力をすれば成果が上がる状況を作ることと，成果に応じた報酬を提供することである。つまり，成果というゴールに向けて，その道のり，すなわちパスを明確に示し，パス上にある様々な阻害要因を取り除き，パスを

進めるようにサポートすることができるリーダーシップこそが優れたリーダーシップである，ということになる。

その際に，フォロワーや仕事の状況に応じて，フォロワーがパスを進むことを最も促進できるリーダーシップ・スタイルをとることが必要となる。なぜなら，どのようにすればフォロワーを促進できるのかは，フォロワーの能力や性格，および仕事の状況によって異なるからである。

このような考え方をもとにモデル化されたのがパス・ゴール理論である。ちなみに，パス・ゴール理論の“パス・ゴール”という名前は，フォロワーがゴールに向けたパスを進むためのサポートをすることが，リーダーシップを発揮する上で最も重要なことである，という認識が由来となっている（図表5-7）。

図表5-7　ゴールに向けたサポート

2　リーダーシップ・スタイル

パス・ゴール理論は，4つのリーダーシップ・スタイルと状況要因の関係をモデル化している。4つのリーダーシップ・スタイルとは，指示型，支援型，参加型および達成志向型である。もともとは，指示型と支援型だけが取り上げられていたが，後に参加型と達成志向型が加わり4つのリーダーシップ・スタイルに類型化された。

指示型リーダーシップとは，仕事に関連する指示等を，フォロワーに対して細かく，かつ明確に示すリーダーシップ・スタイルである。何が期待されているのか，どのような方法で行うべきか，スケジュールはどのようになっているのか，評価基準は何か，守るべきルールは何か，といった点について，詳細に伝えるタイプである。これは，オハイオ研究における構造づくりやSL理論における指示型リーダーシップと似ているスタイルだといえよう。

支援型リーダーシップは，フォロワーに対して，気さくで親しみやすさを感じさせるリーダーシップ・スタイルである。フォロワーのニーズに関心を持ち，フォロワーが仕事を楽しく感じるように気を配り，フォロワーに対して敬意をもって接し，どのフォロワーも平等に扱おうとするタイプである。オハイオ研究の配慮やSL理論における支援型リーダーシップに似ているスタイルであるといえよう。

参加型リーダーシップは，フォロワーに意思決定への参加を促すリーダーシップ・スタイルである。フォロワーの意見やアイデアを仕事のやり方や職場の運営方法に取り入れようとしたり，重要な決定をする際には，事前にフォロワーに相談したりするタイプである。フォロワーの参加を促すリーダーシップについては，古くから注目されていたが，これまでの理論では取り上げられなかったリーダーシップ・スタイルであるといえよう。

達成志向型リーダーシップは，フォロワーに対して，可能な限り高い成果を出すように促すリーダーシップ・スタイルである。フォロワーに対して高いレベルの要求水準を提示し，その水準に挑戦し続けることを求めるだけでなく，フォロワーの能力に対する信頼も示すタイプである。このリーダーシップ・スタイルも古くから着目されていたが，参加型と同様にこれまでの理論では取り上げられなかった。

3　リーダーが置かれた状況

パス・ゴール理論では，様々な研究が行われ，研究によって，取り上げられる状況要因が異なる。つまり，フィードラー理論やSL理論と異なり，状況要因が限定されていないのである。

しかし，研究で取り上げられた状況要因を俯瞰してみると，大きく２つに分けることができることがわかる。フォロワーに関わる状況と仕事に関わる状況である。

フォロワーに関わる状況で取り上げられる要因には，フォロワーの親和欲求の強さ，自らの能力に対する自信，ローカス・オブ・コントロールなどが含まれる。親和欲求とは，人間関係を良好に保ちたいという欲求である。これが高い人は，職場において，上司や同僚，部下との人間関係を良好に保ち，相互に協力し合う状況を好む。また，自らの能力に対する自信はそのままの意味であり，これが高い人は，職場においても，自らの職務遂行能力に自信を抱いている。ローカス・オブ・コントロールとは，性格特性の１つであり，自分の行動やその結果の原因を自分自身にあると感じる傾向が強いのか，自分以外にあると感じる傾向が強いのかを示している。ローカス・オブ・コントロールが内側にある人は，仕事の結果が思わしくない場合，自らの努力や能力不足が原因であると考えがちである。一方，外側にある人は，同様の結果でも，運の悪さや上司の不的確な指示など，自分以外に原因を求める傾向が強い。

一方の仕事に関わる状況では，タスクの構造化の度合いや公式の権限関係，職場における生産的な規範の有無などが取り上げられることが多い。タスクの構造化度合いとは，フィードラー理論で取り上げたタスクの構造化度合いとほぼ同じであり，タスクの目標や目標を達成するためのプロセスが明確化されている度合いである。公式の権限関係は，権限と責任，および指示命令系統が明確であるかどうかを示す。公式の権限関係が明確である場合とは，誰にどのような権限と責任があるのか，また，仕事の指示を受け，その報告をする相手が誰なのかが明確になっている場合である。規範とは，その場に独自に存在する暗黙的なルールのことである。職場において，相互に協力し合いながら目標を達成しよう，という規範がある場合，生産的な規範が強いといえる。

4　リーダーシップ・スタイルと状況のフィット

パス・ゴール理論が主張するリーダーシップ・スタイルと状況のフィットを図にしたものが**図表5-8**である。ただし，パス・ゴール理論は，フィードラー理論やSL理論と異なり，「このような状況ではこのリーダーシップ・スタイルが有効」という1対1対応のモデルを提示していない。このため，**図表5-8**は，パス・ゴール理論に関する研究を俯瞰した結果，およそこのようなことがいえる，といったレベルのものである。特に，状況要因については，固定されたものではない。

図表5-8　パス・ゴール理論の俯瞰図

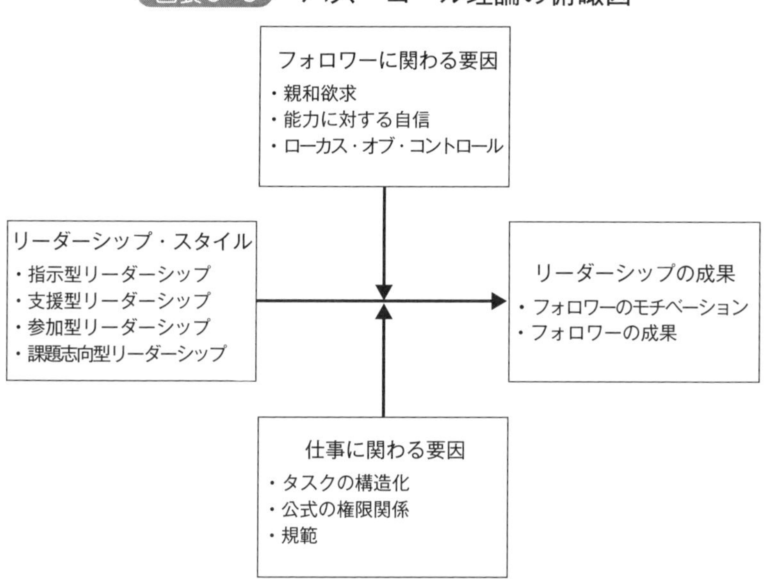

固定化されたモデルが提示されない最大の理由は，パス・ゴール理論が重視するのは，その根底にある考え方であり，具体的にどのようなリーダーシップ・スタイルが求められるのかは，他の研究者やビジネス・パーソンに委ねられている面が強いからである。その根底にある考え方とは，リーダーが果たすべき役割についての考え方である。パス・ゴール理論が考えるリーダーが果たすべき役割とは，目標および目標に向けた道のりを明示し，道のり上にある障害物を取り除くことで，フォロワーがその道のりに向けて進むのを促進することである。必要となるリーダーシップ・スタイルは，フォロワーやタスクの状況によって異なるため，パス・ゴール理論では，それぞれの状況に応じて適切なものを選ぶべきである，という立場をとる。

例えば，タスクの構造化の程度が低く，フォロワーが仕事能力に自信が無いような場合は，指示型リーダーシップが有効である。仕事能力に自信が無いフォロワーが，目標を達成するための道筋が不明確であると認識すると，仕事への取り組みや目標の達成に対して強い不安を感じる。その際に，具体的な指示がリーダーから得られると，安心して仕事に取り組むことができると考えられる。

また，公式の権限関係が弱く，フォロワーのローカス・オブ・コントロールが内側にある場合は，参加型リーダーシップが有効である。ローカス・オブ・コントロールが内側にあるフォロワーは，仕事のやり方についても，自ら決定することを望む。なぜなら，仕事がうまくいくかどうかは自分次第と考えるからである。公式の権限関係が弱い場合に，そのようなフォロワーに参加を促すと，彼ら／彼女らは積極的に意思決定に参加し，なおかつ，自ら責任もとろうとする。そのようなフォロワーは，仕事の遂行および目標の達成に高いモチベーションを有すると考えられる。

このように，パス・ゴール理論の考え方をベースにすると，様々な仮説が立てられる。実際に，パス・ゴール理論に関する研究では様々な仮説が立てられ，その多くで仮説の正しさが検証されている。

5　パス・ゴール理論の評価

パス・ゴール理論が優れている点は，主として3点ある。理論的な精緻さ，多くの状況要因への着目，理論としてのフレキシビリティである。

第1に，パス・ゴール理論では，リーダーシップ・スタイルと状況要因のフィットについて，理論的な説明がなされている。フィードラー理論とSL理論では，両者のフィットについて検証は行っているが，なぜ，そのようなフィットが生じるのかについての説明が精緻化されていなかった。これに対してパス・ゴール理論は，モチベーションの期待理論などをベースに，なぜ，それぞれの状況に応じたリーダーシップ・スタイルが効果を発揮するのか，という点について，論理的，かつ明確に説明している。このため，その主張に説得力がある。

第2に，フィードラー理論やSL理論と比較してパス・ゴール理論は，多くの状況要因に着目している。フィードラー理論は，リーダーにとってコントロールしやすい状況であるかどうかに着目し，SL理論は，フォロワーの成熟度に着目していた。しかし，パス・ゴール理論では，フォロワーおよび仕事の幅広い状況要因に着目している。

考慮すべき状況要因を限定している理論よりも，多くの状況要因を考慮することができるパス・ゴール理論から導き出される結論は，説得力が高いと思われる。なぜなら，現場では，様々な要因がリーダーシップの効果に影響を及ぼしているからである。つまり，パス・ゴール理論は，他の理論と比べて，現場の現象をより的確にとらえている可能性が高い。

第3に，パス・ゴール理論は，理論としてのフレキシビリティがある。フィードラー理論やSL理論のように，状況要因とリーダーシップ・スタイルを1対1対応で限定していないため，様々な状況要因を考慮しながら，それぞれのリーダーシップ・スタイルの有効性を考慮することができる。

これは，学術的にも実務的にも有益である。学術的には，様々な状況要因を考慮したモデル化を行うことができるため，パス・ゴール理論に関する多くの実証研究を行うことができる。これにより，有効なリーダーシップを明らかにするために幅広い研究を行うことができる。実務的には，各職場の様々な状況要因を考慮することで，その職場に最も適したリーダーシップを，実状に即して特定することができる。

一方で，いくつかの問題点もある。大きな問題点は，理解しづらいという点とリーダーシップ・スタイルの特定に論理的な説明が欠けている点である。

第1に，パス・ゴール理論は複雑であり，それゆえに理解しづらい。これは，フレキシビリティがあることの裏返しである。考慮すべき要因が多く，かつ，1対1対応のモデル化がされていないため，「こういう状況ならこのリーダーシップが適切」という単純明快な回答が，すぐには得られない。このため，実務に応用するのが難しい。実際に，パス・ゴール理論を用いたリーダーシップ開発プログラム，というものは，余り聞いたことがない。

第2に，なぜ，この4つのリーダーシップ・スタイルに限定するのか，論理的な説明がなされていない。この理論は，オハイオ研究がベースに発展した経緯もあり，当初は，指示型リーダーシップと支援型リーダーシップの2つだけでモデル化されていた。その後，リーダーシップ研究の広がりと，実務的なニーズに合わせて，参加型と課題志向型が取り入れられた。しかし，SL理論の4類型に比べると，なぜこの4つなのか，という点に対する説得力のある説明ができない。SL理論は，行動アプローチ研究によって明らかになった，指示型行動と支援型行動という典型的なリーダー行動をもとに4つのリーダーシップを演繹的に導き出している。これに比べると，パス・ゴール理論の4つのタイプのリーダーシップは，アドホック的に並べられた感が否めない。

このように，いくつかの問題点は抱えているものの，理論的精緻さはこれまでのコンティンジェンシー・アプローチ研究の中でも群を抜いている。このため，パス・ゴール理論は，コンティンジェンシー・アプローチ研究の中では，最も完成度が高い研究の1つと呼ばれている。

4　コンティンジェンシー・アプローチ研究の応用例とその評価

以下では，コンティンジェンシー・アプローチ研究を用いたケースの分析例を示す。また，このアプローチ研究に対する評価にも言及する。

1　ケース

シャイン化学株式会社（以下，シャイン）の中央研究所基礎素材研究部の山岸和宣部長は，期末の評価面談において，部下である横山広次主任研究員に対して，若手の研究者に対する接し方に関してどのようにアドバイスをすればよいか悩んでいた。

シャインは，従業員4,000人を抱える中堅の化学メーカーである。シャインには，研究開発本部，生産本部，営業本部，管理本部の4つの本部があり，山岸部長が所属している中央研究所は，研究開発本部に属していた。研究開発本部には，中央研究所のほかに3つの開発研究所があり，中央研究所が基礎よりの研究を行っているのに対して，他の開発研究所では，商品化に直結した研究を行っていた。

シャイン化学は，目標管理制度を取り入れており，期初に定めた目標を，期末の面談において確認し，評価を決定していた。この期末の面談では，評価だけでなく，適切なフィードバックを行うことで，部下の能力育成に寄与することも求められていた。

山岸部長の直属の部下には，4人の主任研究員がいたが，そのうち横山主任研究員は，特別優秀な研究員であった。これまでにも優れた成果をいくつも上げていたし，研究に対する熱意も人一倍であり，後輩からも優秀な研究者として尊敬されていた。

このように，一線の研究者としては申し分がない横山であったが，研究チームを率いるリーダーとしてはやや問題があるように見えた。根っからの研究者タイプである横山は，自己の研究に対しては熱意も能力も十分に発揮していたが，チーム全体の雰囲気作りや後輩の気持ちに細かく気を配るなどといったことには，意欲を感じていないようであった。また，チーム全体の研究計画管理や予算管理などといった管理的業務についても，最低限のことしか行っていないようであった。

それでも，チーム・メンバーの多くは，横山の卓越した研究能力に憧れ，チーム・リーダーとしての横山についていきたいと感じているようであった。そのようなメンバーの多くは，横山から刺激を受け，自らの研究能力を伸ばすための努力をし，実際に，能力を伸ばしチーム成果に貢献していた。

しかし，なかには，憧れるだけで，自分の能力を高められず，チーム成果に貢献できないメンバーもいた。また，少ないながらも，横山のマネジメント業務に対する意欲のなさに批判的なメンバーもいた。

山岸は，今回の面接が，横山と，彼のリーダーシップについてじっくり話ができる良い機会ではないかと考えていた。横山のチームは，これまで高い研究成果を上げてきており，基礎素材研究部全体の成果に大きく貢献してきた。このため，横山やチーム・メンバーをガッカリさせて，チーム成果が落ちるような事態は避ける必要があった。

一方で，横山は，チーム・リーダーとしては，やや偏っているように見える。そのような横山が一皮むけてもらうためには，上司として何らかのアドバイスをする必要があるのではないかとも感じていた。

あなたが山岸であったら，横山に対して，そのリーダーシップに関して何らかのアドバイスをするだろうか？　アドバイスをするとすれば，どのようなアドバイスをするであろうか？

2　分析例

以下では，コンティンジェンシー・アプローチ研究を用いて上記のケースの分析を試みる。例として，フィードラー理論とSL理論を取り上げ，それぞれ両理論による分析を行う。なお，コンティンジェンシー・アプローチ研究を用いてケースを分析する場合，まず，リーダーが置かれた状況がどのような状況であるのかを明らかにし，その上で，どのリーダーシップが適切であるかを検討する必要がある。

フィードラー理論を用いた分析

この場合，リーダーとメンバーの関係性，タスク構造，職位パワーについて検討する必要がある。多くのチーム・メンバーは，横山を優秀な研究者として慕っており，横山とチーム・メンバーの関係は概ね良好であるといえよう。また，横山が所属する部門は基礎研究部門であり，その職務は曖昧性や不確実性が高い。このため，タスク構造は明確に定義されていない。職位パワーについては，このケースに記されていないため，推測するしかない。ただし，研究者は，高度な専門的能力を有し，プライドも高いため，職務上の権限だけで彼ら／彼女らの職務態度や行動をコントロールすることは難しい。このため，横山が所属する部署においても，職位パワーはそれほど高くないと考えられる。

これらを踏まえると，横山が置かれた状況は，とても有利でもなく，かといって，とても不利でもない，いわゆる普通の状況であるといえる。なぜなら，チーム・メンバーの関係が良好でタスク構造が不明確，かつ，職位パワーが中程度と考えられるからである。

フィードラー理論によると，普通の状況で適切なリーダーシップ・スタイルは，人間志向型リーダーシップである。つまり，横山が，現在の職場で効果が高いリーダーシップを発揮するためには，人間志向型リーダーシップを発揮することが求められる。

一方で，横山の日頃の行動を見ていれば，彼が人間志向型リーダーシップを発揮していないことは明らかである。彼は，人間志向型リーダーシップを発揮していないばかりか，そのようなスタイルのリーダーシップの必要性すら感じていないように思われる。

このため，山岸が行うべきアドバイスは，横山が人間志向型リーダーシップをとることを促進するものでなければならない。この職場において人間志向型リーダーシップをとることの必要性を論理的に説明することで当該リーダーシップを発揮することへのモチベーションを高める必要がある。また，実際にどのようなことに心がけるべきかなど，人間志向型リーダーシップを発揮するためのスキル向上へのアドバイスも必要になるだろう。

SL理論を用いた分析

SL理論を用いて分析する場合，まずは，横山のフォロワーの成熟度について検討する必要がある。なぜなら，同理論によれば，リーダーシップの有効性は，フォロワーの成熟度によって異なるからである。

フォロワーであるチーム・メンバーの成熟度は高いと思われる。もちろん，ケースにフォロワーの成熟度に関する直接的な記述はない。しかし，一般論を言えば，研究職は他の一般的な職種と比べて専門性が高く，自己の専門分野に対するモチベーションやプライドが高い場合が多い。このため，一般的な職種と比べて，能力もモチベーションも高いと考えられる。また，横山のチーム・メンバーの多くは，横山を見習って，自ら研究能力を高めようとしている。さらに，実際に，横山のチームは，高い成果を上げている。これらのことを考え合わせると，横山が率いるチームのメンバーの成熟度は非常に高いと考えて間違いはなさそうである。

SL理論によると，成熟度が高いフォロワーに対して最も効果的なリーダーシップは委任型リーダーシップである。つまり，タスク志向も人間志向も低い，フォロワーに任せるタイプのリーダーシップである。

この視点で考えると，山岸は，横山に対して，リーダーとしての行動を変更するようにアドバイスすべきではない。なぜなら，横山の日頃の行動を見てみると，本人が意識しているかどうかは別として，委任型のリーダーシップを発揮しているように見える。このため，リーダーシップ・スタイルの変更をアドバイスするよりも，現状の行動がなぜ効果的であるのかを説明し，その行動を続けるようにモチベートするべきであろう。もちろん，横山が，今後，常に成熟度が高いチームを率いるとは限らない。したがって，今後のことを考えれば，別のリーダーシップ・スタイルについてもアドバイスをすることは必要かもしれない。しかし，現状だけを考えれば，すぐにリーダーシップ・スタイルを変えるようアドバイスをするのは，むしろ逆効果だろう。

このように，同じケースであっても，用いる理論によって出される答えは違ってくる。しかし，それは当たり前の話である。理論によって重視する視点が異なるからである。視点が異なれば分析のためのフレームワークも異なり，結果的に出される結論も異なる。

しかし，これは理論に限ったことではない。同じ状況に当たったとしても，その場に立たされた人によって，とるべき解決策は異なる。人によっては横山に指示的なリーダーシップをとるようにアドバイスするかもしれないし，人によっては，横山をチーム・リーダーから外すかもしれない。これは，同じ現象であっても，人によってとる視点が異なるからである（図表5-9）。

図表5-9 横山のリーダーシップ・スタイル

また，このように，理論によって，もしくは人によって導き出される答えが異なることは，まずいことではない。なぜなら，学校の試験問題のように，マネジメント課題には，唯一絶対的な"正解"があるわけではないからである。ある時はうまくいった手段が別の時にはうまくいかない，などということはよくある話である。

だからこそ，試行錯誤することが必要となる。ある手段を試してみて，ダメであれば別の手段を考える，というフレキシビリティが重要である。リーダーシップ・スタイルについても，１つにこだわるのではなく，効果がないと思われれば，別のリーダーシップ・スタイルを試すことも必要になるだろう。

しかし，だからといって，何も考えずに試行錯誤するのでは効率が悪い。試行錯誤を繰り返せば，いつかは効果的な方法にたどり着くかもしれない。しかし，マネジメントにとってはスピードも重要である。したがって，なるべく効率的に試行錯誤する必要がある。

効率的に試行錯誤するためには，様々な知恵を結集して，論理的に試行錯誤する必要がある。また，どうせ試行錯誤するのであれば，うまくいく可能性が高い方法から試してみた方がよい。さらに，なぜうまくいかなかったのかを検証するためには，その方法が前提としている視点や概念間の因果関係を理解しておいた方がよい。それを理解していないと，なぜそれがうまくいかなかったがわからない。そうであれば，どのような方法を次に試したらよいかもわからないだろう。

様々な知恵を結集して論理的に試行錯誤するためには，様々な理論を知ることが役に立つ。理論は，非常に多くのサンプルから抽出された，先人たちの知恵の塊である。また，前提としている視点や概念間の因果関係が明確である。理論を１つしか知らなければ，うまくいかなかった時に困るが，複数の理論を知っていれば試行錯誤することができる。

これに対して，個人の経験や勘だけに頼るのは避けた方がよい。もちろん，個人の経験や勘は重要である。しかし，それだけに頼ると，選択肢も狭まるし，うまくいかなかった時にその理由を分析しづらい。

リーダーシップが必要な局面では，様々な理論を参考にしながら，個人の経験と勘をフル動員して論理的な試行錯誤を繰り返すことが必要である。それによってうまくいったとしても，うまくいかなかったとしても，試行錯誤とその結果のプロセスを振り返ることで，自らの持論をより豊かなものにすることができるはずである。

3　コンティンジェンシー・アプローチ研究の評価

コンティンジェンシー・アプローチでは，状況によって有効なリーダーシップは異なると考える。資質アプローチ研究や行動アプローチ研究のように，唯一絶対的に効果を発揮するリーダーシップを想定した研究に比べて現実的である。実際に，このアプローチによる多くの研究が行われ，その主張が正しいことが確認されている。

これに加えて，コンティンジェンシー・アプローチ研究は，どのような状況にどのようなリーダーシップ・スタイルが適切であるのか，ということを明示的に示してくれる。このため，ビジネス・パーソンにも受け入れられやすい。実際に，SL理論に代表されるように，このアプローチの研究に基づいたリーダーシップ育成プログラムが多く開発されている。

その一方で，状況によって適切なリーダーシップが異なる，という考え方そのものに問題が潜んでいる面もある。この考え方を突き詰めると，有効なリーダーシップは，状況に合わせて受動的に決まる，という考え方につながる。図に示すと図表5-10のような形になる。フォロワー・状況1の場合，最も適切なリーダーシップ・スタイルはスタイル1ということになる。しかし，フォロワー・状況が1から3に変われば，それに合わせて，最も適切なリーダーシップ・スタイルも1から3に変わるのである。つまり，フォロワーや状況に合わせて，求められるリーダーシップ・スタイルを変更することが求められることになる。

しかし，優れた成果を上げている職場やチーム，組織を見てみると，リーダーは，必ずしもフォロワーや状況に合わせてリーダーシップ・スタイルを変えているわけではない。例えば，マン島TTレースに出場宣言をした本田宗一郎である。当時の本田技研工業（以下，ホンダ）は，二輪車のみを製造する小さな企業であり，しかも倒産の危機をようやく免れたばかりの危うい状況であった。そのようなホンダが，当時世界最高峰の二輪車レースに出場すること

図表5-10　コンティンジェンシー・アプローチの受動性

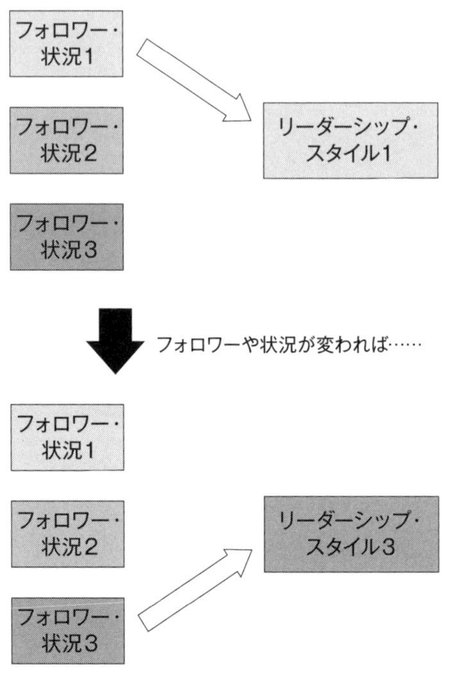

など思いもよらないことであった。実際に資金繰りも厳しく，社内では，同レースへの出場に懐疑的な社員も多く存在していた。しかし，本田は，そのような懐疑的な意見には耳を貸さず，レース用のオートバイを開発するためにTTレース推進本部を立ち上げ，わずかな予算・人材だけで研究を続け，1959年には出場にまでこぎ着け，初出場ながら6位入賞を果たした。このマン島TTレースの出場は，世界のホンダを実現するための重要な足がかりになっただけでなく，経営危機によって落ち込んでいた社員の士気を高める役割も果たすことができた。フォロワーや状況に合わせていただけでは，このような快挙を成し遂げることはできなかっただろう[10]。

このように，自らの決断を押し通すリーダーは本田宗一郎だけではない。キング牧師やマハトマ・ガンジー，松下幸之助，スティーブ・ジョブズなど，偉大な業績を上げたリーダーは，状況やフォロワーに合わせるというよりも，自らのスタイルを貫き，フォロワーに対してそれに合わせることを明示的もしくは暗黙的に求める。

フォロワーに合わせるのではなく，フォロワーに働きかけ，時にフォロワーの変革を促すようなリーダーシップに対するニーズは，今日，高まりつつある。企業を取り巻く環境変化のスピードが上がると，企業は，絶え間ない組織変革を求められるようになるからである。昨日まで有効であった製品やサービスが，明日からは有効でなくなることもある。そのためには，昨日まで有効であった情報や仕事のプロセス，職場の文化も，明日には変えていく必要がある。残念ながら，コンティンジェンシー・アプローチの研究は，このような時代の要請に対する答えを出すことができない。競争が激しくなるにつれ，組織や職場で極めて優れた成果を上げることの重要性が，これまで以上に高まってきている。また，外部環境の変化が激しくなるにつれ，的確な組織変革を行う必要性も高まっている。これらの要請に応える形で誕生するのが，次章で紹介する変革型アプローチ研究である。

㊟

1 フィードラー理論についての記述は，Fiedler, F. E., & Chemers, M. M. 1967. *A Theory of Leadership Effectiveness.* New York, NY: McGraw-Hill.およびFiedler, F. E., Chemers, M. M., & Mahar, L. 1976. *Improving Leadership Effectiveness: The Leader Match Concept.* New York, NY: John Wiley & Sons.を元にしている。

2 Fiedler, F. E., Chemers, M. M., & Mahar, L. 1976. *Improving Leadership Effectiveness: The Leader Match Concept.* New York, NY: John Wiley & Sons.

3 Fiedler, F. E. 1967. *A Theory of Leadership Effectiveness.* New York, NY: McGraw-Hill.

4 SL理論についての記述は，Hersey, P., & Blanchard, K. 1977. *Management of Organizational Behavior: Utilizing Human Resources* (3rd ed.). Englewood Cliffs, NJ: Prentice Hall.を元にしている。

5 Hersey, P., & Blanchard, K. 1977. *Management of Organizational Behavior: Utilizing Human Resources* (3rd ed.). Englewood Cliffs, NJ: Prentice Hall.

6 *ibid.*

7 Hersey, P., & Blanchard, K. 1993. *Management of Organizational Behavior: Utilizing Human Resources* (6th ed.). Englewood Cliffs, NJ: Prentice Hall.

8 パス・ゴール理論についての記述は，House, R. J. 1971. A path goal theory of leader effectiveness. *Administrative Science Quarterly*, 16(3): 321-339.を元にしている。

9 期待理論については，Vroom, V. H. 1964. *Work and Motivation*. New York, NY: John Wiley & Sons.やLawler, E. E. Ⅲ. 1971. *Pay and Organizational Effectiveness: A Psychological View*. New York, NY: McGraw-Hill.に詳述されている。

10 ホンダに関する記述は，梶原一明監修，2007。本田宗一郎の見方・考え方：PHP研究所および中部博，2001。定本　本田宗一郎伝――飽くなき挑戦　大いなる勇気：三樹書房による。

第6章

変革型アプローチ研究

コンティンジェンシー・アプローチの研究はいずれも，状況やフォロワーに合わせて，最適なリーダーシップ・スタイルを検討していた。例えばSL理論では，フォロワーの成熟度に適合したリーダーシップ・スタイルをとることが，最も効果的であることを主張している。

加えて，コンティンジェンシー・アプローチの研究の多くは，リーダーとフォロワーの間に，合理的な交換関係が成立することを前提に理論構築されている。リーダーが報酬を提供し，フォロワーは，その報酬に見合った貢献を行う，という前提である。この報酬には，金銭的報酬だけでなく，正当な評価や賞賛，信頼，仕事の自由裁量度など，フォロワーが求めるものすべてが含まれる。このような考え方を前提とすると，優れたリーダーシップとは，フォロワーが求める報酬を提供し，提供された報酬に見合った貢献をフォロワーから導き出す影響力である。

実際にパス・ゴール理論では，リーダーの行動がフォロワーに受け入れられるのは，それがフォロワーの満足をもたらす場合であると想定している。また，リーダーの行動がフォロワーをモチベートするのは，その行動が仕事成果に結びつくことでフォロワーの満足をつながるか，もしくは，フォロワーの能力伸長につながる場合であると想定している。

しかし，極めて高い成果を上げている職場を見てみると，ただフォロワーに合わせるだけでなく，時にフォロワーに働きかけ，必要に応じてフォロワーに変化を促すようなリーダーシップが発揮されている場合がある。また，強力なリーダーシップのもと，合理的な交換関係だけでは説明できないような，非常に高い貢献意欲が導き出されている場合がある。

このような問題意識のもとに始まった一連の研究を総称して変革型アプロー

チ研究と呼ぶ。変革型アプローチ研究では，コンティンジェンシー・アプローチ研究のようにフォロワーに合わせるのではなく，フォロワーに働きかけフォロワーを変革していくリーダーシップに焦点を当てている（図表6-1）。

図表6-1 リーダーからの働きかけによる変革

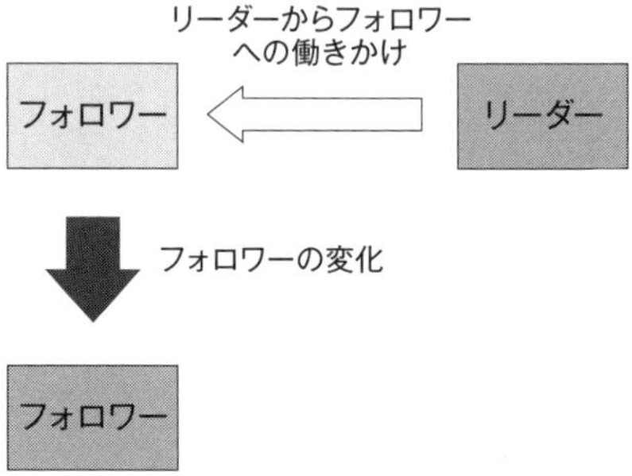

なお，変革型アプローチ研究は，大きく2つに分けることができる。1つは，フォロワーを変革していくことができるリーダーシップがどのようなものであるかを明らかにする研究である。もう1つは，フォロワーを変革するプロセスを明らかにしようとする研究である。前者に属する代表的な理論がカリスマ型リーダーシップ理論とバスの変革型リーダーシップ理論である。一方，後者に属する代表的な理論が，ティシーとディバナの変革型リーダーシップ理論とコッターの変革型リーダーシップ理論である。

1 カリスマ型リーダーシップ

カリスマの語源は，ギリシア語の“神より授かった賜”という言葉である。この語源が示すとおり，日常でも研究上でも，通常の人よりも格段に抜きんでている人を指すことが多い。

最初に，カリスマという概念をリーダーシップに適用したのが著名な社会学者であるマックス・ウェーバーである[1]。ウェーバーは，伝統や公式的な権限に基づかないにもかかわらず，「この人はリーダーとしての特別な資質を持っている」という認識をフォロワーに与え，その認識によって強力な影響力を発揮するリーダーシップをカリスマ型リーダーシップと名付けている。ウェーバーは，フォロワーがリーダーに対してカリスマ性を認識するためには，フォロワーが，リーダーに対して，超自然的な権威によって選ばれた存在であり，神聖さや英雄性などといった特性を持ち合わせている必要があると指摘している。

これに対して，近年になって，カリスマ型リーダーシップを，現代的な視点でとらえ直す動きが出てきた。それまでは，日常生活において「あの人はカリスマ的なリーダーだよね」などといわれることがあっても，それが具体的にどのようなものを指すのか，とか，なぜそのように感じられるのか，といった点について，詳細な理論構築がなされていたわけではなかった。これに対して近年の研究は，カリスマ型リーダーシップの概念定義を行った上で，フォロワーによるカリスマ性の認識に影響を及ぼす要因を明らかにしてきた。また，ウェーバーが，どちらかというと，カリスマ性の発揮についてリーダーの資質に重点をおいていたのに対し，近年の研究は，焦点の軸足を行動に移している。これまで様々な研究が行われているが，その中で，代表的なものが，ハウスによる研究，シャミアらによる研究，そして，コンガーとカヌンゴによる研究である。

1　ハウスのカリスマ型リーダーシップ研究[2]

近年のカリスマ型リーダーシップ研究の中で，最も初期に注目を浴びたのがペンシルベニア大学教授であるロバート・ハウスによる研究である。ちなみに，ハウスは，パス・ゴール理論の精緻化でも大きな貢献をしており，また，最近のGLOBE研究でも多大な貢献を行っている。リーダーシップ研究の発展に大きな足跡を残している研究者の1人であるといえよう。

ハウスは，現代において，リーダーがカリスマとして認識されるには，以下の特性を備えている必要があると指摘している（図表6-2）。

1）優位性

他の人よりも目立っていたり，優位に見えたり感じられたりすること

2）影響力行使に対する欲求

他人に影響力を及ぼしたいという欲求をもっていること

3）自信

自分自身に対して揺るぎない自信をもっていること

4）強い倫理的価値観

自分が信じる正義に対して高い倫理観を有していること

図表6-2　ハウスによるカリスマ型リーダーシップのイメージ

これに加えてハウスは，フォロワーがリーダーにカリスマ性を感じるためには，以下の行動が重要な影響を及ぼすと指摘している。

1）強力なロール・モデルを設定する

フォロワーに対して，重視して欲しい信念や価値観を具体的に示すロール・モデルを設定すること

2）有能さを示す

自らの有能さ，とりわけ，当該分野での有能さをフォロワーに示すこと

3）目標を明確化する

具体的で明確な目標をフォロワーに示すこと

4）高い期待を伝える

高い要求水準を満たすことが期待されていることをフォロワーに伝えること

5）フォロワーに対する信頼を表明する

リーダー自身が，フォロワーを信頼していることを伝えること

6）モチベーションを喚起する

フォロワーのやる気を奮い立たせること

ハウスは，ウェーバーのカリスマ型リーダーシップを現代的に解釈し，かつ，リーダーのどのような行動がフォロワーに対してカリスマ性を感じさせるのかも明確化している。これらの点で，カリスマ型リーダーシップの研究を現代で進めていく上で大きな貢献をなしたといえよう。

ハウスの研究は，その後，一連のカリスマ型リーダーシップ研究へと受け継がれていく。その中で，最も大きな着目を浴びたのが，シャミアらによる研究とコンガーとカヌンゴによる研究である。以下では，両研究に言及する。

2　シャミアらのカリスマ型リーダーシップ研究[3]

ボアス・シャミアらは，ハウスの研究をもとに，これをさらに発展させた研究を行った。具体的には，リーダーの行動が，どのようなプロセスを通じてフォロワーにカリスマ性を認識させるのかを明らかにした。

ハウスの研究は，これらの行動がどのようにフォロワーに影響を及ぼすのか，そのメカニズムにまで言及していない。確かにハウスの研究は，カリスマ型リーダーシップの行動を明確化した，という点では大きな貢献を行った。しかし，リーダーシップが影響力を及ぼすメカニズムが明らかにならなければ，これらのリーダー行動がもつ影響力について論理的に説得力のある説明を行うことができない。

これに対して，シャミアらは，まず，ハウスの研究を発展させ，カリスマ型リーダーシップが発揮される行動を９つ特定した。シャミアらが特定したカリスマ型リーダーシップ行動は以下のとおりである。

1）魅力的なビジョンを明示する

2）ビジョンをわかりやすく伝える

3）ビジョンを実現するために，リーダー自らがリスクをとり，自己犠牲も厭わないことを示す

4）高い期待を伝える

5）フォロワーに対する信頼を伝える

6）ビジョンに通ずる行動をモデル化する

7）フォロワーのリーダーに対する印象を管理する

8）グループや組織への一体感を促進する

9）フォロワーにエンパワーする

シャミアらは，これに加えて，フォロワーへの影響プロセスについても明らかにしている。リーダーが，これらの行動をとることで，フォロワーの中に以下のような変化が生じ，その変化が仕事に対するモチベーションを高め，最終的に仕事の成果にプラスの影響を及ぼすことを示したのである。

1）個人的同一化

リーダーに理想の自分を重ね合わせる。自分が理想とする状態をリーダーに重ね合わせ，リーダーを尊敬し，自分もリーダーのようになりたいと願うようになる。そうなると，フォロワーは，リーダーに従順になり，リーダーが望む成果を上げたいと強く思うようになる。

2）社会的同一化

リーダーだけでなく，リーダーが率いるグループや組織との一体感を感じるようになる。グループや組織のミッションが重要であると感じ，その一員であることに誇りを感じるようになる。そうなると，フォロワーは，組織やグループのミッションやビジョン，目標を達成するために努力したいと願うようになる。

３）内面化

リーダーが掲げるミッションやビジョンを，自分にとっても非常に価値のあるものであるように感じるようになる。このため，リーダーが示す目標も，達成することが，自分にとって重要であるように感じる。そうなると，リーダーに示された目標に向けて，全力を尽くしたいと感じるようになる。

４）自己効力感もしくはチーム効力感の向上

仕事をやり遂げるだけの能力が，自分もしくはチームに十分に備わっていると感じるようになる。目標達成に向けて大きな障害があったとしても，その障害を乗り越えるだけの力が自分や自分が所属するグループ・組織に備わっていると感じる。そうなると，たとえ大きな困難が待ち受けていたとしても，それを乗り越えるために粘り強く努力しようとする。

このように，シャミアらの研究は，カリスマ型リーダーシップの行動を示すだけでなく，それがどのようなプロセスを通じてフォロワーに影響を及ぼすのかを明らかにした。これらの点で，ハウスの研究をさらに進めることができたといえるだろう。

3　コンガーとカヌンゴのカリスマ型リーダーシップ研究[4]

ジェイ・コンガーとラビンドラ・カヌンゴも，他の研究者と同様に，カリスマ型リーダーシップが効果を発揮するためには，フォロワーのリーダー行動に対するカリスマ性の認識が重要であると考えた。いくら生まれ持った資質があったとしても，それがフォロワーに伝わらなければ意味がない。そういう意味では，やはり目に見える行動が重要である。しかし，たとえリーダーがカリスマを意識した行動をとったとしても，それをフォロワーがカリスマと認識しなければ，単なる独りよがりに過ぎない。このため，リーダー行動に対するフォロワーのカリスマ性の認識が重要になる。

このような前提の上で，コンガーとカヌンゴは，フォロワーがリーダー行動にカリスマ性を感じるかどうかには，リーダー行動そのものと状況が関連していると考えた。リーダー行動がカリスマ認識に影響を及ぼすことは言うまでもない。しかし，同じ行動であっても，状況によってとらえ方が異なることはよくある。例えば，大きな災害が生じ際には勇気あるリーダーシップと思われる行動が，平時には，独断が過ぎると思われることがあろう。このように，実際の行動だけでなく，状況も重要な影響を及ぼすと考えられる。

コンガーとカヌンゴは，具体的にどのようなリーダー行動や状況が，フォロワーにカリスマ型を認識させるのかを明らかにしようとした。それぞれ以下のとおりである。

カリスマ認識に必要な行動：コンガーとカヌンゴは，リーダーをカリスマと認識するためには，リーダーの以下の行動が重要な影響を及ぼす，と指摘している。

1）新しくて魅力的なビジョンの提示
　フォロワーが新鮮で，なおかつ，魅力的に感じるようなビジョンを示すこと
2）感情が高ぶるようなビジョンの提示
　フォロワーが感情的に高ぶるようなビジョンを示すこと
3）並外れた行動力
　ビジョンを実現するために，これまでの人がとらなかったような，思いもよらない行動をとること
4）自己犠牲
　ビジョンを実現するために，リーダー自らが自己犠牲も厭わないことを示すこと
5）自信と楽観的思考
　ビジョン実現に向けて，リーダーが自信をもっており，かつ，実現できるだろうと前向きに考えていることを示すこと

カリスマを認識しやすい状況：コンガーとカヌンゴは，フォロワーがリー

ダーのカリスマ性を認識しやすい状況として，フォロワーが将来に不安や心配を抱いている状態を指摘している。実際に，不況や災害など，大きな困難に直面した時，人は，カリスマ型のリーダーシップにすがりたくなるものである。

しかし，実際の困難が存在しなくても，カリスマを認識させることはできる。例えば，よりすばらしい未来像を示すことで現状の問題点を指摘し，フォロワーの不満をあおることで，カリスマ性を認識しやすくさせられる。また，全く新しい効果的な問題解決方法を提示することで，現状のやり方が効果的でないことを示し，新しいやり方を実行することができる新しいリーダーに対するニーズを高めることもできる。このように，実際の危機や困難が存在しなくても，カリスマと認識されやすい状況をリーダー自ら創り出すことは可能なのである。

2　バスの変革型リーダーシップ理論[5]

バーナード・バスの変革型リーダーシップ理論では，リーダーシップを大きく2つに分けて考える。交換型リーダーシップと変革型リーダーシップである。このアイデアの源流は，政治社会学者であるジェームス・バーンズの研究にある。バーンズは，主として政治家のリーダーシップの研究を行っていた。その中で，政治家のリーダーシップを分析してみると，そのリーダーシップ・スタイルが，交換型と変革型に大きく分けられることが明らかになった[6]。バスは，この研究を受けて，両リーダーシップの概念を精緻化し，さらにハウスによるカリスマ型リーダーシップ研究も取り込み，より洗練された形で変革型リーダーシップについて理論化を行ったのである。

交換型リーダーシップは，リーダーとフォロワーの間に合理的な交換関係が成立することを前提としたリーダーシップである。フォロワーに対して，フォロワー自身の利益をアピールし，当該利益を提供することと交換に，リーダーに対する貢献行動を引き出そうするリーダーシップである。政治家が，選挙民に対して減税を約束し，それと引き替えに投票してもらう，といった行動などは，交換関係に基づいた行動である。

一方の変革型リーダーシップは，フォロワーの倫理的価値観に訴え，組織や社会の倫理的問題に目を向けさせ，その解決に貢献するために精力をつぎ込むことを促すようなリーダーシップである。社会の問題点を訴え，問題を解決するためにともに行動することを要求する市民リーダーなどがこれに当たる。

1　バスの交換型および変革型リーダーシップについての考え方

バスは，交換型リーダーシップと変革型リーダーシップをそれぞれ独立した概念としてとらえている。バーンズは，交換型リーダーシップと変革型リーダーシップを，二律背反関係にあると考え，どちらかを重視すれば，どちらかが重視されなくなると考えた。これに対してバスは，両者は独立した概念で，両方のリーダーシップをとることができるリーダーもいれば，逆に，両方ともとらないリーダーもいると主張したのである。

また，バスは，両リーダーシップ・スタイルの違いは，リーダーとフォロワーの関係についての前提の違いによるものであると指摘している。つまり，両リーダーシップの違いは，単なる行動パターンの違いではなく，リーダーとフォロワーの関係をどのようにとらえるのか，という点についての違いであるというのである。

交換型リーダーシップは，リーダーはフォロワーに対して報酬を提供し，フォロワーはその見返りとして，リーダーもしくは組織に対する貢献行動を行う，という交換関係を前提としたリーダーシップである，ととらえている。この前提によれば，フォロワーは，リーダーから提供される報酬と自らが提供する貢献行動を比較して，それらが釣り合う範囲内でリーダーに対して貢献を行うことになる。したがって，リーダーにとって最も重要なことは，フォロワーの貢献行動を，彼ら／彼女らの報酬の受け取りに結びつけていくことになる。

なお，バスによると，これまでのリーダーシップ理論のほとんどすべては，明示的もしくは暗黙的にこの前提に立っている。

このような前提に対して，時にフォロワーは，合理的な交換関係を越えて貢献意欲を見せることがあると主張し，そのような貢献意欲を引き出すことができるリーダーシップを変革型リーダーシップとして概念化した。確かに，優れた成果を上げているリーダーとフォロワーを観察してみると，必ずしも合理的な交換関係だけでフォロワーは貢献行動を行っていない。組織や職場によっては，メンバーが，リーダーから受けた刺激によって感情を高ぶらせ，並々ならぬ貢献意欲を見せる場合がある。他人から見ると，「なぜ，あの人たちは，あそこまで頑張るのだろうか？」と感じるように，合理的な交換関係だけでは説明がつかない高い貢献意欲をもっている職場や組織が存在する。そのような貢献意欲を引き出すのが変革型リーダーシップである（図表6-3）。

図表6-3 変革型リーダーシップと交換型リーダーシップの違い

2 バスの変革型リーダーシップのモデル

バスは，変革型リーダーシップが，具体的にどのような行動をとるのかを明らかにしている。その1つは，ハウスが指摘した，カリスマ型リーダーシップ行動である。しかし，バスは，それだけでは足りないと指摘する。具体的には，カリスマ的行動に加えて，知的刺激，モチベーション鼓舞，個別配慮の３つを含めた４つのタイプの行動が必要であるとしている。なお，バスは，当初，カリスマ的行動と称していた行動について，後に，理想化された影響という名称に改めている。このため，本書では，理想化された影響という名称を用いる。

理想化された影響とは，ミッションやビジョンを示し，フォロワーのプライドを高め，尊敬や信頼を獲得する行動である。具体的には，以下のような行動が含まれる。

- フォロワーのプライドを高めるミッションを示す
- フォロワーの心を動かすビジョンを示す
- ビジョン達成の必要性を示す証拠を見せる
- 実際に目に見えるものを活用してビジョンを示す
- ビジョンと具体的な戦略を区別して示す

知的刺激とは，フォロワーに対して，創造的でイノベーティブになるように刺激を及ぼしたり，既存の概念や価値観に対する挑戦を促したりするような行動である。具体的には，以下のような行動を含む。

- 問題解決のために新しい方法を試みる
- 複雑な問題に対して，新しい視点を見いだそうとする
- フォロワーに対して，これまで疑問に思わなかったようなことについても，新たに考えるように求める

モチベーション鼓舞とは，高いレベルが期待されていることを示し，ビジョンの達成に貢献することに対する強いモチベーションを促進する行動である。具体的には，以下のような行動が含まれる。

- 重要なビジョンや目標をわかりやすい方法で示す
- やるべきことをわかりやすい言葉で表現する
- 現在取り組んでいる仕事がいかにすばらしい仕事なのかということを視覚的に伝える

- 働くことの意義を伝える

個別配慮とは，フォロワーの個々のニーズに耳を傾けるような支援的雰囲気を創り上げる行動である。具体的には，以下のような行動が含まれる。

- フォロワーに対して個別にコーチしアドバイスをする
- フォロワーを個別に育成する
- フォロワーに対する評価・感情をフォロワーに伝える
- リーダーのことを好ましくないと感じているようなフォロワーに対して個人的な配慮を行う

また，交換型リーダーシップには，主として，以下の3つの行動が含まれることを指摘している。受動的な例外管理と能動的例外管理，そして，成果に応じた報酬提供である。

受動的例外管理とは，ルールや期待した要求水準に達しない時に，注意をしたり，ペナルティを科したりすることで，期待通りの行動・成果を促すような行動である。成果が上がらない部下に対して，部下への配慮や部下とのコミュニケーションなしに厳しい人事評価を下すリーダー行動などがこれに当たる。

能動的例外管理は，問題となる行動や結果を事前に防ぐことを重視する行動である。営業担当の部下が，外でどのような行動をし，どのような顧客と会っているのかを，毎日チェックするようなタイプのリーダー行動がこれに当たる。

成果に応じた報酬提供とは，成果を評価し，フォロワーが望む報酬を提供する行動である。ボーナスをちらつかせ，部下のやる気をかき立てるような行動はこれに当たる。

バスは，変革型リーダーシップと交換型リーダーシップに加えて，全くリーダーシップを発揮しない放任主義（Laissez-Faire）を含め，図表6-4のとおりにモデル化している。

図表6-4　バスの変革型リーダーシップ理論のモデル

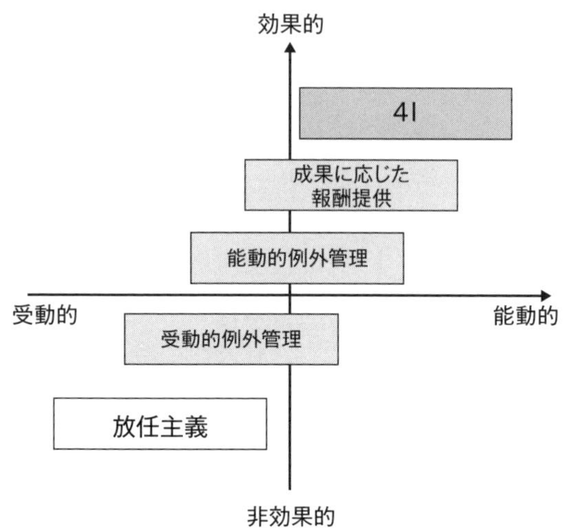

出所：Bass & Avolio (1994)[7]を参考に著者が作成。

図では，横軸に能動的－受動的をとり，縦軸に効果的－非効果的をとり，その上に，各行動をプロットしている。なお，図中の4Iは，変革型リーダーシップがとる4つの行動である理想化された影響（Idealized influence），知的刺激（Intellectual stimulation），モチベーション鼓舞（Inspirational motivation），個別配慮（Individual consideration）の4つの頭文字であるＩをとって4Iと示されている。つまり，変革型リーダーシップ行動のことである。

この図からわかるとおり，バスは，変革型リーダーシップが能動的で効果的であると主張している。ただし，バスは，必ずしも変革型リーダーシップだけが必要であるとは主張していない。変革型リーダーシップと交換型リーダーシップの双方をとることで，より効果的なリーダーシップが発揮されると考えている。しかし，その後の研究では，変革型リーダーシップに主たる焦点が当てられることになる。

3　その後の変革型リーダーシップ研究

バスの変革型リーダーシップを測定する項目として，Multifactor Leadership Questionnaire（以下，MLQ）が開発された。このMLQは，リーダーシップの測定尺度としての完成度が高く，多くの研究がこの尺度を用いて行われた。

このため，バスの変革型リーダーシップと業績を含む様々なアウトプットとの関係について，多くの実証研究が行われており，非常に多くの知見が得られている。リーダーシップの標準的なテキストの1つである『*Leadership in Organizations 5th Edition*』[8]は，リーダーシップ研究の中で，最も多くの実証研究が行われているものの1つであると指摘されている。

これらの先行研究によって，変革型リーダーシップの有効性が高いことが明らかになっている。変革型リーダーシップを発揮することで，フォロワーの満足度やモチベーション，組織に対するコミットメント，創造性，成果などにプラスの影響を及ぼすことが明らかになっているのである[9]。また，フォロワーのストレスや離職意思を軽減する効果をもつことも明らかになっている。

加えて，バスの変革型リーダーシップは，北米・ヨーロッパにとどまらず，世界中で行われている。具体的には，アジアやオセアニア，南米，アフリカでも検証されている。そして，そのほとんどにおいて，変革型リーダーシップがマネジメント上有益な効果をもたらすことが明らかにされている[10]。これらの研究結果により，バスの変革型リーダーシップ理論が，国境や文化を越えて有効であることが主張されるようになったのである。

3　ティシーとディバナの変革型リーダーシップ理論[11]

ノエル・ティシーとメアリー・ディバナは，組織変革を成功に導くためにリーダーがとるべきプロセスについて理論化を行った。彼らは，大企業の組織変革に成功したリーダー15人を対象に，インタビューなどを交えて詳細な定性的分析を行った。その結果をまとめてモデル化したものが彼らの理論である。

なお，ティシーとディバナのモデルの理論的基礎には，クルト・レヴィンが示したグループの変容過程モデル[12]があると考えられる。このモデルは，リーダーシップによる変革プロセスを考える上で重要な影響を及ぼすため，後に詳述する。

1　ティシーとディバナの変革プロセス

ティシーとディバナは，組織変革を成功に導くためには，再活性化の必要性の認識，ビジョンの創造，そして変化の制度化の３つのプロセスを経ることが必要であると指摘している（図表６-５）。

図表6-5　ティシーとディバナの変革プロセス

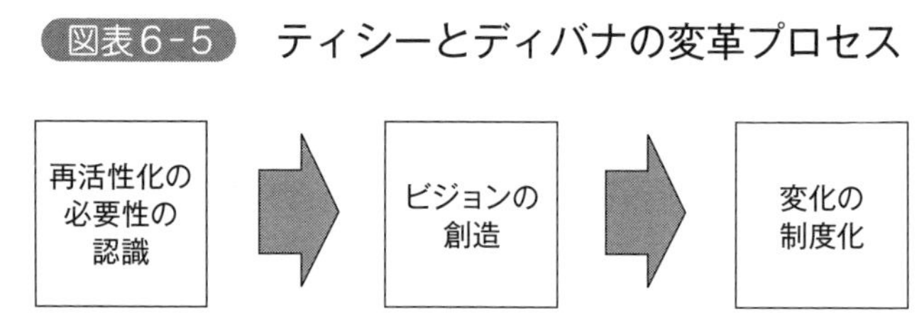

１）再活性化の必要性の認識：組織変革を成功に導くためには，まず，組織メンバーに，新しく生まれ変わるための変化が必要であると認識させる必要がある。なぜなら，人間も組織も，本質的には変化を嫌う性質があるからである。多くの人は，それまでの考え方や価値観，行動パターンを変化させることに忌避感を感じる傾向がある。また，組織に根付いた文化や価値観も，一度定着すると，変化をさせるのが難しい。さらに組織の制度も，原則的には頻繁に変化しないことが前提に設計されている。このため，組織そのものを変革させるためには，組織メンバーに，まず，変化が必要であることを認識させる必要がある。

ティシーとディバナは，変化の必要性を組織メンバーに認識させるのは，リーダーの重要な仕事であると指摘している。環境がどのように変化し，その変化に対応して組織がどのように変化しなければまずいのか，もしくは，それに合わせて変化をすることで，どのような良いことが生じるのか，ということをメンバーに伝えることがリーダーの重要な仕事である，というわけである。

彼らは，組織のメンバーに変化の必要性を認識させるために，具体的に以下のステップを踏むことが適切であると主張している。

- 組織内での意見の対立やコンフリクトを容認もしくは促進する
- 組織目標の達成状況について，客観的な尺度により測定することで，現実と向き合わせる
- 他の組織を訪れることを奨励することで，他の組織において，どのように仕事をし，どのような問題解決を図っているのかを知る機会を設ける
- 自分たちの業績を様々な観点から測定し，それが他の組織と比較してどのレベルであるのかを認識させる

2）ビジョンの創造：組織変革を推進するために，リーダーが次になすべきことは，ビジョンを創造することである。ビジョンとは，組織が目指すべき理想的な将来像である。

ビジョンは，組織変革を目指すためのロードマップの役割を果たす。ビジョンの実現に向けて組織メンバーを奮い立たせ，必要なプロセスを１つひとつ踏んでいく必要がある。そのためには，組織メンバーにとって，現状よりも格段に魅力的なビジョンを提示する必要がある。

なお，ティシーとディバナは，ビジョンの創造は，最終的にはリーダーの役割ではあるものの，その創造プロセスでは，組織メンバーを巻き込むことが効果的であると指摘している。リーダーの独りよがりのビジョンとならないためにも，様々な視点からビジョンを創造することが必要である。また，主要なメンバーを参加させることで，それらのメンバーを組織変革のプロセスに巻き込むことも可能となる。

3）変化の制度化：組織変革プロセスにおいて，最後に行わなければならないのが，変化の制度化である。変化の制度化とは，生じた変化を組織に定着させるために，制度や規則に定め，無理矢理組織メンバーの行動や思考を新しいやり方に固定してしまうことである。

人や組織は，本質的には変化を忌避し，たとえ変化しても，もとに戻ろうとする性質がある。ダイエットのために食習慣を改善しても，いつの間にかもとの食習慣に戻ってしまう，などということはありがちである。このため，規則や制度で，元に戻ろうとする力を遮ることが必要となる。

また，新しい制度や規則の中で，組織メンバーは，今までとは異なった行動や役割を求められるようになる。当初は戸惑うかもしれない。しかし，新しい行動や役割を模索する中で，組織の新しい方向にあった行動や役割を見いだすようになる可能性はある。そのためには，まず，新しい制度や規則が，新しいビジョンと整合性がとれたものである必要がある。また，新しい行動・役割を模索する際に，それを手助けする必要がある。これも，リーダーの重要な役割となる。

2　レヴィンのグループ変容過程モデル

先述したとおり，組織変革プロセスを検討する際に，レヴィンのグループ変容過程モデルは重要な示唆を与えてくれる。ティシーとディバナの変革型リーシップのモデルは，当該モデルに理論的基礎をおいていると考えられる。それだけでなく，後述するコッターの変革型リーダーシップ研究をはじめ，多くのリーダーシップや組織変革の研究に影響を及ぼしている。

レヴィンは，グループが変容する際に，3つのプロセスを踏むことを明らかにしている。このプロセスは，図表6-6で示すとおり，氷が解凍され，移動し，移動先で再凍結する，というメタファーを用いて示されている。

最初は，現状に対して疑問を感じず，また現状に甘んじて，変化を望まないグループの状態である。この状態を，冷たい板に張り付いた氷の塊のイメージ

図表6-6　レヴィンのグループ変容過程モデル

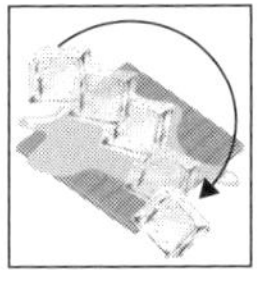

変革前の組織	解凍プロセス	移動プロセス	再凍結プロセス
従来のやり方や考え方に凝り固まっている組織	既存の制度，文化，価値観，考え方の枠組みを否定する	新しいビジョンを示し，新しい価値観や考え方の枠組みに基づき，新しい態度や行動を発展させるようにモチベートする	新しい態度や行動を，組織の制度や文化として定着化させる

出所：Lewin (1951)[13]を参考に著者が作成。

で表している。

このグループを変化させるためには，現状に疑問を抱き，変化の必要性を感じさせる必要がある。変化の必要性を感じさせるためには，既存の制度や文化，価値観，考え方の枠組みを一度否定し，根本から疑ってみることが必要になる。板に張り付いた氷を動かすためには，まず，氷を少し溶かして，張り付いた板から剥がす必要があるのと同じである。これが，解凍のプロセスである。

変化の必要性を感じたグループに対して，目指すべき道を示し，その方向に動き出すことを促す必要がある。そのためには，新しいビジョンを示し，新しい価値観や考え方の枠組みに基づいて，新しい態度や行動を発展させるようにモチベートしていくこと必要となる。少し溶け出し，板から剥がれた氷の塊は，板の上をスムーズに動くようになる。しかし，放っておくと，あらぬ方向に勝手に動き出してしまう。動く方向を定め，その方向に向けて氷の塊を動かしていくのが移動のプロセスになる。

必要な変化を遂げたグループに対して，元に戻ったり，意図せぬ方向に動き出したりしないように，その変化を定着させる必要がある。新しい態度や行動を，組織の制度や文化として定着化させることが必要となるのである。溶けて動き出した塊を，あるべき位置まで移動した後，そこから動き出さないように，再度凍結させ，板から動き出さないようにしてしまうイメージである。このプロセスが再凍結となる。

レヴィンが示したグループ変容の３つのプロセスは，組織変革のプロセスにも応用できる。実際に，図表6-5を見ると，ティシーとディバナのモデルが，レヴィンのモデルに基礎を置くことがよくわかる。“再活性化の必要性の認識”は，解凍プロセスであり，“ビジョンの創造”は移動プロセス，“変化の制度化”は再凍結プロセスに当たる。

この３つのプロセスのすべてを機能するように働きかけるのが，変革をもたらすリーダーの役割であり，そのための影響力が変革型リーダーシップである。組織変革の多くはこの３つのプロセスを通る。組織変革がうまくいかないのは，このプロセスのどこかがうまく機能しないからである。組織変革を成し遂げるためには，すべてのプロセスを機能するようにリーダーシップを発揮することが求められる。

4　コッターの変革型リーダーシップ理論[14]

ハーバード・ビジネス・スクールの名誉教授であるジョン・コッターは，ビジネス・パーソンに最も大きな影響を及ぼした経営学者の１人といえる。その著書は，日本でも多く読まれ，おなじみの方も多いであろう。

コッターは，リーダーシップとマネジメントを区別して，それぞれ次のように定義している。マネジメントは，現状を維持するために，業務を効率的かつ効果的に推進することである。一方，リーダーシップは，現状を打破し，変革を成し遂げるために，ビジョンを掲げ，フォロワーをモチベートすることである。

コッターは，これに加えて，リーダーが組織を変革するために必要な８つのステップを示している。この８つのステップの理論的な基礎は，前節で示したレヴィンのグループ変容過程モデルである。当該モデルをもとに，多くの組織変革に成功した企業の事例を分析した結果，この8つのステップが抽出されている。

1　8つの組織変革プロセス

コッターは，組織変革を成功させるために，リーダーは，以下の8つのステップを順番に，かつ，着実に踏んでいく必要があると主張している。組織変革に失敗した組織の多くは，8つのうちのどこかのステップを踏んでいなかったり，各ステップの成果が現れる前に次のステップに進んでしまったりしていると指摘している。

1）適切な危機意識を生み出す
2）変革を推進するためのチームを築く
3）ビジョンと変革のため戦略を作り出す
4）新たなビジョンをフォロワーとコミュニケートする
5）広範な活動に向けてフォロワーに対してエンパワーする
6）短期的な成果を生む
7）短期的な成果を活かしてさらに変革を推し進める
8）新しい方法を組織文化に定着させる

1）適切な危機意識を生み出す：第1に，リーダーが変革を起こすためにやるべきことは，目に見える証拠を提示し，変革の必要性をフォロワーに示すことである。フォロワーの変革への意欲を高め，変革を順調に滑り出させるために，フォロワーの危機意識を高めることが必要になる。危機意識がない中でいきなりビジョンや戦略を示しても，フォロワーは変革に対する意欲をもつことができないからである。

2）変革を推進するためのチームを築く：次に，リーダーは，困難な変革のプロセスを主導できる有能なチームを作り，そのチームが変革を推進しようとすることを手助けする必要がある。リーダー１人で変革を推進するのではなく，リーダーと志を同じくする有能な人材を集めてチームを作成し，そのチームに任せることが必要となる。

３）ビジョンと変革のため戦略を作り出す：次にリーダーに求められるのは，明確でわかりやすく，なおかつ，フォロワーの気持ちを奮い立たせるビジョン・戦略を示すことである。組織全体の変革を進めるためには，フォロワーがこれまでと異なる行動をする必要がある。そのためには，新しい行動指針のもととなる新しいビジョンや戦略を共有することが必要となる。フォロワーは，ビジョン・戦略を魅力的だと感じ，それらと整合性のある行動指針が定められれば，新しい行動を進んでとるようになる。

４）新たなビジョンをフォロワーとコミュニケートする：リーダーが，フォロワーと十分なコミュニケーション機会をもつことも必要である。ビジョンや戦略を作成するだけでなく，それをフォロワーに伝え，理解し，納得してもらう必要があるからである。なお，コミュニケーション手段についても，様々な工夫をする必要がある。フォロワーの心に届くように最も適切な手段を選択することが必要となる。

５）広範な活動に向けてフォロワーに対してエンパワーする：やる気や前向きな態度を引き出す評価・報酬制度を構築することで，フォロワーの新しい行動に対する意欲を高める必要がある。また，変革を志すフォロワーに思い切った権限委譲をすることも必要となる。なぜなら，この段階では，新しい行動をさらに推進し，それを妨げるような障害を取り除くことが必要となるからである。

６）短期的な成果を生む：この段階で短期的な成果を示すことが必要となる。

これにより，変革を志すフォロワーに自信をもたせると同時に，批判的な人の抵抗を排除することができるからである。そのためには，早期に達成できる成果を最優先する必要がある。また，この成果は，変革を志すフォロワーにとって意義のあるものにする必要がある。

7）短期的な成果を活かしてさらに変革を推し進める：変革を成し遂げようとするフォロワーの意欲をさらに高めるために，危機感を持ち続けるようにすることと，仕事のスクラップ&ビルドが必要となる。なぜなら，短期的成果が出た段階で，燃え尽きてしまったり，十分に変革を成し遂げたと思い込んでしまったりするフォロワーがいるからである。変革を起こすためにはエネルギーが必要で，フォロワーもその分疲弊するのである。ここでの停滞や後退を防ぐために，前段階で出された短期的成果をもとに，組織内の障害を乗り越え，次々と新しい行動を起こすことが必要となる。

8）新しい方法を組織文化に定着させる：新しい組織にふさわしいルールや制度を制定する必要がある。また，新しい文化や規範に基づいて行動できるフォロワーを重要なポストに就けることも有効となる。なぜなら，元に戻ることを防ぐために，変革を組織文化として根づかせ，新しい業務のやり方を組織メンバーの間に定着させることが必要となるからである。

2　コッターの変革型リーダーシップの影響

コッターの研究は，実務界に大きなインパクトを与えた。コッターの著書は世界中のビジネス・パーソンに読まれ，日本でもベストセラーとなった。このように，ビジネス・パーソンに大きな影響を及ぼした理由は2つある。

第1に，わかりやすい，ということである。変革への8つのステップは明確で理解しやすい。また，コッターは，著書において，8つのステップを実行するための具体策について，様々な事例を用いながら，具体的に示している。このため，ビジネス・パーソンにとっては，理解しやすいだけでなく，実務に応用しやすいと感じられる。

第2に，ビジネス・パーソンにとって説得力のあるモデルになっている。その理論的基礎がレヴィンのモデルに置かれているため，論理的な説得力を持つ。なおかつ，数多くの企業の事例からモデルを構築しているため，ビジネス・パーソンにとって魅力的なモデルになっている。

このように，コッターの研究は，実務界に浸透している。例えば，リーダーシップとマネジメントの定義の違いなどは，日本においても多くのビジネス・パーソンに知られるところとなっている。この定義はわかりやすく，かつ，現状を否定したり，管理職を奮い立たせたりするのに都合が良いからであろう。「今，あなたの職場に求められているのは，現状維持のためのマネジメントではなく，変革を推進するリーダーシップですよ」などと言われると，その気になってしまう人も多いだろう。

しかし，一方で，この定義は，少なくともリーダーシップ研究では一般的ではない。というよりも，この定義をコッター以外の研究者が使っているのを見たことがない。先述したとおり，リーダーシップの定義は，本書の定義である“職場やチームの目標を達成するために他のメンバーに及ぼす影響力”が一般的である。また，マネジメントは，“人を通じて，そして人とともに，物事を効率的および効果的に成し遂げるプロセス”と定義されており，コッターによる概念区分とは大きく異なる。リーダーとマネージャーという対極的な定義は，明確でわかりやすく，ときにビジネス・パーソンの心に響くものである。しかし，突き詰めて考えると，両者をこのように区別して議論することは不自然であるし，また，多くの研究もそのようなとらえ方をしていない。

また，コッターのリーダーシップ研究自体も，リーダーシップ研究では受け入れられていない。特に，モデルそのものに対して懐疑的な研究者が多い。そのモデルの構築が，厳格な研究上の方法論に基づいて行われていないためである。「成功した組織変革の事例を集めて，それに，自分のモデルを後付けで当てはめて，成功要因を説明しているだけではないか」という批判もある。このため，コッターの研究は，リーダーシップ研究には大きな影響を与えておらず，これに基づいた研究もほとんど行われていない。

このように，世の中には，評価が偏った研究がある。コッターの研究のように，実務的には評価が高いが学術的にはそれほど高くない，という研究は多くある。これとは逆に，学術的には評価が高いが，実務的には余り知られていない，という研究もある。どちらも偏ってはいるものの，実務界もしくは学術界のどちらかでは高い評価を受けている。このため，それはそれで意義があるのだろう。

しかし，本当は，両面で評価が高い研究が必要であろう。研究であるからには，研究としての厳密性は必要だし，その確からしさを確認するために，様々な検証に耐えうるモデルを構築することが必要である。しかし，一方で，経営学としての研究であるからには，実務に役立つ，ということも重要な意義がある。机上の空論であれば，いずれ，学術的にもその意義は薄れていってしまう。リーダーシップを研究するものは，実務的貢献と学術的貢献の両方を目指すことが求められるのである。

5 変革型アプローチ研究の応用例とその評価

以下では，変革型アプローチ研究を用いたケースの分析例を示す。また，このアプローチに対する評価についても言及する。

1 ケース[15]

1987年にサムスン・グループ（以下，サムスン）のCEOに就任し，2020年まで率いてきたのがイ・ゴンヒである[16]。今から遡ること1992年当時，すでにサムスンは，韓国において超一流の企業グループであった

しかし，イ・ゴンヒは，「当時，私はサムスンの将来を考えると，冷や汗で，背筋がぞくぞくする思いをしました」と述べている。イ・ゴンヒが，当時抱い

ていた危機感は主として，環境の変化，成功体験による危機意識の欠如，先代の強力なリーダーシップの影響，の３つである。

環境の変化についてイ・ゴンヒは，次のように述べていた。

「(これまで) 我々の主なライバルは韓国内の企業でしたが，これからは世界のすべての企業と競争しなければならないという事実を意味します。今や世界の舞台で生き残れる企業だけが，韓国内市場でもサバイバルを果たせるということです。……結論的には，世界一流になれない場合は，二流三流として生き残れるのではなく，そのまま滅びてしまうといっても過言ではありません。……サムスンと世界一流企業の格差は今後縮まるかもしれませんが，現在はっきりと負けていることを認めなければなりません。現在の私たちサムスンは二流だということです。」

また，危機意識の欠如について，当時のサムスンの社員は以下のように語っていた。

「この50年間で，いくつもの大きな企業が消えていきました。その中でサムスンは，ずっとトップを走り続けてきたのです。それは，サムスンが，健全で正直な経営を行ってきたからです。品質で勝っていたから生き残ることができたのです。サムスンは，これまで政治的な要因で挫折した事業はありますが，それ以外の要因で失敗した事業は１つもありません。参入した事業は，必ず国内でトップクラスになっています。サムスンはこれまでもうまくやってきたし，これからもうまくやっていきます。」

さらに，先代の強力なリーダーシップについて，イ・ゴンヒは，以下のように語っていた。

「父親が登用した幹部をそのまま使いますから，端的に表現すれば私は軽視された。しかし，誰も悪気があって軽視するのではなく，あれは創業者の息子だという意識が働いた。偉いのは先代の会長だという意識です。グループ各社の社長は，概ね30年前の入社でした。これではダメだとわかって，部長以上の幹部を全員入れ替えました。秘書室の人事異動です。……４年間，指示と説明を繰り返しました。しかし，人事異動しても，私の意図は伝わらなかった。グループ企業の社長たちには，偉大な先代の倅は，力のない存在だという気持ちが続くのでしょうか。」

このような問題意識の中，イ・ゴンヒは，社員の意識変革とビジョンの徹底を行った。

意識変革とビジョンの徹底のために，幹部との徹底的なコミュニケーションを行った。また，「質重視の経営」「国際化」「複合化（シナジーの発揮）」の3つからなる「新経営」と呼ばれるビジョンを，様々なメディアを通じて，社員に徹底するようにした。さらに，組織が変わりつつあることを毎日感じられるように，サムスン・グループの勤務時間を，すべて2時間繰り上げ，7：00～16：00とした。加えて管理職に対して，一般社員には原則的に残業をさせないよう通達を出した。これにより，当時のサムスン全社員約20万人の生活リズムが変化しただけでなく，関係する企業の中には，サムスンに合わせて勤務時間を変更するところもあった。

幹部とのコミュニケーションについて，イ・ゴンヒは以下のように語っている。

「フランクフルトに，常務以上のライン担当者約800名全員を順次呼び寄せ，時には夜を徹して会議を重ねました。これは1993年だけの説得活動，いや，もう強制的な意識改革です。一種の革命のような活動でした。会議開催中は1日2～3時間しか寝なかった。それを6週間続けました。私は平常，1日8時間以上寝ないとダメな人間なのです。それがこの期間，2～3時間しか寝なかった。食べ物は，にぎり寿司5つ。たくさん食べると消化不良になりますから，1日に寿司と，お菓子を2～3個と，あとは飲み物を飲むだけでした。

日中の9時から5時までは，例えばBMWとかフォルクスワーゲンなどの企業を訪問したり，ジェット機やヘリコプターに乗って訪問先企業の重役に会ったりしました。ホテルに帰りシャワーを浴びて寿司を食べ，午後はまた，企業や工場を訪問しました。夜の会に出たときでも，幹部との会議は10時から始め，朝の4時，5時まで続けました。

私には，1回やりだしたら自分が負けるか死ぬか，相手が勝つか負けるか決着がつくまでやり通すという性格があります。」

また，質重視について，イ・ゴンヒは以下のとおり語っている。

「先般，大失敗をした家電事業において，今後は不良品が発生したら即座に組立ラインをストップさせると宣言しました。みんな驚いたようです。ひょっとしたら，1年に6カ月もラインが止まりかねない。やるとなったら，3カ月生産を止めて生産体制を切り替えろと迫りました。たとえ半年かかっても構わない。不良品を出さないようにしなければならないのだと。そうしたら，皆ひっくりかえる程の驚きようでした。初めの3カ月から6カ月の現場の混乱は大変でした。現場担当者は，恐らく心の中で反発したでしょうが，私は譲りませんでした。量から質への移行の必要が理解できない幹部への怒りを表現しました。そうしたら，そんなことは不可能ですとか，ラインを止めたらマーケット・シェアを失ってしまいますとか，幾つも幾つもダメな理由を並べてみなが反対しました。私は，頑として譲らなかった。」

この他に，イ・ゴンヒは，新しい時代に求められる人材を獲得・育成するために，能力重視の採用，幹部への徹底的な研修，地域専門化制度の創設などを行った。地域専門家制度とは，国際感覚を備えた人材を育成するための制度で，課長代理から次長クラスまでのうち毎年約2～300名を世界の各国，各地域に1年間，全額会社負担で派遣するものである。派遣中のテーマ選定について会社の許可を得る必要はなく，ただ自分が行った活動についての報告が義務づけられているだけである。

また，これまで大きな力を持っていた秘書室を縮小し，イ・ゴンヒのリーダーシップが発揮しやすい組織構造になるように変革を行った。さらに，イ・ゴンヒは，世界的な競争の中で生き残っていくために必要な事業として電子，化学，機械，金融の4つに的を絞り，他の事業を切り離した．これに加えて，グループ各社の経営責任を明確化することで，業績が上がらないグループ会社が危機感を感じやすいようにした。

あなたなら，イ・ゴンヒのリーダーシップをどのように評価するだろうか？

2 分析例

バスの変革型リーダーシップ理論を用いた分析

バスの変革型リーダーシップを用いて分析する場合には，イ・ゴンヒが，変革型リーダーシップの要件を満たしているかどうかを見ていく必要がある。具体的には，彼の行動が，変革型リーダーシップの４つの下位概念，理想化された影響，モチベーション鼓舞，知的刺激，個別配慮に相当しているのかを検討することになる（図表6-7）。

図表6-7 バスの変革型リーダーシップ理論による分析

第１に，イ・ゴンヒは，理想化された影響を及ぼす行動を起こしているといえよう。イ・ゴンヒは，「新経営」という新しいビジョンを掲げている。この「新経営」で示されている「質重視」「国際化」「複合化（シナジー）」は，当時のサムスンにとって必要な方向性であり，サムスンの社員に新しい方向性を示すものであったと考えられる。また，イ・ゴンヒは，これを掲げるだけでなく，様々な方法を駆使して，ビジョンが社員に伝わるように工夫している。さらに，生産現場で，質重視の考え方を自ら体現して見せている。これらは，イ・ゴンヒが，フォロワーのプライドを高め，フォロワーの心を動かすビジョンを示す

だけでなく，それがフォロワーに伝わるように行動していることを示している。

第2に，モチベーション鼓舞につながる行動も，イ・ゴンヒはとっている。例えば，「新経営」について，ビデオや冊子を用いて，その必要性について丁寧に説明している。また，製造現場でのエピソードが示すとおり，質重視がどのようなものであるか，わかりやすい形で示そうとしている。これらの行動は，「やるべきことをわかりやすい言葉で表現する」とか「現在取り組んでいる仕事がいかにすばらしい仕事なのかということを視覚的に伝える」といった意味を持ち，モチベーション鼓舞のための行動であるといえよう。

第3に，知的刺激についても行っているように思われる。イ・ゴンヒは，勤務時間の繰り上げや地域専門家制度など，これまでの経営者が考えつかなかったような施策を実現させている。また，フランクフルトでの会議の様子から見てもわかるとおり，これまでと全く違う思考方法をするように幹部たちに強く求めている。これらの行動は，「問題解決のために新しい方法を試みる」とか「これまで疑問に思わなかったようなことについても，新たに考えるように求める」といった意味を持つ。したがって，これらは知的刺激を与える行動であるといえよう。

最後の個別配慮については，このケースから読み取ることはできない。確かに，人材育成のための施策は行っている。しかし，直接の部下となる幹部に対して，どこまで配慮を行っているかについては，ケースの情報だけでは判断できない。

こうしてみると，イ・ゴンヒのリーダーシップは，変革型リーダーシップの4要素のうち，少なくとも3要素は満たしているといえる。もし，ケースに書かれていないところで，直接の部下に対して個別配慮につながる行動を行っているのであれば，イ・ゴンヒは，理想的な変革型リーダーシップを発揮したといえよう。しかし，もし，実質的に個別配慮につながる行動を行っていなかったとすれば，変革型リーダーシップとして，より高い効果を発揮するためには，改めるべき点もある，ということができる。

ティシーとディバナの変革型リーダーシップ理論を用いた分析

ティシーとディバナの変革型リーダーシップ理論を用いて分析する場合には，イ・ゴンヒが，同理論が提示する3つのプロセスを経てサムスンの組織変革を行ったかどうかを確認する。以下では，再活性化の必要性の認識，ビジョンの創造，変化の制度化のそれぞれについて検討する（図表6-8）。

図表6-8 ティシーとディバナの変革型リーダーシップ理論による分析

第1に，イ・ゴンヒは，生気回復の必要性を認識するために，積極的に危機意識を作り出している。フランクフルトに幹部を集め，徹底的な議論を行ったり，不良品が発生したら，現場の意向に関係なくラインをストップさせていたりした。また，グループ全体の競争力を高めるために，世界的な競争力を発揮できる事業に集中し，かつ，事業ごとに危機感を感じやすいように，事業ごとに経営責任を明確化している。このため，イ・ゴンヒのこれらの行動は，トップの危機意識をグループの従業員に伝えるために，効果的であると思われる。

一方で，これだけの施策で，これだけ大きい組織に，イ・ゴンヒの危機意識が隅々まで届くかどうかは疑問である。このケースからだけではわからないが，もし，組織の末端まで危機意識が浸透するための施策が行われていないとすれば，そのような施策も併せて実施する必要があろう。なぜなら，危機意識の醸成が不十分だと，再活性化の必要性が組織全体に認識されず，効果的な組織変革を実行することができなくなるからである。

第2に，イ・ゴンヒは，新しいビジョンの創造と伝達も積極的に行っている。彼は，「質重視の経営」，「国際化」，「複合化（シナジーの発揮）」の3つからなる「新経営」という新しいビジョンを表明している。また，この「新経営」が従業員に伝わるように，様々なメディアを駆使している。さらに，勤務時間を繰り上げたり一般社員の残業を禁じたりするなど，毎日，従業員が組織の変化を毎日感じられるようにした。これらの行動は，ビジョンを創造し，それを従業員に浸透させるのに効果的であると考えられる。

一方で，そもそも，危機意識が組織の末端まで伝わっていなければ，どのような方法を駆使したとしても，新しいビジョンが伝わるのは難しい。つまり，前のプロセスにおいて，危機意識の浸透による再活性化の必要性が，組織全体に伝わっていないとすると，イ・ゴンヒの独り相撲になってしまう可能性もある。特に，サムスンのように，規模が大きく，なおかつ成功体験が染みついている組織では，危機意識の組織全体への浸透ができているかどうかが重要な鍵となる。

第3に，イ・ゴンヒは変化を制度化するために，採用方針を変えたり，幹部への研修を重視したり，地域専門化制度を創設したりした。これらは，変化の方向性を制度として確定するために，一定の役割を担っていると考えられる。また，事業領域を集中させたことも，変化の定着化に寄与するだろう。

一方で，施策の変更が十分になされたかについては，ケースの記述だけでは判断できない。これだけ大きな組織の変化を定着するためには，評価基準や評価方法の変更，業務遂行方法の変更など，様々な施策を変更する必要がある。これらが十分になされているかどうかはわからないが，もし，できていないとすれば，これらの施策も併せて実施する必要があろう。そうでなければ，変化の制度化による効果を十分に発揮することができないからである。

我々は，結果からプロセスを類推してしまうことが多い。グローバル企業へと成長した現在のサムスンの姿を見てしまうと，組織変革が成功だったと判断してしまう。また，そのような組織変革を率いたイ・ゴンヒをみて，変革型リーダーの典型と考えてしまう。

しかし，結果がよかったからといって，必ずしもプロセスもよかったとは限らない。企業の成功に寄与するのはリーダーシップだけではない。優秀な社員の影響もあるだろうし，国の政策もあるだろうし，為替の変動があるかもしれないし，他の競争相手の状況にもよるだろう。にもかかわらず，サムスンが企業グループとして成功しているからといって，イ・ゴンヒのリーダーシップが優れていたと結論づけるのは早計であろう。

したがって，ケースから学ぶためには，結果だけでなく，プロセスを見る必要がある。プロセスを見て，なぜ，そのような結果が生み出されたのか，その本質的な原因を学ぶ必要がある。もちろん，"経営は結果だ"と言われるし，実際にビジネス・パーソンは，仕事をしていく上で結果を求められるだろう。しかし，それは，人の結果だけ見て学ぶ，ということとは意味が違う。

プロセスを見る場合は，理論を用いて分析することが有効である。なぜなら，理論という，考えるためのよりどころを用いると，プロセスだけに焦点を当て，冷静な視点から，その原因を明らかにすることができるからである。実際に，結果から見ると成功ともいえるイ・ゴンヒの行動や変革プロセスについても，理論を用いて分析してみると，疑問点が付く面も見られる。このように，理論は，リーダーシップの成功要因を明らかにするための重要な道具になり得る。

3 変革型アプローチ研究の評価

変革型アプローチ研究の強みは以下の2点であろう。1つは，リーダーからフォロワーへの能動的な働きかけを想定していることであり，もう1つは，ワン・ベスト・ウェイを想定していることである。

第1に，変革型アプローチ研究は，フォロワーに対して能動的に働きかけることを想定している。再三指摘したとおり，コンティンジェンシー・アプローチ研究は，リーダーがフォロワーや状況に合わせることを重視してきた。しかし，変革型アプローチ研究は，フォロワーに働きかけ，必要に応じてフォロワーを変革することを想定している。

環境の不確実性が高く，競争環境が厳しい現代では，そのようなリーダーシップに対するニーズが高い。環境に合わせて変化することが必要となるし，時には，環境に働きかけ，環境に変化を促すことさえ必要になる。このため，組織成員も柔軟にマインドを変えて，新しい環境に適応したり，働きかけたりしていくことが求められる。そのような組織で求められるリーダーの役割は，フォロワーに合わせて行動を変えていくことではない。きちんと進むべきビジョンを示し，そのビジョンにフォロワーを駆り立てていくことである。

このため，変革型アプローチ研究は，新しい時代に適したリーダーシップへのニーズが高まっていた実務界に対して大きな影響を及ぼした。なぜなら，このアプローチによる研究は，混迷する時代に必要となるリーダーシップ・スタイルや変革へのプロセスについて明確な答えを示してくれるからである。それ故に，それまでのコンティンジェンシー・アプローチ研究に行き詰まりを感じていた学術界にも大きな影響を及ぼしたのである。

第２に，変革型アプローチ研究は，ワン・ベスト・ウェイを想定している。コンティンジェンシー・アプローチ研究が，リーダーシップの有効性が状況によって異なると主張したのと対照的に，どのような状況でも有効なリーダーシップを明らかにしようとしている。めまぐるしい環境変化にさらされている企業にとって，どのような状況においても効果を発揮するリーダーシップは頼もしい存在である。

また，ワン・ベスト・ウェイの想定は，グローバル化の進行にも適合している。どの企業も，グローバル化した際に，異文化のもとでどのようなリーダーシップが効果的なのかがわからないことが悩みである。このため，国や文化を越えて有効なリーダーシップが明らかにされれば，当該リーダーシップのもとにさらなるグローバル化を進めることができる。なかでも，バスの変革型リーダーシップ理論は，アメリカやヨーロッパに限らず，アジアやアフリカ，南米でもその有効性が検証されている。例えばワランワたちやカバゾッテたちは，変革型リーダーシップが，中国やインド，ケニア，ブラジルでも有効であることを示している[17]。国の内外を問わず効果があることが検証された変革型リーダーシップは，学術的でも実務界でも大いに注目を浴びる存在となったのである（図表6-9）。

図表6-9 グローバルに検証されている変革型リーダーシップ

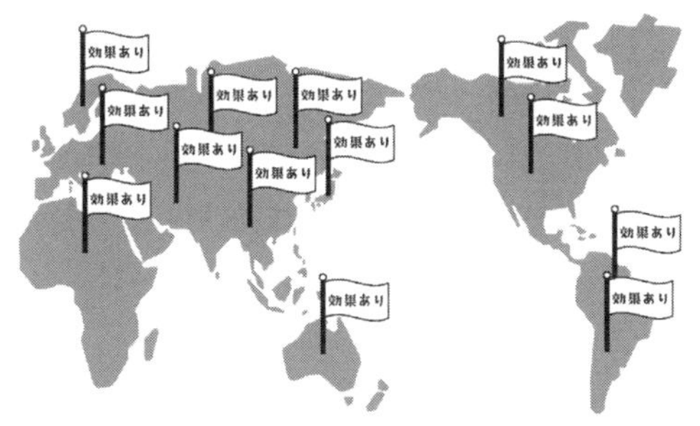

このように，それまでのアプローチに対して強みを持つ変革型アプローチ研究ではあるものの，いくつかの点で批判も受けている。大きな批判は，ワン・ベスト・ウェイを想定していることと暗黒面の存在である。

第1に，ワン・ベスト・ウェイを想定していることは，変革型アプローチ研究に対する批判の1つでもある。コンティンジェンシー・アプローチに対するアンチテーゼとしてワン・ベスト・ウェイを想定した変革型アプローチ研究が登場し，それが同アプローチの強みとなったにもかかわらず，何とも皮肉な話である。

変革型アプローチ研究の研究者の多くは，同アプローチが提案するリーダーシップが万国共通であることを主張している。先述したとおり，バスの変革型リーダーシップ理論は，非常に多くの国・文化のもとで検証が行われている。加えて，それ以外の理論についても，欧米諸国以外での有効性が検証されている。

しかし，一方で，変革型リーダーシップの効果が文化に影響しないという主張に対して異論を唱えている研究者もいる。例えば本書の著者は，日本の研究開発チームを対象とした研究で，変革型リーダーシップは，チーム効力感を高めることで，チーム成果にプラスの影響を及ぼす一方で，チーム・メンバーの批判的意見を封じることで，チーム成果にマイナスの影響も及ぼすことを明らかにしている[18]。また，世界のリーダーシップ研究を比較調査・研究を行ったGLOBEプロジェクトでは，文化を越えて共通に効果を発揮するリーダーシップは存在しないと結論づけている[19]。

今後の研究が進むにつれ，文化などの状況要因によって効果が異なる，という知見がさらに見いだされるかもしれない。現段階では，多くの研究が変革型アプローチ研究のワン・ベスト・ウェイを肯定しており，批判的な研究はまだ少ない。しかし，少数ながらも，徐々に，問題点を指摘する研究も出てきており，今後，その数が増えていく可能性は否定できない。

第2の変革型アプローチ研究に対する批判は，その強力さゆえの暗黒面である。例えば，カリスマ型リーダーシップが，企業にとって良い面だけでなく，副作用をもたらす可能性があることは想像に難くない。ヒットラーやムッソリーニなど，組織や社会，人類に対して大きな悪影響をもたらしたリーダーも，その行動を分析してみると，カリスマ型リーダーシップに当てはまるかもしれない。つまり，カリスマ型リーダーシップは，組織やフォロワーに恩恵をもたらすことができる一方で，その影響力をリーダー自身のために使うことで，全く逆の効果をもたらす可能性もあるのである。この点について，先述した『*Leadership in Organizations 5th Edition*』[20]も，カリスマ型リーダーシップが暗黒面をもつことを指摘している。この問題については，次章で紹介するオーセンティック・リーダーシップ研究において批判的に受け継がれ，理論構築がなされていくこととなる。

㊟

1　Weber, M. 1947 *The Theory of Social and Economic Organization* (Trans. A. M. Henderson and Talcott Parsons.). New York, NY: Oxford University Press.

2　ハウスのカリスマ型リーダーシップに関する記述は，House, R. J. 1976. A 1976 Theory

of Charismatic Leadership. In J. G. Hunt, & L. L. Larson (Eds.), *Leadership: The Cutting Edge*. Carbondale, IL: Southern Illinois University Press.を元にしている。

3 シャミアらのカリスマ型リーダーシップ研究に関する記述は，Shamir, B., House, R. J., & Arthur, M. B. 1993. The motivational effects of charismatic leadership: A self-concept based theory. *Organization Science*, 4(4): 577-594.を元にしている。

4 コンガーとカヌンゴのカリスマ型リーダーシップ研究についての記述は，Conger, J. A., & Kanungo, R. N. 1988. *Charismatic Leadership: The Elusive Factor in Organization Effectiveness*. San Francisco, CA: Jossey-Bass.とConger, J. A., & Kanungo, R. N. 1994. Charismatic leadership in organizations: Perceived behavioral attributes and their measurement. *Journal of Organizational Behavior*, 15(5): 439-452.を元にしている。

5 バスの変革型リーダーシップに関する記述は，Bass, B. M. 1985. *Leadership and Performance beyond Expectation*. New York: Free Press.とBass, B. M., & Avolio, B. J. 1990. Developing Transformational Leadership: 1992 and Beyond. *Journal of European Industrial Training*, 14(5): 21-27.を元にしている。

6 Burns, J. M. 1978. *Leadership*. New York, NY: Harper & Row.

7 Bass, B. M., & Avolio, B. J. (Eds.) 1994. *Improving Organizational Effectiveness through Transformational Leadership*. Thousand Oaks, CA: SagePublications.

8 Yukl, G. 2002. *Leadership in Organizations* (5th ed.). Upper Saddle River, NJ: Prentice-Hall.

9 例えばDvir, T., Eden, D., Avolio, B. J., & Shamir, B. 2002. Impact of transformational leadership on follower development and performance: A field experiment. *Academy of Management Journal*, 45(4): 735-744.やJudge, T. A., & Piccolo, R. F. 2004. Transformational and transactional leadership: A meta-analytic test of their relative validity. *Journal of Applied Psychology*, 89(5): 755-768., Jung, D. I. 2001. Transformational and transactional leadership and their effects on creativity in groups. *Creativity Research Journal*, 13(2): 185-195.など。

10 例えばCavazotte, F., Moreno, V., & Hickmann, M. 2012. Effects of leader intelligence, personality and emotional intelligence on transformational leadership and managerial performance. *Leadership Quarterly*, 23(3): 443-455.やGumusluoglu, L., & Ilsev, A. 2009. Transformational leadership, creativity, and organizational innovation. *Journal of Business Research*, 62(4): 461-473., Walumbwa, F. O., Lawler, J. J., & Avolio, B. J. 2007. Leadership, individual differences, and work-related attitudes: A cross-culture investigation. *Applied Psychology: An International Review*, 56(2): 212-230.など。

11 この節は，Tichy, N. M., & Devanna, M. A. 1986. *The Transformational Leader*. New York, NY: John Wiley & Sons.を元にしている。

12　Lewin, K. 1951. *Field Theory in Social Science*. New York, NY: Harper & Row.

13　*Ibid.*

14　この節は，Kotter, J. P. 1996. *Leading Change*. Boston, MA: Harvard Business Press.を元にしている。

15　本事例は，古川公成・石田英夫・柳原一夫，1996。李健煕三星会長に聞く：質重視への経営改革．慶應経営論集，13(2)：143-167.および石川淳，1997。三星グループの組織変革．慶應義塾経営管理学会リサーチペーパー，No.50．に基づいて作成されている。

16　イ・ゴンヒ氏は，2014年に病に倒れ，2020年10月に亡くなった。イ・ゴンヒ氏が病に倒れてからは，イ・ゴンヒ氏の長男でサムスン電子の副会長であるイ・ジェヨン氏がムスン・グループの実質的なトップの役割を担ってきた。

17　Walumbwa, F. O., Peng, W., Lawler, J. J., & Kan, S. 2004. The role of collective efficacy in the relations between transformational leadership and work outcomes. *Journal of Occupational & Organizational Psychology*, 77(4): 515-530.やWalumbwa, F. O., Orwa, B., Wang, P., & Lawler, J. J. 2005. Transformational leadership, organizational commitment, and job satisfaction: A comparative study of Kenyan and U.S. financial firms. *Human Resource Development Quarterly*, 16(2): 235-256., Cavazotte, F., Moreno, V., & Hickmann, M. 2012. Effects of leader intelligence, personality and emotional intelligence on transformational leadership and managerial performance. *The Leadership Quarterly*, 23(3): 443-455.を参照のこと。

18　Ishikawa, J. 2012. Transformational leadership and gatekeeping leadership: The roles of norm for maintaining consensus and shared leadership in team performance. *Asia Pacific Journal of Management*, 29(2): 265-283.や石川淳，2009。変革型リーダーシップが研究開発チームの業績に及ぼす影響：変革型リーダーシップの正の側面と負の側面．組織科学, 43(2): 97-112.など

19　House, R. J., Hanges, P. J., Javidan, M., Dorfman, P. W., & Gupta, V. 2004. *Culture, Leadership, and Organizations: The GLOBE Study of 62 Societies*. Thousand Oaks, CA: Sage Publications.やHouse, R. J., Hanges, P. J., Ruiz-Quinganilla, S. A., Dorfman, P. W., Javidan, M., Dickson, M., & Associates. 1999. Cultural Influences on leadership and organizations: Project GLOBE. In W. H. Mobley, M. J. Gressner, & V. Arnold (Eds.), *Advances in Global Leadership* (pp. 131-233). Stamford, CT: JAI Press., Javidan, M., Dorfman, P. W., De Luque, M. S., & House, R. J. 2006. In the eye of the beholder: Cross cultural lessons in leadership from Project GLOBE. *Academy of Management Perspectives*, 20(1): 67-90.など。

20　*Ibid.*

第7章 その他のリーダーシップ研究

本章では，これまで紹介したリーダーシップ研究以外で注目度が高い研究を紹介する。前章までで，大きなリーダーシップ研究の流れを，時系列に従って概観してきた。しかし，これらの中には入っていないものの，重要なインパクトをもつ研究も多く存在する。そのすべてを本書にて紹介することはできないので，なかでも注目度が高い，以下の研究を紹介する。

1）サーバント・リーダーシップ研究
2）オーセンティック・リーダーシップ研究
3）温情主義的リーダーシップ研究
4）LMX理論
5）暗黙的リーダーシップ理論に関する研究
6）シェアド・リーダーシップ研究

1 サーバント・リーダーシップ研究

フォロワー中心，利他主義，道徳的・倫理的価値によって特徴づけられる，チーム・フォロワーに奉仕するリーダーシップがサーバント・リーダーシップである。“サーバント”とは，直訳すると使用人とか召使いという意味になる。サーバント・リーダーシップも，使用人や召使いのようにフォロワーに仕え支える。しかし，ただ仕えるだけではない。進むべきビジョンやゴールを示し，フォロワーに仕えながら，フォロワーがそこにたどり着くように促すのである（図表7－1）。

図表7-1 サーバント・リーダーシップのイメージ

サーバント・リーダーシップは，もともと，ロバート・グリーンリーフが概念化したものである。グリーンリーフは，米国のATTに40年間務めた経験と自身の信念から，リーダーは，自分自身の利益を超越して，フォロワーの成長や利益を重視すべきであると考え，そのような考えをベースに発揮するリーダーシップをサーバント・リーダーと名づけた。

グリーンリーフの初期の著作は，主に，1970年代に発表されている[1]。当時の米国企業では，権力や権限に依存した高圧的なリーダーが多く，そのような状況に対するビジネス・パーソンとしての反発が理論化につながっている。また，自身の敬虔なクェーカー教徒としての信念も含まれているといわれている。

ただし，グリーンリーフの考えは，研究上では，長らく注目を浴びずにいた。なぜなら，グリーンリーフは有能な実務家ではあったものの，研究者としての訓練を受けていなかった。また，自身の信仰に基づく思いが著作に色濃く反映されていた。このため，理論的な精緻化が不十分だったのである。

そのような中で，スピアーズの研究がきっかけで，サーバント・リーダーシップに研究者から注目されるようになった。ラリー・スピアーズは，グリーンリーフの考えに基づき，サーバント・リーダーシップの特徴を10にまとめた(図表7-2)[2]。これは，主にビジネス・パーソンに向けてのものであった。しかし，グリーンリーフのサーバント・リーダーシップに対する考え方を初めて体系化したものであり，多くの研究者に刺激を与えた。これを機に，サーバント・リーダーシップのモデル化を目指す多くの研究が行われるようになる。

図表7-2 サーバント・リーダーの特徴

傾聴（Listening）
共感（Empathy）
癒やし（Healing）
自覚（Awareness）
説得（Persuasion）
概念化（Conceptualization）
先見性（Foresight）
責任感（Stewardship）
人の成長への関与 （Commitment to the growth of people）
コミュニティの構築（Building community）

ただし，本書では，サーバント・リーダーシップ研究の中でロバート・リデンたちによるモデルを紹介する。リデンらは，サーバント・リーダーシップについて，最も精緻なモデル化を行い，その後のサーバント・リーダーシップ研究に大きな影響を及ぼしたからである。

1 リデンたちによるサーバント・リーダーシップ・モデル[3]

リデンたちは，サーバント・リーダーシップについて，その規定要因，サーバント・リーダーシップの具体的行動，およびその結果についてモデル化している。規定要因とは，サーバント・リーダーシップを引き起こす要因である。リデンたちは，その場の状況や文化，リーダーの資質，そしてフォロワーの受容力・理解力が重要な規定要因であることを明らかにしている。また，彼らは，サーバント・リーダーシップの結果として，フォロワーの成果・成長および組織業績にプラスの影響を及ぼすことを明らかにしている。これに加えて，サーバント・リーダーシップは，組織を越えて社会にも良い影響を及ぼすことを指摘している。

また，リデンたちは，サーバント・リーダーシップの具体的な行動として，以下の７つをモデル化している。

1）感情的な癒やし（Emotional healing）
フォロワーの個人的関心への配慮を示す行動をとること

2）コミュニティへの貢献（Creating value for the community）
地域のコミュニティに対する真摯で誠実な貢献を行うこと

3）概念化（Conceptual skills）
組織や仕事に関する十分な知識を有し，それを用いて，フォロワーを効果的にサポートしたり手助けしたりできる立場にあること

4）エンパワーメント（Empowering）
課題を特定し解決したり，業務上のタスクを完遂する期限や方法を示したりすることで，フォロワーを励まし力づけること

5）フォロワーの成長・成功の促進（Helping subordinates grow and succeed）
フォロワーをサポートしたり成長を手助けしたりすることで，フォロワーのキャリア発達に真摯に向き合っていることを示すこと

6）フォロワー優先（Putting subordinates first）
フォロワーの利益や成功を最優先していることを，明確に言動として示すこと

7）倫理的行動（Behaving ethically）
オープンであること，正直であること，そして公平・公正であること

リデンたちの研究は，サーバント・リーダーシップの行動的側面をとらえている。彼らは，サーバント・リーダーシップの発揮に資質が影響する面はあることを認めている。また，研究によっては，サーバント・リーダーシップそのものを生まれながらの資質としてとらえているものも見られる。しかし，サーバント・リーダーシップを行動としてとらえることで，資質の影響を排除して，

誰もが訓練次第で実践できることを示したのである。

これは，実務的にも学術的にも意義がある。行動を明らかにすることができれば，サーバント・リーダーシップの育成につながるからである。また，サーバント・リーダーシップを身につける要因を探る研究にもつなげることができるのである。

2　サーバント・リーダーシップの例[4]

髙野鎮雄は，当時，業界8位で弱小といわれていた日本ビクター（現：JVCケンウッド）において，世界規格となる家庭用VTR（VHS）の開発に成功したプロジェクトを率いたリーダーである。誰もが，日本ビクターではできないと思っていた家庭用VTRの開発を，赤字続きのお荷物事業部において，窓際族と言われた技術者270名を誰一人としてリストラすることなくプロジェクトを成功に導いたのである。

赤字続きであったため，本社からは再三にわたってリストラの要求をされた。それにもかかわらず，髙野は，従業員の生活を守るため，様々な言い訳をしてまで，リストラ要求をつっぱねた。また，リストラを避け，開発費を捻出するために，既存の業務用VTRの販売を，事業部の技術者に対しても依頼した。さらに，髙野自身も，日曜日には，営業活動を行っている。

開発プロセスにおいては，事業部の技術者だけでなく，外部納入業者の協力を仰ぐこともある。髙野は，中小の納入業者に対しても，“下請け”という言葉を使わず“協力工場”と呼び，対等につきあおうとした。そのような髙野の態度に感激した納入業者は，髙野のプロジェクトに積極的に協力するようになるのである。

髙野のプロジェクトは，本社からの圧力やソニーとの競争にさらされ，非常に厳しい状況であった。そのような状況でも，技術者たちを急かすことなく，粘り強くプロジェクトを進めた。高い志を掲げながら，本当に苦しいどん底の時でも，このプロジェクトとそのメンバーを守り通したのである。

プロジェクトのメンバーは，高野に守られ，自然体でプロジェクトに取り組んでいた。一方で，高野の気持ちを意気に感じ，プロジェクトの成功に執念を燃やしていた。

高野の行動のうち，目標を定めプロジェクトのメンバーを奮い立たせているところは，サーバント・リーダーシップの“概念化”に当たるだろう。また，プロジェクトを守り通したところは，“フォロワー優先”や“倫理的行動”に当たるだろう。また，メンバーを信頼し，メンバーに任せているところは，“エンパワーメント”に当たるかもしれない。

このように，高野の行動はリデンたちによってモデル化された7つの行動に多く当てはまる。そのように考えると，このプロジェクトが成功した原因の1つは，高野がサーバント・リーダーシップを発揮することができたことにあったといえるだろう。

3 サーバント・リーダーシップ研究の学術的・実務的影響

その後，サーバント・リーダーシップに関する多くの研究がなされるようになる。その大きな原因の1つは，サーバント・リーダーシップを測定するための信頼できる尺度が開発されたためである[5]。これによって，様々な他の要因との関係が実証されるようになった。これらの研究によって，リデンたちのモデルが示したとおり，サーバント・リーダーシップが，フォロワーの職務態度や成果などにプラスの影響を及ぼすことが明らかになっている[6]。

一方，多くの研究者がサーバント・リーダーシップをモデル化し，それらのうちのいくつかは，ビジネス書としてビジネス・パーソンに提供されるようになった。このため，サーバント・リーダーシップは，ビジネス・パーソンにも一定の影響を及ぼしているといえよう。なお，日本でも，ビジネス・パーソン向けの書籍がいくつか発売されている[7]。

サーバント・リーダーシップが注目を浴びるようになってきた最大の理由は，変革型アプローチ研究に対する反動だろう。変革型アプローチ研究，特にバスの変革型リーダーシップやカリスマ型リーダーシップは，研究者からもビジネス・パーソンからも多くの注目を浴びた。上からの強力なリーダーシップが，フォロワーの成果向上に大きな影響を及ぼしたからである。しかし一方で，そのような上からの強い影響力に対して，懐疑的な見方も出ている。「これらのリーダーシップは，フォロワーにプレッシャーをかけすぎるのではないか」とか「もっと，フォロワーを信頼し，フォロワーを重視するリーダーシップが必要ではないか」もしくは「倫理面に焦点を当てたリーダーシップが必要なのではないか」といった考え方である。実際に，変革型リーダーシップやカリスマ型リーダーシップの負の側面を明らかにする研究が出始めると，そのような意見はさらに強まることになった。このような意見に後押しをされる形で，サーバント・リーダーシップに対する注目度が上がった面がある。

しかし，一方で，サーバント・リーダーシップとバスの変革型リーダーシップは，非常に似ている面ももっている。一見，真逆のように見えるが，どちらも，ビジョンや目標を重視しているし，倫理面にも配慮している。また，どちらも，一方的に指示するのではなく，フォロワーの自律性を重視しているのである。実際に，本書の筆者は，サーバント・リーダーシップとバスの変革型リーダーシップについて，それぞれの代表的な尺度を用いて調査を行ったことがあるが，統計的には，両者を峻別することができなかった。つまり，両リーダーシップは，根底にある考え方は全く違うものの，その具体的な行動は被る部分が多く，フォロワーからは完全に識別することができない可能性があるのである。

サーバント・リーダーシップ研究は，今後のさらなる研究が期待されるリーダーシップである。その中で，変革型リーダーシップとの違いが明確にされていく可能性がある。また，その効果も，変革型リーダーシップとは異なる効果が明らかにされる可能性がある。また，サーバント・リーダーシップが，組織のあり方に影響を及ぼしたり，関連する組織や社会へも重要な影響を及したりする可能性さえある。このため，これまで以上に多くの研究が行われることになるだろう。

2　オーセンティック・リーダーシップ研究

オーセンティック・リーダーシップとは，誠実で信頼に足るリーダーシップである。それが，“本物である”とか“信頼できる”といった意味をもつオーセンティック（Authentic）に表れている。

もう少し具体的に言うと，オーセンティック・リーダーシップとは，客観的に自分を理解した上で高い倫理意識を持ち，すべてオープンにすることで，フォロワーからの信頼を獲得し，それによってフォロワーに対して影響力を発揮するリーダーシップである。実際には，オーセンティック・リーダーシップのとらえ方は，研究者によって異なる。このため，定義も様々である。しかし，いずれの研究も，言動の一致や倫理性，透明性，自己認識を強調しているという点では共通している。

倫理的でフォロワーからの信頼に足るリーダーシップに対する要望から生まれたのがオーセンティック・リーダーシップ研究である。オーセンティック・リーダーシップの研究は，サーバント・リーダーシップと同様に，実務の現場で用いられているリーダーシップに対する問題意識から始まっている。東芝やかんぽ生命での不祥事のように，リーダーが自らの利益のために非倫理的なリーダーシップを発揮している例は枚挙にいとまがない。問題が表面化する前は，組織や職場の業績は好調で，そのリーダーシップはもてはやされる。しかし，ひとたび問題があらわになると，業績が低下するばかりか，時には，組織としての信頼を損ね，存続そのものが危うくなる時さえある。その時になって，「あの人のリーダーシップは強引すぎた」という批判が上がる。このような繰り返しに多くの人がうんざりし，裏切られることがない“本物のリーダーシップ”を求めるようになったのである（図表7-3）。

他のリーダーシップ・スタイルと比較して，より倫理面を強調し，フォロワーからの信頼獲得に焦点を当てているのがオーセンティック・リーダーシップの特徴である。もちろん，バスの変革型リーダーシップでも，また，サーバ

図表7-3　不誠実なリーダーと誠実なリーダーのイメージ

ント・リーダーシップでも，倫理的側面は重視されている。しかし，これらと比べても，より一層，オーセンティック・リーダーシップは倫理性や信頼を重視しているリーダーシップ・スタイルである。

なお，オーセンティック・リーダーシップ研究は，ハーバード・ビジネス・スクールのビル・ジョージらによる研究[8]とネブラスカ大学のフレッド・ルーサンスとブルース・アボリオによる論文[9]から始まった研究の２つに分かれる。どちらも実務には重要な影響を及ぼしているものの，研究上発展しているのは後者であるため，これ以降は後者を中心に記述する。

1　オーセンティック・リーダーシップの構成

フレッド・ワランワたちは，オーセンティック・リーダーシップの先行研究をレビューすることで，オーセンティック・リーダーシップが４つの要素から構成されていることを明らかにしている[10]。これを図にまとめたものが図表7-4である。

図表7-4 オーセンティック・リーダーシップの構成要素

自己認識 (self-awareness)
倫理的視点の内在化 (internalized moral perspective)
バランスがとれた処理 (balanced processing)
関係の透明性 (relational transparency)

自己認識とは，自分自身の強みや弱みを知り，自分の行動の他者へのインパクトを知ることである。また，自分自身がどのようなことに価値を置き，どのような感情をもち，どのような信念や目標を持っているのかを理解することである。

自分自身を理解することが，フォロワーの信頼感醸成につながる。なぜなら，自身を理解することで，意思決定や行動に一貫性がでてくるからである。言っていることとやっていることが違ったり，すぐに信念がぶれたりすると，フォロワーはリーダーを信頼しなくなる。もちろん，現場では，状況に応じて行動をフレキシブルに変化させることは重要である。重要なのは，それが一貫した信念や目標に基づいているかどうかである。一貫性を感じれば，フォロワーは安心し，リーダーを信頼するようになるであろうし，一貫していなければ，リーダーに対する不信感を募らせるであろう。

倫理的視点の内在化は，自らの内にある倫理基準に従って，自らの行動や意思決定をコントロールすることである。規則や社会からのプレッシャーによって決めるのではなく，自らの倫理基準によって，やるべきこととやってはいけないことを決める，ということである。

常に，自らの倫理基準に従って意思決定や行動を行うリーダーを見れば，フォロワーは，リーダーの倫理意識に対して信頼感を持つことができる。逆に，「誰にもわからなければ大丈夫」とか「建て前と現実は違う」などといったリーダーの言動によって，フォロワーは，リーダーに対する倫理性に対して疑問を感じるようになる。そうなると，フォロワーは，自分が気づいていないところで非倫理的な言動をしているのではないかと不安になり，リーダーへの信頼は揺らいでしまうだろう。

バランスのとれた処理とは，客観的に公平・公正に判断したり意思決定を行ったりすることである。具体的には，情報を客観的に分析したり，様々な人の意見を聞いたりした上で意思決定を行うこと，などの行動があげられる。また，たとえ自分と意見が異なる人であっても，その人の意見に耳を傾け，自分の好みや狭い視野だけで意思決定をしないことも含まれるだろう。

バランスのとれた処理を行うリーダーに対して，フォロワーは信頼感を感じる。なぜなら，フォロワーは，１つの視点に偏らずバランスがとれた意思決定ができるリーダーを，オープンで幅広い視野を持っているリーダーであると感じるからである。逆に，好き嫌いで判断したり独断で判断したり，ということが続くと，フォロワーは，リーダーの客観性や公平・公正性に疑問を持つようになる。そうなると，リーダーに対する信頼感は失われる。

関係の透明性とは，オープンで，なおかつ正直であることである。自分が考えていることや感情を，包み隠さず相手に伝えることである。相手にとって，ポジティブなことだけでなくネガティブなことも，正直に伝えるのである。

当然のことであるが，フォロワーは，オープンで正直なリーダーに対して信頼を寄せる。逆に，リーダーが正直でないと思えば，心から信頼することはできないであろう。自分たちに隠れて，リーダー自身の利益のために行動しているのではないか，と疑ってしまうからである。

もちろん伝え方に工夫は必要である。自分の感情を，何も考えずにそのままぶつけてよい，というわけではない。時と場所によって，最も適切な伝え方を選択した上で伝えることが重要である。しかし，下手に隠し事をするよりは，オープンで正直に伝えた方が，フォロワーの信頼獲得につながるのである。

2　オーセンティック・リーダーシップの例[11]

インド独立の父と呼ばれるマハトマ・ガンジーは，非暴力・不服従を掲げ，民衆を巻き込んで独立運動を展開した。非暴力・不服従とは，単なる無抵抗主義ではなく，暴力で脅されたとしても従わず，また，どのような暴力を受けたとしても，こちらから暴力で返すことが無い，という考え方である。マーチン・ルーサー・キング牧師にも影響を与えたといわれている，勇気と忍耐が必要な考えである。

ガンジーは非常に頑固である一方で，他人に対して公平・寛容であり，自分の信念や考え方を，オープンに誰にでも語っていた。インド独立の必要性や，非暴力・不服従の重要性についても，熱く語っていた。このため，周囲からの信頼が厚く，勇気と忍耐力の必要な運動であるにもかかわらず，多くの人が参加したといわれている。

ガンジーは自分自身が他人に与える影響についても理解していた。イギリス植民地政府による塩の専売に抵抗し，70名強の支持者と始めた塩の行進は，目的地のダンディー海岸に到着するころには，数千人規模にふくれあがっていた。この行進は，インドにおける非暴力・不服従運動の高まりに大きな影響を及ぼした。ガンジーは，この行進によって，ヒンドゥー教徒とイスラム教徒を融合することも狙っていたといわれている。

また，不可触民との分離選挙に反対した時や民族間の争いが激しくなった時には断食を行い，自らの主張を相手に認めさせた。ガンジー自身が断食を行うことが，インド人やイギリス人にどのような影響を及ぼすのか理解していたからこそ，このような手段をとったといえるだろう。

ガンジーは，他人に寛容である一方で，自分自身には厳しく，禁欲，清貧，純潔などを実践した。個人的所有物は，竹の杖や綿布の服とぞうり，眼鏡と入れ歯など身の回りのもの数点だけといわれている。

その精神は，最後の時まで現れている。ヒンドゥー教原理主義者によって，ピストルの弾丸を撃ち込まれたとき，ガンジーは自らの額に手を当てた。これはイスラム教で“許す”という意味の動作であるといわれている。

オーセンティック・リーダーシップの4つの要素をガンジーの行動に当てはめてみると，自己認識，倫理的視点の内在化，そして関係の透明性は当てはまるようである。自分の信念や価値観を理解した上で，自分の他人に対する影響も理解していた。また，その行動のすべては，彼の中の倫理観に基づいてなされていた。さらに，自分の信念や考え方について，誰とでもオープンに語り合っていた。

一方で，バランスがとれた処理についてはどうであろうか。様々な人の意見に耳を傾ける面はあったであろう。一方で，ヒンドゥーとイスラムの融合とか西洋文明批判など，当時のインドとしては非現実的な信念を持っていた面もある。

これらを考えると，ガンジーは，完全ではないものの，強いオーセンティック・リーダーシップを発揮していたといえるだろう。

3　オーセンティック・リーダーシップ研究の評価

オーセンティック・リーダーシップ研究については，その評価を下すには時期尚早である。研究の歴史が比較的浅く，まだ発展途上だからである。

しかし，それでも，現時点での強みと批判を記すことには意味がある。これらの強みを活かし，かつ批判を乗り越えることで，次の研究につながるからである。ビジネス・パーソンにとっても，オーセンティック・リーダーシップ研究が現時点で持つ強みや限界を知りながら実務に活かすことが必要になるだろう。

オーセンティック・リーダーシップ研究の強みは，主として3点ある。倫理面に焦点を当てていること，育成に焦点を当てていること，そして測定尺度が開発されていることである。

第1に，オーセンティック・リーダーシップ研究は，リーダーシップの倫理面に焦点を当てている。ステークホルダーとの関係が重視されている現代の企業では，とりわけリーダーの倫理的側面が強く問われる。いくら短期的に業績を伸ばすことができたとしても，様々なステークホルダーとの信頼関係を築くことができない企業は長く生き残ることができないからである。

第2に，オーセンティック・リーダーの育成面にも焦点を当てている点である。例えば，ルーサンスらは，心理的資本がオーセンティック・リーダーシップの発揮に影響を及ぼすことを明らかにしている[12]。心理的資本とは，自己効力感，楽観的，希望，快活さに特徴づけられたポジティブな心理状態のことである。この心理的資本は，訓練や経験によって高められることも明らかになっている。したがって，オーセンティック・リーダーシップも，心理的資本を高めることで育成することが可能になるのである。

第3に，オーセンティック・リーダーシップを測定する尺度が開発されていることである。ワランワらによって開発されたALQ（Authentic Leadership Questionnaire）[13]やリンダ・ニードラーたちによるALI（The Authentic Leadership Inventory）[14]などが代表的なものといえよう。実際にこれらの尺度を用いて，オーセンティック・リーダーシップがリーダーへの信頼やフォロワーの成長，倫理的判断，コミュニケーション，職務満足，組織コミットメント，役割外行動，成果，創造性などにポジティブな影響を及ぼすことが明らかにされている[15]。いくらすばらしい理論構築がなされていたとしても，その効果が実際に確かめられなければ，研究として発展することはできないし，実務に取り入れることも難しい。信頼できる尺度が開発されているということは，研究面においても実務面においても重要な意味を持つ。

一方で，現時点のオーセンティック・リーダーシップ研究は，いくつかの批判も受けている。主たる批判は，概念の不明確さとアウトプットへのメカニズムが解明されていない点である。

第1に，オーセンティック・リーダーシップの概念や中身が明確でない，という批判を受けている。確かに，自己認識や倫理的視点の内在化，バランスがとれた処理，関係の透明性は，フォロワーのリーダーに対する信頼感を醸成するであろう。しかし，なぜこの４つなのか，また，フォロワーの信頼性を醸成する要因はこれ以外にないのか，といった点についての検証が不足している。さらに，この４つの概念がそれぞれ独立なのか，といった点についても曖昧さを残している。

第２に，オーセンティック・リーダーシップが，どのようなメカニズムで組織にとって好ましいアウトプットを出すのかも明確化されていない。実証的には，オーセンティック・リーダーシップがフォロワーのアウトプットを高めることが検証されている。しかし，理論としての洗練度合いを高めるためには，どのようなメカニズムによってアウトプットが高まるのかについても明らかにする必要がある。

なお，これらの問題点の多くは，オーセンティック・リーダーシップ研究の歴史が短いことによるものである。今後，研究が進むにつれ，上記問題点のいくつかは解消されていくことが期待される。

3　温情主義的リーダーシップ研究

多くのリーダーシップは，欧米生まれである。本書で紹介しているリーダーシップ研究も，そのほとんどは，欧米の組織で発揮されているリーダーシップを参考にモデル化され，その検証も，当初は欧米中心に行われている。

これに対して，温情主義的リーダーシップは，アジア，特に東アジアの組織において発揮されているリーダーシップをもとにモデル化されたものである。また，多くのアジアの研究者がそのモデル化に貢献し，検証もアジアを中心に，欧米以外で多く行われている。

アジアにおけるビジネスの重要性が増すにつれ，アジアの企業で有効なリーダーシップに対する関心が高まり，温情主義的リーダーシップの研究が盛んになったのである。このため，最近では，アジア以外の研究者からも注目されるようになってきている。

温情主義的リーダーシップは，まだ，最新のリーダーシップのテキストにさえ載っていない。なぜなら，本格的に研究が始まった歴史が浅く，その定義や概念も研究者によって異なっているからである。

しかし，本書では，温情主義的リーダーシップを紹介することとする。なぜなら，アジアのビジネスは，今後もさらに重要性が増すと考えられるからである。それにつれ，温情主義的リーダーシップの研究もさらに進む可能性が高い。そして，何よりも，アジア発で世界に影響を及ぼすリーダーシップ研究は非常に珍しいからである。

1　温情主義的リーダーシップとは？

温情主義的リーダーシップは，強い規律や威厳と，愛情深い慈悲を混ぜ合わせたようなリーダーシップである[16]。“怒ると怖いが，情け深くて面倒見が良く，部下から慕われている課長さん”といったところであろうか。少し前のテレビドラマでは，典型的な上司としてよく登場したタイプである。

温情主義的リーダーシップとは，paternalistic leadershipの邦訳である。温情主義，というと，ポジティブなイメージがあるが，paternalisticには，いわゆる温情的なイメージと，コントロールを効かせるために自由を制限するというイメージがある。この温情主義リーダーシップは，この両面を持つリーダーシップといえる。

温情主義的リーダーシップは，「フォロワーがやりがいをもって仕事をできているか」とか「フォロワーが能力を身につける機会があるか」などを気にかけるリーダーシップである。温情主義的リーダーは，職場でのフォロワーの幸福度合いに配慮し，必要に応じて，その幸福度合いを下げる要因からフォロワーを守ろうとする。

加えて，温情主義的リーダーは，職場だけでなく，プライベートの生活面についての面倒を見ることがある。仕事終わりに，悩んでいる部下を連れて居酒屋に行き，部下のプライベートな愚痴を聞いたりすることなどは，典型的な温情主義的リーダーシップの行動の１つであろう。

このように，温情主義的リーダーシップは，フォロワーを大切に扱い守ろうとする一方で，フォロワーに対して合理性を越えた従順を要求する面もある。それは，「俺の言うことを黙って聞け」というように，口頭にて指示する場合ばかりではない。フォロワーの方が，「あの人は，よく無茶を言うけれど，あの人に言われたらしょうがない」といって自発的に従順を示す場合も含まれる（図表7-5）。

図表7-5　温情主義的リーダーシップのイメージ

もともと，温情主義は，組織論研究の分野では，ネガティブにとらえられていた。例えば，ウェーバーは，近代的な官僚的組織の機能を，前近代的な温情主義が阻害すると指摘している[17]。規則や役割分担に基づいて運営することを重視している官僚的組織において，個人的な尊厳に基づき，定められた規則を逸脱した行動を認める温情主義は，邪魔者であったのであろう。

しかし，最近になって，そのようなウェーバー的な視点に異議を唱える研究がアジアから発信されるようになる。温情主義は，個人的な尊厳に依存している面はあるものの，一方で，フォロワーを守り，支援し，育成しようとする側面もある，というのである。このような両面は，現代においても，とりわけアジアでは，フォロワーや職場の成果を高めるために有効であると指摘されている。

このような考え方が発展してモデル化されたものが温情主義的リーダーシッ

プである。温情主義のネガティブな側面だけでなくポジティブな側面を採り入れながら理論化したのである。

2　温情主義的リーダーシップの構成要素

ジンリ・ファンとボーション・ジョウは，温情主義的リーダーシップが，以下の３つの要素から構成されていると主張している[18]（図表７-６）。

図表７-６　温情主義的リーダーシップの構成要素

権威主義（Authoritarianism）
慈悲深さ（Benevolence）
倫理性（Morality）

権威主義とは，権威や権限を強調し，フォロワーをコントロールし，フォロワーに対して，無条件で従うことを要求することである。「フォロワーがリーダーに従うのは当然である」という前提のもと，フォロワーに有無を言わさずに服従を要求するような行動である。リーダーに従わざるを得ないような雰囲気を職場に出していれば，それも，権威主義的な行動といえる。

慈悲深さとは，フォロワー個人やその家族が幸せかどうかまで気を配り，大事にしようとすることである。リーダーからこのような慈悲深さを示されると，「あの人にはいつも気に掛けてもらっているから」とフォロワーは感じるようになる。そうするとフォロワーは，リーダーに感謝し，リーダーにお返しをしたいと願うようになる。

倫理性とは，善や美徳を示すことである。権威や権力を，リーダー自らの利益のために使うのではなく，職場や組織目標達成のため，もしくはフォロワーの利益のために使おうとする行動である。上司による多大な手助けのおかげで成果を上げられたのに，すべて部下の手柄にしてしまう，などといった行動は，典型的な倫理性を示す行動の１つであろう。倫理性を示されると，フォロワーは，リーダーを尊敬するようになり，リーダーに対する忠誠心を高めるようになる。

温情主義的リーダーシップは，これら３つの要素を併せ持ったリーダーシップである。時に厳しく，時に暖かいようなリーダーシップであるといえよう。

3　温情主義的リーダーシップの例[19]

中内㓛は，主婦の店ダイエー薬局を創業して以来，薄利多売で同社を発展させ，一代でダイエーを日本のトップ企業に育て上げた。中内は，価格の決定権をメーカーから消費者に取り返すことを信念としており，定価販売を進めようとするメーカーとしばしば対立した。テレビの値引き販売を巡って起こったダイエー・松下戦争は有名である。中内がこのような信念を持っていたのは，良い品を安く消費者に提供することで，日本の暮らしを豊かにしたいという思いがあったからだといわれている。

中内は，現場を重視しており，ダイエーの売上高が業界初の１兆円を突破した後も，しばしば店舗を訪れ，自ら指示を行っていた。彼の性格は苛烈で，怒ると手が付けられなかった。気に入らないことがあると現場で怒鳴り散らすし，無理難題を押しつける時もしょっちゅうであった。野菜の鮮度が足らないことに腹を立て，店員に野菜を丸ごとぶっかけたこともあった。

一方で，部下の言うことを素直に聞く時もあった。本人宛の手紙を必ず自分で目を通す中内宛に，従業員から匿名の投書が届いた時である。その投書は，中内による店舗巡回の準備で，店舗に過剰な負担がかかっていることを指摘するものであった。これ以降中内は，準備の負担を軽減するため，予告無しの巡回に変更したのである。

また，中内は，非常に人情深い面ももっていた。大みそかの深夜まで売り場で仕事をしていた中内は，部下から帰るように促されても，「他の店員をおいて自分だけ帰れない」として最後まで売り場で立ち続けたこともある。また，億単位の損失を出した部下に対して，叱責するどころか，励ましの言葉をかけたこともある。さらに，阪神淡路大震災の際には，私財をなげうって被災者を支援している。

長年中内の秘書を務めた恩地祥光は，その著書で中内のことを以下のように語っている[20]。

「偏屈で天邪鬼，背も低く，ずんぐりむっくりで顔も悪い（失礼ながら！）。しかしどこか面白さがあり，憎めない。不思議な魅力がある。「え〜っ！そんなひどい仕打ちを受けたの？」というような悲惨な目にあった人でさえ，後に中内さんの話になるとしかめ面をしながらも目を輝かせ，中内さんと共に働き，あるときは一戦を交えた時代があったことを人生の勲章にしていることを隠し切れない様子を見せるのだ。」

このような中内は，権威主義，慈悲深さ，倫理性を併せ持つ，典型的な温情主義的リーダーシップを発揮した人だといえるだろう。

4　温情主義的リーダーシップ研究に対する評価

先述したとおり，温情主義リーダーシップの研究は始まったばかりである。このため，その研究に対して正確に評価できる段階にはない。

それでも，現段階で判明している強みと問題点を明示することに意味がある。先述したとおり，今後の研究や実務への応用の際に参考になるからである。

温情主義的リーダーシップの最も大きな強みは，これまで，ビジネス・パーソンが，何となく重要であると感じていた得体の知れないものを，温情主義的リーダーシップとして概念化した，という点である。「うちの上司は，頑固だけど情に厚くて涙もろい。そういうところに惚れちゃうんだよ」といった会話は，ビジネス・パーソンが集まる居酒屋では，よく聞かれるものであろう。しかし，これまでのリーダーシップ研究では，このような上司の強みや弱みを論理的に説明することができなかった。しかし，温情主義的リーダーシップとして概念化することで，それを説明することができるようになったのである。

実際に，アジア[21]や南米[22]，中東[23]において，温情主義的リーダーシップがよく見られることが明らかにされている。また，ネブラスカ大学のメアリ・ウルビアンは，日本企業においても温情主義が重要な影響を及ぼしていることを明らかにしている[24]。直感的には，温情主義的リーダーシップは，儒教の影響が強い東アジアでよく見られると考えられる。しかし，実際には，東アジアに限らずアジア全域，中東，南米でもよく見られるリーダーシップ・スタイルなのである。地域的な広さだけを見れば，地球上の多くの場所において，温情主義的リーダーシップが用いられていることになる。

これらに加えて，いくつかの研究は，温情主義的リーダーシップがポジティブな結果をもたらすことを示している。具体的には，温情主義的なリーダーシップがフォロワーの職務満足，組織コミットメント，OCB，リーダーへの信頼，仕事成果，職場の倫理的風土などに影響を及ぼすことが明らかにされている[25]。ただし，3つの構成要素のうち慈悲深さと倫理性はポジティブな影響を及ぼすものの，権威主義はネガティブな影響を及ぼすといった研究や[26]，3つの構成要素間の関係によって影響が異なることを示す研究もあり[27]，その効果に対する評価は定まっているとはいえない。

一方で問題点も存在する。主な問題点は，温情主義的リーダーシップの概念が曖昧な点とその効果をモデレートする要因が明らかになっていないであろう。

第1に，温情主義的リーダーシップの定義や構成要素は，まだ，研究者の間で合意が形成されていない。例えば，ファーとチェンが主張する温情主義的リーダーシップの構成要素のうち，特に，権威主義的行動と慈悲深い行動は，相反するように思われる。フォロワーの反対を押し切って決断する際には，権威主義的行動はフォロワーに有無を言わさずに服従を要求する。そのような行動は，フォロワーの個人的な幸せに配慮した行動とはいえない。上述したとおり，実際に，両行動はそれぞれ異なる効果を発揮することが明らかになっている。例えば，権威主義的行動はフォロワーの満足度を下げ，慈悲深い行動は満足度を上げるのである。このように考えると，両者を1つのリーダーシップとしてまとめて良いのか，という疑問が浮かぶ。温情主義的リーダーシップとは一体のどのようなリーダーシップなのか，また，その構成要素が何であるのか，といった点については，まだ研究者の間でも統一されておらず，今後の課題となる。

第2に，温情主義リーダーシップの効果を条件付けるモデレータが明らかにされていない。温情主義リーダーシップは，他のリーダーシップと異なり，有益な効果をもたらすためには一定の条件を満たしていることが必要となる。この条件を満たしていないと，有益な効果どころか，マイナスの効果をもたらすことさえある。加えて，その効果が国や文化に依存しているという指摘も見られる。フォロワーの価値観やモチベーションの源泉によって，温情主義的リーダーシップの効果が異なるからである。このため，温情主義的リーダーシップを実用に供するようにするためには，効果を発揮するために必要となる条件を明らかにする必要がある。

このような問題点があるにもかかわらず，近い将来，温情主義的リーダーシップは，アジア発の実用に供するリーダーシップとして認知されることになるだろう。なぜなら，上述した問題点は，いずれも，温情主義的リーダーシップ研究の歴史が浅いことに起因しているからである。現在，アジアを中心に多くの温情主義的リーダーシップに関する研究が行われている。これらの研究によって，リーダーシップ・スタイルの概念としてより一層，洗練されていくと考えられる。

4　LMX理論

これまでのリーダーシップ研究の多くは，リーダーそのものに焦点を当ててきた。職場の成果を高めたり，フォロワーの満足度や組織コミットメントを高めたりするために，どのような資質や行動がリーダーに求められるのか，といった点を明らかにしようとしてきたのである。

しかし，リーダーシップを，フォロワーと隔絶した状態で検討するだけでは不十分である。なぜなら，リーダーがフォロワーに影響を及ぼすように，リーダーもフォロワーから影響を受けるからである。

このような問題意識から発展してきたのが，LMX理論である[28]。LMX理論は，主として，ジョージ・グラエンらによる一連の研究によってモデル化されてきた。同理論は，リーダーとフォロワーの関係に着目し，両者の関係がどのような影響を生み出すのか，また，どのような要因が両者の関係に影響を及ぼすのか，という点をモデル化しようとしている。

1 LMX理論とは？

LMX理論は，リーダーとフォロワーの交換関係に着目している。LMXは，Leader-Member Exchangeの略である。つまり，リーダーとフォロワー（＝メンバー）の間の交換関係，という意味である。ここでの交換は，リーダーが提供する報酬とフォロワーが提供する貢献の交換を意味している。リーダーが提供する報酬には，金銭や昇進といったものだけでなく，信頼や尊敬，注目などといった心理的な報酬も含まれる。また，フォロワーが提供する貢献には，業務の遂行だけでなく，リーダーへの信頼や忠誠などが含まれる。

LMX理論は，同じフォロワーであっても，交換関係が異なるフォロワーがいることを指摘している。フォロワーを大きくイン・グループとアウト・グループにわけ，両者では，交換されるものが異なると主張しているのである。なお，イン・グループのフォロワーとは，リーダーとの間に，相互の信頼感，敬意，きずなで結びついた関係を構築しているフォロワーである。これに対してアウト・グループとは，通常の職務上の関係を築いているフォロワーである。

図表7-7で示すとおり，アウト・グループのフォロワーとリーダーの間には，仕事上必要な最低限の交換関係が成立している。賃金に代表される物理的な報酬をフォロワーに提供し，フォロワーは，その報酬に見合った範囲内で業務遂行を提供する，という関係である。

これに対してイン・グループのフォロワーとリーダーの間には，それ以上のものが交換されている。通常の報酬に加えて，フォロワーに対する信頼感や敬意，当該フォロワーを大事にする姿勢などがリーダーからフォロワーに提供される。一方のフォロワーも，通常の業務に加えて信頼や敬意，そしてリーダーに対する忠誠心などを提供するのである。

LMX理論では，このような交換関係の違いを，「イン・グループの方が，アウト・グループよりも，質が高い交換関係をリーダーとの間で成立させている」と考える。なぜなら，イン・グループのフォロワーの方が，リーダーや組織にとってより望ましい貢献が期待できるからである。LMX理論では，イン・グループもアウト・グループも，ともに，リーダーとの交換関係が成立している（リーダーが提供する報酬とフォロワーが提供する貢献が釣り合っている）ことを前提としている。しかし，たとえ交換関係が成立していたとしても，フォロワーによってその“質”が異なると考えるのである。

このように書くと複雑なように見えるが，実際には，どこの職場にでもある話である。どこの職場でも，リーダーとフォロワーの関係は画一的ではない。リーダーと馬が合い，相互に信頼しあい，特別に良好な関係を築いているフォロワーもいれば，そこまで深くはない普通の関係を築いているフォロワーもいる。もちろん，時には，リーダーと険悪な関係にあるフォロワーもいるだろう。リーダーと特別に良好な関係を築いているフォロワーがイン・グループのフォ

図表7-7 リーダーとフォロワーの関係

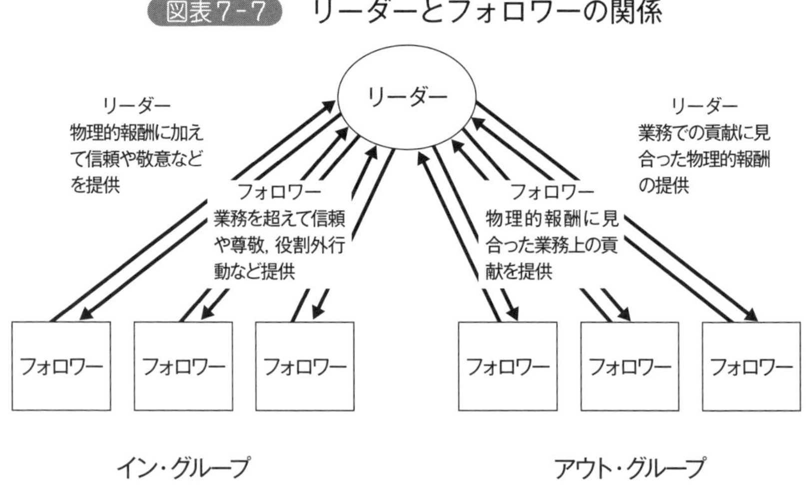

ロワーであり，そうでないフォロワーがアウト・グループのフォロワーである。ちなみに，険悪な関係にあるフォロワーは，リーダーとの間に適切な交換関係を成立させていないフォロワーであり，このままいけばリーダーとフォロワーという関係そのものが破綻してしまうだろう。

このように考えると，どの職場にでもある当たり前の話をモデル化したものがLMX理論といえるかもしれない。

2　LMXの質とアウトプット

リーダーと質が高い交換関係を成立させているフォロワー，すなわち高LMXのフォロワーのアウトプットに着目した研究がいくつか行われた。直感的に，高LMXのフォロワーは，低LMXのフォロワーと比べて，望ましいアウトプットを出すように思える。しかし，この点について厳格に検証することが必要となる。

検証の結果，高LMXのフォロワーは，低LMXのフォロワーと比べて満足度や組織に対するコミットメントが高く，離職率が低いことがわかった[29]。当たり前のことであるが，フォロワーが，リーダーから注目され，特別に大事されていると感じると，満足感や組織に対する愛着が高まり，結果的に離職意思が下がるのであろう。

また，高LMXのフォロワーは，OCBに積極的であることが明らかにされている[30]。リーダーと信頼関係を構築し，リーダーとの関係に満足していると，リーダーや職場の役に立ちたいという気持ちが強くなる。そのような気持ちが強くなると，本来の仕事であるかないかにかかわらず，職場にとって必要な行動を行うようになるのであろう。

さらに，高LMXのフォロワーは，役割曖昧や役割葛藤を感じにくいことも明らかになっている[31]。リーダーとフォロワーの間に十分なコミュニケーションがとられ，必要な情報が共有されていると，役割が明確化され，役割に関する曖昧さや葛藤が低減するのであろう。

このような効果があるため，高LMXのフォロワーは高い成果を示している[32]。つまり，リーダーとメンバーの間に良好な関係が築かれていると，当該フォロワーの成果が上がる，ということである。

3 LMXを高める要因

LMXを高める要因についての研究も行われている。高LMXが，組織やリーダーにとって望ましいアウトプットを生み出すことが明らかになったからである。

組織サポート感（Perceived Organizational Support）によって，フォロワーのLMXが高まることが明らかにされている[33]。組織サポート感とは，自分が所属する職場や組織が，自らの貢献を価値あるものと見なし，自分たちの幸福についても十分に気にかけてくれていると感じている度合いである。職場において大事にされていると感じれば，職場のリーダーに対する信頼感は増すであろう。

また，リーダーシップ・スタイルがフォロワーのLMXを高めることも明らかになっている。本書の筆者は，日本において，変革型リーダーシップがフォロワーのLMXの質を高めることを明らかにしている[34]。変革型リーダーシップのように，ビジョンを明確に示し，知的刺激を与え，かつフォロワーに対して配慮する行動を行うことは，フォロワーからの尊敬や信頼感を集めることになるのだろう。

これに加えてワンら[35]は，オーセンティック・リーダーシップが，フォロワーのLMXの質を高めることを明らかにしている。オーセンティック・リーダーシップがもつ高い倫理意識が，フォロワーの安心感や信頼感を高めると思われる。

4　LMX理論の例[36]

京都市内で国産牛ステーキ丼専門店の佰食屋(ひゃくしょくや)を運営する（株）minitts（以下，minitts）の代表取締役中村朱美氏は，社員と飲みに行かない。また，年に１回の忘年会以外に全社員が集まることはない。社員は，原則的には残業も休出もすることはなく，全員が18時前には退社する。このようにしているのは，仕事とプライベートを分けた方が良いという中村氏の考え方による面もあるが，社員と必要以上に親しくならない方がよいという考え方が反映されている面もある。

社長と社員の関係が親しくなることは，LMX理論でいえばLMXを高めることにつながる。社長からの親しさをポジティブに受け止めた社員は，その分，社長や会社のためになるような働きをしたいと考えるだろう。

しかし，たとえ規模が小さい会社であっても，社長が全社員と平等に親しくなることはできない。そうなると，社長と比較的親しい社員とそうではない社員に分かれる。LMX理論でいえば，イン・グループとアウト・グループに分かれる。当然，イン・グループの社員のモチベーションは高まるだろう。しかしその分，アウトグループのモチベーションや組織コミットメントは低下する。

社員がイン・グループとアウト・グループに分かれることの弊害は，アウト・グループのモチベーション等の低下だけではない。両グループ間でコンフリクトが生じたり，社員間の協働関係がうまく機能しなくなったり，社内の雰囲気が悪化したりする可能性がある。つまり，社長が社員との関係を深めようとして行ったことが，結果的にはマイナスに作用してしまうことがあるのである。

それであればminittsのように，社員との関係に一定の距離を置き，全社員との関係を均等にするように配慮することも有効であろう。イン・グループの社員のように，“社長のために”特別に頑張る社員は出てこないかもしれないが，アウト・グループの社員のように斜に構えた社員は減るだろうし，社員同士でねたんだりいがみ合ったりすることも少なくなるだろう。

ちなみにminittsでは，アルバイトも含めて，獲得したスキルによってのみ評価される制度を採用している。また，個別の社員の事情に応じて優遇したりせず，配慮した分を賃金に反映させるなど，全社員に対して公平性を強く意識した処遇を行っている。このように，社員自身のプライベートを大事にしたり，すべての社員を公平に処遇したりすることが，全社員のLMXを同等に高める可能性はあるだろう。

5　LMX理論に対する評価

これまでのリーダーシップ研究のほとんどは，リーダーそのものに焦点を当て，リーダーの特性や行動に焦点を当ててきた。コンティンジェンシー・アプローチ研究はフォロワーにも焦点を当てている。しかし，その関心はリーダーの行動であり，リーダーの適切な行動を探るためにフォロワーに焦点を当てているに過ぎない。また，この後紹介するシェアド・リーダーシップは，メンバー全員がリーダーシップを発揮できることを前提としている。しかし，この場合も，その焦点は，各メンバーのリーダーシップにある。

これらの研究に対して，LMX理論は重要な一石を投じたといえよう。LMX理論は，その他の研究が重視しなかったリーダーとフォロワーの関係に焦点を当てているのである。確かにリーダーの行動は，フォロワーに重要な影響を及ぼす。しかし，それと同時に，リーダーとフォロワーがどのような関係であるのかもフォロワーに重要な影響を及ぼす。また，両者の関係は，リーダー自身にも影響を及ぼす。そのような当たり前のことを見逃してきたリーダーシップ研究に対して画期的な視点をもたらす研究であるといえる。

その後，フォロワーのLMXの質に焦点を当てた研究が多くなり，リーダーシップ研究を超えて，組織行動論分野の研究に強いインパクトを与えている。高LMXが及ぼすアウトプットを明らかにしようとする研究や，LMXの質を高める要因を明らかにしようとする研究が，今日でも多く行われているのである。

一方で，LMX理論には，問題点もある。その最大のものは，リーダーとフォロワーの1対1の関係を想定していることである。

1対1の関係を想定するということは，リーダーからみると，各フォロワーとの関係をそれぞれ個別に検討する，ということになる。しかし，これはリーダーにとって，常にできることではない。もちろん，フォロワーによって態度・行動を変えることはあり得るが，余りそれが目立つようになると，フォロワー全体からの信頼を失ってしまうことになる。

また，個別のフォロワーとの関係とフォロワーが集まったグループとしてのフォロワーとの関係は同じではない。個別のフォロワーとの関係の総和が，フォロワー全体との関係というわけではないからである。個別のフォロワーとは良好な関係を築いていたとしても，全体としてまとまると，それまでのような良好な関係が崩れてしまう，などということはよくあることである。

さらに，フォロワー同士の関係がリーダーとフォロワーの関係に影響を及ぼすこともある[37]。リーダーとフォロワーの関係は真空の状態にあるわけではなく，様々な要因の影響を受ける。その中には，他のフォロワーからの影響も含まれる。リーダーとフォロワーの関係が良好であったとしても，フォロワー同士の関係がぎくしゃくすることで，リーダーとの関係までぎくしゃくすることになる，などということもあり得るのである。

このように，個別の1対1の関係にのみ着目しているLMX理論は，リーダーとフォロワー全体の関係について検討する際に有効なフレームワークを提供してくれない。しかし，リーダーシップの有効性を検討する際には，リーダーとフォロワー全体の関係についても考慮する必要がある。この点が，LMX理論が抱える最も大きな限界である。

5 暗黙的リーダーシップ理論研究

これまでの研究では，フォロワーの視点についてほとんど言及がなされていなかった。LMX理論は，リーダーとフォロワーの交換関係に着目しているも

の の，フォロワーの視点にとり立てて注目しているわけではない。

しかし，特定のリーダーシップ・スタイルが実際に効果を発揮するかどうかは，フォロワーがリーダーの資質や行動をどのようにとらえるのかにかかっている。例えば，バスの変革型リーダーシップ理論における4要素，理想化された影響，モチベーション鼓舞，知的刺激，個別配慮に相当する行動をリーダーが実際に行っていたとしても，フォロワーがそのように認知していなければ，その行動はフォロワーに影響力を及ぼさないだろう。誰が見ても4要素にあたる行動をリーダーがとった場合であっても，肝心のフォロワーがそのように認知しなければ全く意味がない。そういう意味で，重要なのは，フォロワーの受け取り方なのである。

このような問題意識から発展してきた研究が，暗黙的リーダーシップ理論に関する研究である。これらの研究は，リーダー行動に対するフォロワーの受け取り方に，フォロワーがもつ暗黙的リーダーシップ理論が重要な影響を及ぼすという前提で検討が進められてきた。

1　暗黙的リーダーシップ理論[38]とは？

暗黙的リーダーシップ理論とは，効果的なリーダーの特徴に関する信念もしくは前提である[39]。人は誰しも，「このようなリーダーは効果的で，このようなリーダーは効果的でない」といった暗黙の信念を持っている。例えば，「決断力がある人はリーダーに向いているが，判断が慎重になる余りすぐに決断できない人は，リーダーに向いていない」などといったものである（図表7-8）。なお，暗黙的リーダーシップ理論は，Implicit Leadership Theoryの訳であり，以下ではILTと表記する。

ILTはリーダーシップ持論に似ているように見える。ILTという学術的な理論が存在するのではなく，誰しもが心の中に持っている「リーダーたるものかくあるべき」という個人的な論のことをいっているのである。

また，ILTは，持論と同様に，その人の個人的な価値観や経験に基づいて生

図表7-8　人によって異なるILT

成される。例えば，学生時代に自分が所属していた野球部が重要な大会で優勝したとしよう。野球部の監督は，感情豊かな人で，自分の感情を全面に出して部員を奮い立てるタイプである。そのような監督を尊敬し，憧れていた人は，そのようなタイプが理想のリーダーと考えるようになるかもしれない。

このように，ILTは，リーダーシップ持論と似ているところがあるものの，誰のリーダーシップについての論なのか，という点において決定的に異なる。リーダーシップ持論は，あくまでも自らのリーダーシップやその有効性についての論である。これに対してILTは，一般論としてのリーダーとしてのあるべき姿に関する論である。自分のことはいったん置いておき，一般的に「リーダーとはかくあるべきだ」という論である。

ILTに関する研究は，人は誰でも理想的なリーダー像を心に持っていることを前提とする。理想的なリーダーのプロトタイプとも言えるものである。ILTには，リーダーの資質や行動が含まれる。例えば，「困難な時にこそ明るく振る舞うのがリーダーとして必要な行動だ」とか「どのフォロワーにも平等に接することがリーダーとして大事だ」などといった行動に関するものもある。一方で，「リーダーは声が大きい人の方がよい」とか「背が高い人の方がリーダーに向いている」などといった資質に関わるものや，「女性はリーダーに向いていない」などといった偏見も含まれる。ILTは，それが正しいかどうかは別にして，心に持っている理想的なリーダー像なのである。

このILTは，実際のリーダーの評価に大きな影響を及ぼす。自らのILTに一致した人については優れたリーダーと評価し，一致度が低いリーダーについては，劣ったリーダーと評価するのである。例えば，「重要な決断をする際には，自ら責任をとる覚悟で強い意志を持って素早く行うのが優れたリーダーのあり方だ」というILTを持っている人にとっては，フォロワーの意見に耳を傾け，職場内外で十分な根回しを行ってから重要な決断をするリーダーは，優柔不断で決断力に欠ける無能なリーダーに見えるだろう。逆に，「フォロワーの気持ちに配慮し，フォロワーの積極的な参加を促すのが優れたリーダーのあり方だ」というILTを持っている人にとって，そのような決断プロセスをとるリーダーは優れたリーダーに見えるだろう。

当然のことながら，リーダーに対するフォロワーの評価は，リーダーシップの効果に影響を及ぼす。優れたリーダーであると認識すれば，そのリーダーの指示には積極的に従おうとするだろうし，リーダーの考え方や目指すべき方向性も受け入れようとするだろう。これに対して，無能なリーダーだと認識すれば，指示に従ったとしても最低限に留まるだろう。また，リーダーの考え方や示す方向性についても，心の底から同意することはないだろう。

このように，リーダーシップが効果を発揮するかどうかは，フォロワー自身が持つILTによって異なる。同じリーダー行動をしたとしても，ILTによってフォロワーのリーダーに対する評価は異なり，それによって影響力の受け入れ方が異なるのである。

2　ILTの研究でわかったこと

ILTを測定する尺度はいくつか開発されている。例えばエピトロパキらは，ILTを，感受性，知性，献身性，活発さ，専横さ，男性らしさの6つの次元に分け，それぞれを測定する尺度を開発している[40]。このように，ILTを測定する尺度が開発されており，それをもとにした研究が盛んに行われている。

研究の中には，どのような要因がフォロワーのILTに影響を及ぼすのかについて検証しているものもみられる。その中でケラーは，外向性や協調性などいったフォロワー自身の性格がILTに影響を及ぼすことを明らかにしている[41]。例えば，協調性が高いフォロワーは，感受性が高いリーダーを理想と考え，外向性が高いフォロワーは，カリスマ性が高いリーダーを理想と考える傾向にある。加えて，ケラーは，親の性格を理想のリーダーの性格に重ね合わせる傾向があることも明らかにしている。また，シェンは，組織文化がILTに影響を及ぼすことも明らかにしている[42]。具体的には，クラン型文化の組織のもとでは，それ以外の文化の組織と比べて，感受性，知性，献身性，活発さといったリーダーの性格がILTとして認識される傾向が強いことを明らかにしている。クラン型文化とは，キャメロンとクィンが4つにタイプ分けした組織文化の1つで，協調性を重視する文化である[43]。そのような組織文化のもとでは，これらの性格がリーダーに必要だと考えられるのだろう。

この他に，フォロワーのILTとリーダーの一致度合いが及ぼす影響について明らかにした研究もみられる。これらの研究によると，両者の一致度合いが高いと，フォロワーのリーダーに対する評価が高くなったり[44]，リーダーを変革型リーダーと認識するようになったりする[45]（図表7-9）。また，両者の一致度が高いリーダーは，そうでないリーダーに比べて能力が高いと思われ[46]，

図表7-9　ILTとの一致度がリーダーの評価を高める

フォロワーから尊敬を集める傾向がある[47]。さらに，両者の一致度合いの高さが，LMXの質を高め，結果的にフォロワーの組織コミットメントや職務満足，幸福感，フォロワー間の人間関係，成果にポジティブな影響を及ぼすことも明らかになっている[48]。このように，フォロワーは，自らのILTがリーダーに一致すると，リーダーを理想のリーダーと考えるようになり，リーダーに対する好意や敬意を高める。その結果，リーダーの指示や考え方，価値観を積極的に受け入れようとするし，また，リーダーと良好な関係を築きたいと考えるようになるのだろう。

3　ILTの例[49]

アクロクエストテクノロジー株式会社（以下，アクロクエストテクノロジー）では，社内の制度やルールを社員全員の合意によって決定している。経営環境が急激に変化する中で，会社も機敏に変化していく必要がある。そのような際には，社内の制度やルールをトップダウンによって迅速に変化させていくことが必要になる。それにもかかわらずアクロクエストテクノロジーでは，トップダウンはおろか多数決もとらない。

様々な社内の制度は，MA（Meeting of All staff）と呼ばれる月例会議によって全員による合意によって決定される。これまでMAによって，全社完全禁煙やリフレッシュ休暇制度といった社内の制度から海外支社戦略といった経営戦略に関わることまで決まってきた。社員数が100人に満たない会社だからこそできることではある。しかし，そうはいっても，効率がよいやり方とは言えない。

それにもかかわらずアクロクエストテクノロジーが全員による合意にこだわるのは，全社員に参加意識をもたせることで，社員の意識やモチベーションを高めたり，決定後にスムーズな実行を促したりすることを重視しているからである。実際にMAに参加した若手社員の中には，自分の意見に対して，社長やベテラン社員が真剣に耳を傾けてくれることに感激してやりがいを感じる人もいるだろう。

ただし，社員がこのような考え方に共感し働きがいを感じるかどうかは，社員がもつILTによって異なると思われる。「フォロワーの参画意識を促し，フォロワーのやりがいを感じさせることがリーダーの最も重要な役割だ」といったILTをもっている人にとっては，この会社のトップのリーダーシップを適切なリーダーシップと感じ，高いアウトプットを出そうと真剣に仕事に取り組むだろう。しかし，「曖昧で不確実性が高い現代においては，リーダーは自らリスクをとって果敢に決定するべきだ」というILTをもっている人にとっては，このようなやり方をとるトップのリーダーシップは，頼りなかったり，優柔不断に感じたりするかもしれない。

アクロクエストテクノロジーのように「働きがいのある会社」ランキングで複数回にわたって1位を獲得するようなマネジメントを行っている会社であっても[50]，本人のILTがそこで発揮されているリーダーシップと異なれば，ネガティブにとらえられる可能性があるのである。ILTの考え方からすれば，重要なのはどのようなリーダーシップをとるか，ということではなく，フォロワーのILTと整合性のあるリーダーシップを発揮することができるかどうか，ということになるのだろう。

4 ILT研究に対する評価

繰り返しになるが，ILTの視点は画期的である。それまでの研究の多くは，リーダーの資質や行動に焦点を当てていた。リーダーシップの有効性がリーダーの資質や行動によって決まることを想定していたのである。これに対してILT研究は，フォロワーのILTに焦点を当て，リーダーシップの有効性がフォロワーのILTとの一致度によって決まることを想定している。リーダーシップ現象に対して，これまでのリーダーシップ研究と全く異なる視点をILT研究は提供しているのである。

このような視点から現象をとらえることで，同じリーダーシップ・スタイルであっても，フォロワーによって効果が異なるという実態を適切に説明することができる。もちろん，これまでの研究においても，フォロワーによって有効なリーダーシップが異なることは指摘されてきた。しかし，ILT研究は，フォロワーによって効果が異なる原因をILTの一致度で説明することができる。このため，効果が発揮できない場合，フォロワーのILTを考慮した改善策を検討することができる。

また，ILT研究の視点により，既存のリーダーシップ研究結果の不整合を説明することができる。例えば，先述したとおり，バスの変革型リーダーシップは，多くの国・地域において有効性が確認されているもの，最近では，その有効性の限界を主張する研究も増えている。もし，変革型リーダーシップが，国や組織文化によってその有効性が異なるとしたら，それはILTによって説明することが可能である。国や地域によって理想とするリーダー像は異なる。また，同じ国・地域であっても，組織の文化によって異なるかもしれない。つまり，国・地域や組織の文化によってILTが異なるのである。変革型リーダーシップとILTの重なりが多い国や組織では変革型リーダーシップは有効に機能するかもしれない。しかし，大半のフォロワーのILTと大きく異なる場合は，たとえ変革型リーダーシップでも有効性は限られる。実際に，GLOBE研究では，様々な国や地域のILTを調べており，国や地域によってILTが異なることを明らかにしている。

さらに，ILT研究の視点は，これまでのリーダーシップ研究の調査方法に疑念を投げかける。通常，リーダーシップ研究においてリーダーシップ・スタイルを測定する場合，フォロワーによる質問紙調査（アンケート調査）によって行う。具体的には，リーダーシップ・スタイルに関する質問項目を複数項目設定し，それぞれについて実際のリーダーの当該項目への当てはまり度合いを5点もしくは7点尺度で問うことが多い。しかし，フォロワーのILTが当該リーダーのリーダーシップ・スタイルと一致度が高い場合，必要以上にリーダーに対して好意的に回答したり，逆に一致度が低い場合は，必要以上に悪く回答したりする可能性がある。つまり，フォロワーのILTが調査結果にバイアスをもたらす可能性があるのである。今後のリーダーシップ研究では，このようなバイアスをいかに除くかが重要な課題になるだろう。

このように，ILT研究は，リーダーシップ研究に新しい視点を提供するという意味で重要な貢献をなしているものの，いくつかの課題も抱えている。具体的には，フォロワー全体への対応，ILTの部分一致のとらえ方，リーダーとフォロワーの動態的視点の必要性が主たる課題であるといえよう。

ILT研究は，リーダーとしてフォロワー全体にどのように対応するか，という点に重要な示唆を与えてくれない。ILTは，フォロワーによって異なる。確かに，国や組織文化によって特徴的なILTはあるだろう。米国と中国と日本を比較してみれば，それぞれの国に特徴的なILTはあるかもしれない。しかし，それはあくまでも特徴的である，というだけであって，たとえ同じ国，同じ組織であっても，個々のフォロワーのILTは異なるはずである。つまり，リーダーの目の前にいるフォロワーは，それぞれ異なるILTを持っているのである。あるフォロワーのILTに合わせたリーダーシップを発揮したら，別のフォロワーのILTに合わない，ということも出てくる。現実的には，その職場に特徴的なILTを意識してリーダーシップを発揮することになるのであろう。しかし，それが必ずしも個々のフォロワーに合うとは限らない。LMX理論と同様に，ILT研究は，個々のフォロワーとの関係では有益な示唆をもたらすが，フォロワー全体への対応という点では示唆が弱いのである。

また，ILTの部分的一致をどのようにとらえるかについても課題である。フォロワーのILTは，1つの要因だけで構成されているわけではない。例えば，ILTとして決断力を重視しているフォロワーがいたとしよう。しかし，そのフォロワーは，リーダーの理想像として「決断力だけあれば良い」と考えているわけではないだろう。決断力は重要であるが，行動力や責任感，先を見通す洞察力も同様に大事と考えるかもしれない。その際に，当該フォロワーは，決断力はあるが行動力がないリーダーに対してどのように反応するのだろうか？決断力も行動力も洞察力もあるが責任感だけ少し欠けているリーダーにはどのように反応するだろうか？　通常，ILTにはいくつかの要因があり，その要因間で重視している度合いも異なる。そもそも，フォロワーのILTに含まれる要因をすべて備えているリーダーに巡り会うことは滅多にないだろう。だとすれば，ILTがリーダーと一致したとしても，多くの場合は部分一致であろう。部分一致の場合，フォロワーがどのように反応するのかについて，いくつかの研究は始まっているものの[51]，本格的な解明は今後の課題となろう。

さらに，リーダーとフォロワーのILTの関係を動態的に捉えている研究が少ないという点が課題になる。リーダーがどのようなリーダーシップ・スタイルをとるかは，フォロワーのILTによって変わってくる。効果的なリーダーシップを発揮しようとしたら，フォロワーのILTに合わせようとするからである。一方で，フォロワーのILTもリーダーによって変化する。それほど理想でないと考えていたリーダーシップが，フォロワーを奮い立たせたり，結果的に成果向上につながったりするのを目の当たりにすれば，従来のILTを変化させることはあり得る。つまり，リーダーのリーダーシップもフォロワーのILTも，相互のやりとりによって変化していく可能性があるのである。動態的な研究が足りていないのはILT研究に限らずすべてのリーダーシップ研究にいえることである。しかし，とりわけILT研究では，動態的な変化を明らかにする研究に対する必要性が高いといえよう。

このように，いくつかの課題は抱えているものの，ILT研究がリーダーシップ研究に新しい視点をもたらした貢献は大きい。このため，現在でも，多くの研究が行われている。また，ILTは，暗黙のフォロワーシップ理論へと新しい展開も見せている。確かに，リーダーシップに対する反応は，フォロワー自身が持つフォロワーの理想像も影響するだろう。このように，ILTの研究は日々進化しており，これらの課題もいずれ解決される可能性は高いと思われる。

6　シェアド・リーダーシップ研究[52]

これまでのリーダーシップ研究は，チームや職場に一人のリーダーがいることを前提としていた。その前提のもと，当該リーダーのリーダーシップやリーダーとフォロワーの関係に焦点を当てて研究を行っているのである。研究上は，マネージャーとリーダーは明確に区別されている。このため，リーダーとマネージャーが同一であるとは限らない。にもかかわらず，多くの研究の想定しているリーダーは，職場のマネージャーか，そうでなくてもプロジェクト・リーダーなど公式的にリーダーのポジションに就いている人であり，フォロワーは部下や後輩である。

しかし，リーダーシップの定義に立ち返れば，職場やチームに複数のリーダーがいることはあり得る。リーダーシップとは，“職場やチームの目標を達成するために他のメンバーに及ぼす影響力”である。そのように考えると，若手社員による新商品のプロモーション方法についての提案であっても，また，新入社員による新規顧客に関する情報提供も，目標達成に向けたものであれば立派なリーダーシップである。

シェアド・リーダーシップ研究は，公式の役職や役割と関係なく，職場やチームの誰もがリーダーシップを発揮することができる，という前提に立っている。リーダーシップを影響力ととらえれば，公式のリーダー的ポジションに就いていない若手社員や新入社員でさえも，時と場合によってはリーダーシップを発揮できる。メンバーによって性格や能力，保持している情報が異なるので，それぞれが必要に応じてリーダーシップを発揮した方が職場やチームとしての仕事能力は高まり，結果的に成果も高まる可能性がある。実際の職場に目を向けてみると，マネージャーだけが一方的にリーダーシップを発揮している職場もあれば，立場に関係なく必要な時に必要なリーダーシップを発揮しあっている職場もある。後者の職場の方が活気もあるし，メンバーの満足度も高いように見える。そのような現象をとらえようとしたのがシェアド・リーダーシップ研究である。

1　シェアド・リーダーシップとは？

シェアド・リーダーシップとは，職場やチームのメンバーが必要な時に必要なリーダーシップを発揮し，誰かがリーダーシップを発揮している時には，他のメンバーはフォロワーシップに徹するような職場やチームの状態である。各メンバーが必要に応じて平等にリーダーシップを発揮している状態は，シェアド・リーダーシップのレベルが高い状態である。逆に，誰か１人にリーダーシップが集中している状態は，シェアド・リーダーシップのレベルが低い状態である。

シェアド・リーダーシップの状態には３つの特徴がある。全員によるリーダーシップ，全員によるフォロワーシップ，そして流動的なリーダーとフォロワーである。

シェアド・リーダーシップの１つ目の特徴は，なんといっても全員がリーダーシップを発揮していることである。もう少し具体的にいうと，職場やチームのメンバーのそれぞれが，公式的な役職や役割と関係なく，必要な時に必要なリーダーシップを発揮している状態である。わかりやすく図で示したものが図表7-9である。図では，Ａが管理職で，Ｂ～Ｅはその部下を表している。また，矢印はリーダーシップの方向を表している。図中のタイプⅠは，１人のリーダーが一方向的にリーダーシップを発揮している状態を示している。さしずめ，管理職が部下に対して一方向的に指示だけを出し，部下からの意見には耳を傾けないような職場であろう。一方のタイプⅡでは，リーダーシップの方

図表7-9　リーダーシップの２つのタイプ

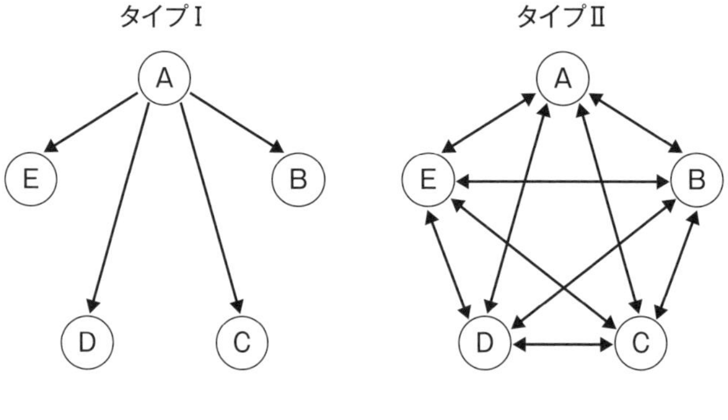

向性が双方向である。上司からリーダーシップが発揮されることもあれば，部下からリーダーシップが発揮されることもある。また，部下同士の間にも双方向の矢印が示されている。つまり，部下の間でも双方向のリーダーシップが発揮されている状態である。タイプⅡのように，職場の全員がリーダーシップを発揮している状態がシェアド・リーダーシップの重要な特徴の１つである。

シェアド・リーダーシップの２つ目の特徴は，誰かがリーダーシップを発揮しており，それが適切だと感じた時には，他のメンバーはフォロワーシップに徹する，という点である。シェアド・リーダーシップに限らず，あらゆるリーダーシップは，フォロワーに受け入れられて初めて効果が生まれる。どのようなすばらしい発言や行動であっても，フォロワーに受け入れられなければ，それは，単なる自己満足に過ぎない。シェアド・リーダーシップも同様である。シェアド・リーダーシップとは，それぞれのメンバーが，他のメンバーを無視して，思い思いに勝手に行動している状態ではない。そうではなく，誰かがリーダーシップを発揮しようとしている時，他のメンバーがフォロワーシップを発揮して支えている状態である。たとえ，上司であっても，部下が適切なリーダーシップを発揮していると判断される場合は，フォロワーシップに徹しているような状態がシェアド・リーダーシップである。

シェアド・リーダーシップの３つ目の特徴が，リーダーとフォロワーの流動性である。誰もがリーダーシップを発揮し，誰もがフォロワーシップに徹するということは，必然的にリーダーとフォロワーが固定していないことになる。リーダーシップは，その場で最も効果的な影響力を発揮できる人が発揮をし，その人がリーダーシップを発揮している時には，他のメンバーはフォロワーシップに徹する。場面が変わり，別の人がもっている能力や情報が役に立つようになれば，その人が代わってリーダーシップを発揮する。その際には，前にリーダーシップを発揮していた人も含めて，他のメンバーはフォロワーになる。このような入れ替わりが行われている状態がシェアド・リーダーシップである。**図表7-10**は，リーダーシップとフォロワーシップが入れ替わる様子を示したものである。状態Ｘでは，Ａが最も適切な能力・情報を持っているため，Ａが

図表7-10　リーダーシップとフォロワーシップの流動性

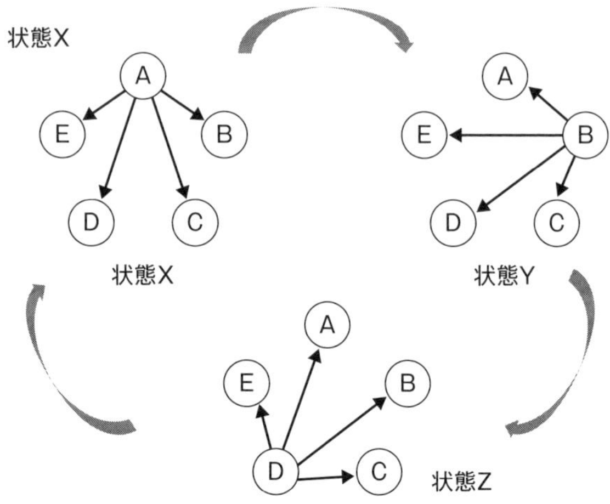

リーダーシップを発揮し，B～Eはフォロワーシップに徹している。しかし，状態Xが状態Yに変わることで，Bの方が適切な能力・情報を有することになった。その場合は，Bがリーダーシップを発揮し，Aも含めて他のメンバーはフォロワーシップに徹するのである。この後も，状態Yが状態Zに変わり，Bのリーダーシップが有効に機能しなくなったら，リーダーシップもフォロワーシップも交替することになる。このように，状況に応じて次々とリーダーとフォロワーが変化することもシェアド・リーダーシップの特徴なのである。

2　シェアド・リーダーシップが注目されるようになった理由

シェアド・リーダーシップに注目が集まるようになった最大の理由は，1人のリーダーシップだけでは，職場やチームの成果を上げることに限界が生じるようになってきたことにある。いかに優れたリーダーであっても，その能力には限界がある。このため，より優れた成果を収めるためには，リーダーだけでなく，他のメンバーの情報や能力・性格上の強みもフルに使う必要がある。そのためには，すべてのメンバーが適切にリーダーシップを発揮することが求められるのである。

特に，近年になって１人のリーダーシップに限界が指摘されるようになったのは，企業を取り巻く経営環境の曖昧さや不確実性が高まったからであろう。競争環境は激しさを増し，技術進化も加速化している。グローバル化への対応も必要であり，なおかつ顧客ニーズは多様化し，かつ移ろいやすい。このような経営環境下では，これまでの成功体験が通用しないため，常に新しい道を探る必要がある。しかし，いくら優れたリーダーであっても，１人ですべての道を提示することはできない。このため，職場やチームのメンバーの全員が情報や知識を集め，知恵を振り絞り，試行錯誤しながら新しい道を探ることの重要性が高まっているのである。

実際の職場やチームに目を向けると，多かれ少なかれ，どこでもシェアド・リーダーシップの状態になっていると思われる。公式的なリーダーでないメンバーが，職場の業績向上に有益な提案をすることもあるだろうし，また，後輩の面倒を見ることもある。入社したての新入社員でさえ，自ら進んで先輩の手助けをしたり，新しい情報を提供したりすることはあるだろう。逆に，上司が部下に対して一方的に指示・命令を行い，部下はそれに従っているだけといった一方向のリーダーシップだけに依存している職場は，むしろ少数派なのではないだろうか。もちろんレベルの差はあるだろう。上司のリーダーシップが相対的に強い職場もあれば，上司以外のメンバーが自由闊達に影響力を及ぼし合うことができる職場もあるだろう。しかし，程度の差こそあれ，どの職場もシェアド・リーダーシップを実践していると思われる。

このような背景から，近年，シェアド・リーダーシップ研究が急速に増えている。これまでも，複数のリーダーシップの重要性を主張する研究はいくつかみられた[53]。しかし，それらは必ずしも全員のリーダーシップを主張するものでもないし，また，そのモデルを提示するだけでその効果の検証も行っていなかった。しかし，近年の研究は全員のリーダーシップに焦点を当て，それを促す要因やその結果などについて様々な検証を行っているのである。

3　シェアド・リーダーシップに関する研究

先述したとおり，シェアド・リーダーシップ研究は本格的に始まって日は浅いものの，最近になって多くの研究が行われるようになってきた。これらの研究は大きく分けて，シェアド・リーダーシップの結果を明らかにする研究と，シェアド・リーダーシップの規定要因，すなわちシェアド・リーダーシップのレベルに影響を及ぼす要因を明らかにする研究の２つに分かれる。

シェアド・リーダーシップの結果については，多くの研究がポジティブなアウトプットが生み出されることを明らかにしている。職場のシェアド・リーダーシップのレベルが高くなればなるほど，好ましい結果が生み出されるのである。具体的には，シェアド・リーダーシップはチームの創造性[54]や学習行動[55]，凝集性・連帯感[56]，主体的行動[57]，心理的エンパワーメント[58]，職務満足[59]などを促進することが明らかになっている。また，それまでの多くの研究をまとめて分析するメタ分析によると，シェアド・リーダーシップはチームの業績にもプラスの影響を及ぼす[60]。これに加えて，上司単独によるリーダーシップとシェアド・リーダーシップを比較した上で，両者では，その効果が異なることを指摘した研究[61]や，シェアド・リーダーシップの方が業績を促進する効果が強いことを指摘した研究[62]もみられる。

一方で，シェアド・リーダーシップの規定要因については，余り解明が進んでいない。現段階では，心理的エンパワーメントの知覚と公平な報酬の知覚[63]に加えて職能的多様性[64]がシェアド・リーダーシップを高めることが明らかになっている。これに対して，性別・人種の多様性がシェアド・リーダーシップのレベルを低下させることも明らかになっている[65]。これに加えてメタ分析によって，目的の共有化，社会的サポート，チーム内での発言，チームの成熟度がシェアド・リーダーシップにプラスの影響を及ぼし，チームの大きさがマイナスの影響を及ぼすことが明らかになっている[66]。

4 シェアド・リーダーシップの例[67]

熊本県の人気のご当地キャラクターであるくまモンのプロモーション活動は，シェアド・リーダーシップが機能した典型的な例の１つと考えられる。くまモンのデザインやキャンペーンのアドバイスはプロが行ったが，実質的なプロモーションを担当し，くまモンを全国区にまで押し上げたのは，熊本県くまもとブランド推進課の職員たちである。

職員による戦略は，地元密着戦略と関西戦略の両面である。地元熊本では，保育園や幼稚園を訪問して子供のファンを増やしたり，地元の百貨店とコラボしたりすることで知名度の向上を図った。一方，九州新幹線の開業に合わせたプロモーションであったため，関西地方への働きかけも行った。具外的には，「くまモンを探せ大作戦！」と名づけたSNSを用いたプロモーション活動を行ったり，吉本の新喜劇に登場させたりすることで，知名度を向上させていった。また，ある程度知名度が向上してくると，くまモンの使用料を無料にした。県がブランドの向上につながると判断すれば，無料で使えるのである。これによって，さらに知名度が向上した。

重要なのは，これらのプロモーション戦略を，マーケティングについては素人であるブランド推進課の職員たちが考案・実行した点である。どの職員も，本格的なマーケティング活動を行った経験もなく，マーケティングの専門的な知識もほとんどなかった。また，今でこそご当地キャラクターのプロモーション活動は全国で行われているが，当時はほとんど先例がなかった。このため，誰も，どのようにすればくまモンが全国区になるか，その道筋が全くわからない中での活動であった。

このような状況であったため，職員たちは，皆が手分けをして情報を探索し，皆が知恵を出し合って，様々な人からアドバイスを受けながらプロモーション戦略を進化させていった。始めから決められたプロモーション戦略があったわけではなく，職員同士のやりとりの中で進化させていったのである。もちろん公式なリーダー的立場の課長はいた。しかし，その課長でも正解がわかっていたわけではない。課長も含めて職員全員が様々な情報を持ち寄り，知恵を出し合い，試行錯誤を重ねながら，いわゆる“ワイガヤ”によってプロモーション戦略を練っていったのである。すなわち，全員が自分なりのリーダーシップを発揮していったのである。

また，その活動を後押ししたのが，県知事の蒲島郁夫氏である。同氏は，「皿を割れ」という言葉で後押ししていた。「皿を割れ」という言葉には，「皿を割ることを怖がっていては皿洗いは上達しない。皿を割ることを恐れずにどんどんやりなさい。失敗したときの責任は私がとる」という意味が込められている。そのような後押しがあったからこそ，職員たちは職位の上下にかかわらず，それぞれがリーダーシップを発揮し合いながらプロモーション活動を実施することができたのかもしれない。

逆に，もし，県知事や課長が，一方向的なリーダーシップを発揮していたとしたら，くまモンが，ここまで時代にマッチした全国の人に愛されるキャラクターには成長しなかっただろう。なぜなら，県知事や課長でさえも，全国区で愛されるキャラクターのプロモーション活動を成功させる方法を知っているわけではなかったからである。正解を知らない人による一方向的なリーダーシップに従うことほど危険なことは無い。このようなときは，全員の英知を結集し，試行錯誤を繰り返しながら，集団で学習していくしかない。その時には，誰か一人のリーダーシップに依存するのではなく，全員が必要に応じて必要なリーダーシップを発揮することが求められる。つまり，シェアド・リーダーシップが求められるのである。

5　シェアド・リーダーシップ研究の評価

シェアド・リーダーシップ研究の最も大きな貢献は，職場全員のリーダーシップに着目するという，これまでのリーダーシップ研究にない新しい視点を提供したことにあろう。これまでの研究の多くは，暗黙的に，職場にリーダーが一人だけいることを想定してきた。その上で，当該リーダーのリーダーシップ・スタイルやフォロワーの関係を検討してきたのである。しかし，今日のように経営環境の曖昧さ・不確実性が高くなると，１人のリーダーが及ぼす影響力だけでは，経営環境に効果的に対応し，優れた成果を出すことが難しくなる。加えて実際の職場では，ずっと前から，公式のリーダー以外のメンバーが必要に応じてリーダーシップを発揮するようなことは当たり前のように行われていた。このような現実を的確に捉える視点を，シェアド・リーダーシップ研究は提供しているのである。

また，シェアド・リーダーシップ研究は，メンバー全員がリーダーシップを発揮することがポジティブなアウトプットにつながることを実証している。もちろん，必ずしもすべての状況においてシェアド・リーダーシップが効果的というわけではない。しかし，前述したとおり，シェアド・リーダーシップが創造性や業績を促進することが明らかになっている。このため，多くのリーダーシップ研究者に着目されるようになり，近年多くの研究が行われるようになってきている。また，実際の組織でも，徐々に，シェアド・リーダーシップの考え方が浸透しつつある。

一方で，シェアド・リーダーシップ研究がいくつかの課題を抱えていることも事実である。具体的には，マネジメントとの関係，リーダーシップ・スタイル，測定方法について課題が残っている。

第１の課題は，マネジメントとの関係が不明確であることである。シェアド・リーダーシップが職場の成果に効果的であることについては，多くの研究が検証している。しかし，実際に，どのようなマネジメントがシェアド・リーダーシップを促進したり阻害したりするのか，という点についてはほとんど研究が行われていない。このため，シェアド・リーダーシップが有効だったとしても，具体的にどのようなマネジメントを行えばシェアド・リーダーシップになるのかがわからない。職務配置や職務評価，賃金制度や昇進・昇格制度などといった人材マネジメントとシェアド・リーダーシップがどのような関係にあるのかがわからなければ，実際の組織において，シェアド・リーダーシップを促進しようがないのである。

第２の課題は，リーダーシップ・スタイルが不明確な点である。ほとんどのシェアド・リーダーシップ研究は，各メンバーが発揮するリーダーシップ・スタイルにまでは言及していない。しかし，全員がリーダーシップを発揮するとしても，それぞれ発揮するリーダーシップ・スタイルは異なるはずである。全員が発揮するのが大事だとしても，どのようなリーダーシップ・スタイルでもよい，というわけではないだろう。発揮するとすれば，どのようなスタイルが適切なのかについても明らかにする必要がある。加えて，組み合わせも考える必要があるかもしれない。全員が同じリーダーシップ・スタイルでよいのか，それとも多様性があった方がよいのか，適切な組み合わせがあるとしたらどのような組み合わせなのか，という点についても解明が必要となろう。

最後に，シェアド・リーダーシップの測定方法について，研究者間でコンセンサスが得られていない点が課題である。シェアド・リーダーシップのレベルを測定する方法は，大きく２つに分かれる。合計アプローチ[68]とネットワーク・アプローチである。合計アプローチは，それぞれのメンバーの特定のリーダーシップの発揮度合いを合計して，その合計数の大きさによってシェアド・リーダーシップのレベルを測定する。一方のネットワーク・アプローチは，メンバー間の影響力をネットワークに見立て，ネットワークの密度[69]もしくは中心性[70]を測定する。しかし，測定方法が異なると，シェアド・リーダーシップの効果測定にも違いが出てくることが指摘されている[71]。これらの方法は，いずれもシェアド・リーダーシップのいくつかある側面の１つを測定しているため，このような違いが出てくるのであろう。今後は，シェアド・リーダーシップという概念全体を測定することができる測定方法を検討する必要がある。

㊟

1　代表的な著作の１つがGreenleaf, R. K. 1977. *Servant Leadership: A Journey into the Nature of Legitimate Power and Greatness*. New York, NY: Paulist Press.（金井壽宏監訳，金井真弓訳，サーバントリーダーシップ：英治出版）である。

2　Spears, L. C. 2002. Tracing the past, present, and future of servant-leadership. In L. C.

Spears, & M. Lawrence (Eds.), *Focus on Leadership: Servant-leadership for the Twenty-first Century*: 1-16. New York, NY: John Wiley & Sons.

3 ここでの記述は，Liden, R. C., Wayne, S. J., Zhao, H., & Henderson, D. 2008. Servant leadership: Development of a multidimensional measure and multi-level assessment. *The Leadership Quarterly*, 19(2): 161-177.およびLiden, R. C., Panaccio, A., Hu, J., & Meuser, J. D. 2014. Servant leadership: Antecedents, consequences, and contextual moderators. In D. V. Day (Ed.), *The Oxford Handbook of Leadership and Organizations*. Oxford, UK: Oxford University Press.を元にしている。

4 この事例は，NHK「プロジェクトX」制作班編，2000。プロジェクトX 挑戦者たち1 執念の逆転劇：NHK出版およびNHK制作DVD『プロジェクトX挑戦者たち 第2巻 窓際族が世界規格を作った～VHS・執念の逆転劇～』を元に作成している。

5 Liden, R. C., Wayne, S. J., Zhao, H., & Henderson, D. 2008. Servant leadership: Development of a multidimensional measure and multi-level assessment. *The Leadership Quarterly*, 19(2): 161-177.やSendjaya, S., Sarros, J. C., & Santora, J. C. 2008. Defining and measuring servant leadership behaviour in organizations. *Journal of Management Studies*, 45(2): 402-424.など。

6 例えば，Hoch, J. E., Bommer, W. H., Dulebohn, J. H., & Wu, D. 2018. Do ethical, authentic, and servant leadership explain variance above and beyond transformational leadership? a meta-analysis. *Journal of Management*, 44(2): 501-529.やLiden, R. C., Wayne, S. J., Chenwei, L., & Meuser, J. D. 2014. Servant leadership and serving culture: Influence on individual and unit performance. *Academy of Management Journal*, 57(5): 1434-1452., Liden, R. C., Panaccio, A., Hu, J., & Meuser, J. D. 2014. Servant leadership: Antecedents, consequences, and contextual moderators. In D. V. Day (Ed.), *The Oxford Handbook of Leadership and Organizations*. Oxford, UK: Oxford University Press., Pekerti, A. A., & Sendjaya, S. 2010. Exploring servant leadership across cultures: Comparative study in Australia and Indonesia. *International Journal of Human Resource Management*, 21(5): 754-780., van Dierendonck, D., Stam, D., Boersma, P., de Windt, N., & Alkema, J. 2014. Same difference? Exploring the differential mechanisms linking servant leadership and transformational leadership to follower outcomes. *The Leadership Quarterly*, 25(3): 544-562., Walumbwa, F. O., Hartnell, C. A., & Oke, A. 2010. Servant leadership, procedural justice climate, service climate, employee attitudes, and organizational citizenship behavior: A cross-level investigation. *Journal of Applied Psychology*, 95(3): 517-529., Yoshida, D. T., Sendjaya, S., Hirst, G., & Cooper, B. 2014. Does servant leadership foster creativity and innovation? A multi-level mediation study of identification and prototypicality. *Journal of Business Research*, 67(7): 1395-1404.など。

7　例えば池田守男・金井壽宏，2007。サーバント・リーダーシップ入門：かんき出版や真田茂人，2012。サーバント・リーダーシップ実践講座：奉仕するリーダーが成果を上げる！：中央経済社など。

8　George, B. 2003. *Authentic Leadership: Rediscovering the Secrets to Creating Lasting Value*. San Francisco, CA, John Wiley & Sons.やGeorge, B. 2010. *True North: Discover Your Authentic Leadership*. San Francisco, CA: John Wiley & Sons.など。

9　Luthans, F., & Avolio, B. J. 2003. Authentic leadership: A positive developmental approach. In K. S. Cameron, J. E. Dutton, & R. E. Quinn (Eds.), *Positive Organizational Scholarship*. San Francisco, CA: Barrett-Koehler.

10　Walumbwa, F. O., Avolio, B. J., Gardner, W. L., Wernsing, T. S., & Peterson, S. J. 2008. Authentic leadership: Development and validation of a theory-based measure. *Journal of Management*, 34(1): 89-126.

11　ガンジーに関する記述は，竹中千春，2018。ガンディー平和を紡ぐ人：岩波書店を参考にしている。

12　例えば，Luthans, F., & Avolio, B. J. 2003. Authentic leadership: A positive developmental approach. In K. S. Cameron, J. E. Dutton, & R. E. Quinn (Eds.), *Positive Organizational Scholarship*. San Francisco, CA: Barrett-Koehler.は，心理的資本（自己効力感，楽観的，希望，快活さに特徴付けられたポジティブな心理状態）がオーセンティック・リーダーシップに影響を及ぼすことを指摘している。心理的資本は，訓練や経験によって高められるため，オーセンティック・リーダーシップも，育成することが可能である。実際に，オーセンティック・リーダーシップを育成するためのプログラムも開発されている。

13　*Ibid.*

14　Neider, L. L., & Schriesheim, C. A. 2011. The authentic leadership inventory (ALI): Development and empirical tests. *The Leadership Quarterly*, 22(6): 1146-1164.

15　Cianci, A. M., Hannah, S. T., Roberts, R. P., & Tsakumis, G. T. 2014. The effects of authentic leadership on followers' ethical decision-making in the face of temptation: An experimental study. *The Leadership Quarterly*, 25(3): 581-594.やGardner, W. L., Avolio, B. J., Luthans, F., May, D. R., & Walumbwa, F. 2005. "Can you see the real me?" A self-based model of authentic leader and follower development. *The Leadership Quarterly*, 16(3): 343-372.，Gill, C., & Caza, A. 2018. An investigation of authentic leadership's individual and group influences on follower responses. *Journal of Management*, 44(2): 530-554.，Leroy, H., Anseel, F., Gardner, W. L., & Sels, L. 2015. Authentic leadership, authentic followership, basic need satisfaction, and work role performance. *Journal of Management*, 41(6): 1677-1697.，Men, L. R., & Stacks, D. 2014. The effects of authentic leadership on strategic internal communication and employee-organization relationships. *Journal of*

Public Relations Research, 26(4): 301-324., Peterson, S. J., Walumbwa, F. O., Avolio, B. J., & Hannah, S. T. 2012. The relationship between authentic leadership and follower job performance: The mediating role of follower positivity in extreme contexts. *The Leadership Quarterly*, 23(3): 502-516., Peus, C., Wesche, J., Streicher, B., Braun, S., & Frey, D. 2012. Authentic leadership: An empirical test of its antecedents, consequences, and mediating mechanisms. *Journal of Business Ethics*, 107(3): 331-348., Rego, A., Sousa, F., Marques, C., & Cunha, M. P. E. 2012. Authentic leadership promoting employees' psychological capital and creativity. *Journal of Business Research*, 65(3): 429-437., Wang, H., Sui, Y., Luthans, F., Wang, D., & Wu, Y. 2014. Impact of authentic leadership on performance: Role of followers' positive psychological capital and relational processes. *Journal of Organizational Behavior*, 35(1): 5-21.など。

16 Farh, J. L., & Cheng, B. S. 2000. A cultural analysis of paternalistic leadership in Chinese organizations. In J. T. Li, A. S. Tsui, & E. Weldon (Eds.), *Management and Organizations in the Chinese Context*: 84-127. London: Macmillan.

17 Weber, M. 1947. *Max Weber: The Theory of Social and Economic Organization* (Trans. A.M. Henderson, & Talcott Parsons.). New York, NY: Oxford University Press.

18 *Ibid.*

19 これ以降の中内㓛氏に関する記述は，佐野眞一，2001。カリスマ　中内㓛とダイエーの「戦後」上・下：新潮文庫と恩地祥光，2013。昭和のカリスマと呼ばれた男　中内㓛のかばん持ち：プレジデント社を元にしている。

20 恩地祥光，2013。昭和のカリスマと呼ばれた男　中内㓛のかばん持ち：プレジデント社，p.28。

21 Dorfman, P. W., & Howell, J. P. 1988. Dimensions of national culture and effective leadership patterns: Hofstede revisited. In E. G. McGoun (Ed.), *Advances in International Comparative Management*, Vol. 3: 127-149. Greenwich, CT: JAI.など。

22 Martinez, P. G. 2005. Paternalism as a positive form of leadership in the Latin American context: Leader benevolence, decision-making control and human resource management practices. In M. Elvira, & A. Davila (Eds.), *Managing Human Resources in Latin America: An Agenda for International Leaders*: 75-93. Oxford, UK: Routledge.やMorris, T., & Pavett, C. M. 1992. Management style and productivity in two cultures. *Journal of International Business Studies*, 23(1): 169-179.など。

23 Pellegrini, E. K., & Scandura, T. A. 2006. Leader-member exchange (LMX), paternalism, and delegation in the Turkish business culture: An empirical investigation. *Journal of International Business Studies*, 37(2): 264-279.など。

24 Uhl-Bien, M., Tierney, P. S., Graen, G. B., & Wakabayashi, M. 1990. Company paternal-

ism and the hidden-investment process. *Group & Organization Studies*, 15(4): 414–430.

25 例えば，Bedi, A. 2020. A meta-analytic review of paternalistic leadership. *Applied Psychology: An International Review*, 69(3): 960-1008.やChen, X.-P., Eberly, M. B., Chiang, T.-J., Farh, J.-L., & Cheng, B.-S. 2014. Affective trust in Chinese leaders: Linking paternalistic leadership to employee performance. *Journal of Management*, 40(3): 796–819., Chen, Y., Zhou, X., & Klyver, K. 2019. Collective efficacy: Linking paternalistic leadership to organizational commitment. *Journal of Business Ethics*, 159(2): 587–603., Erben, G. S., & Güneşer, A. B. 2008. The relationship between paternalistic leadership and organizational commitment: Investigating the role of climate regarding ethics. *Journal of Business Ethics*, 82(4): 955–968., Huei-Jeng, C. 2012. Effects of paternalistic leadership on job satisfaction - Regulatory focus as the mediator. *International Journal of Organizational Innovation*, 4(4): 62–85., Ötken, A., & Cenkci, T. 2012. The impact of paternalistic leadership on ethical climate: The moderating role of trust in leader. *Journal of Business Ethics*, 108(4): 525–536.など。

26 Bedi, A. 2020. A meta-analytic review of paternalistic leadership. *Applied Psychology: An International Review*, 69(3): 960-1008.やWang, A.-C., Tsai, C.-Y., Dionne, S. D., Yammarino, F. J., Spain, S. M., Ling, H.-C., Huang, M.-P., Chou, L.-F., & Cheng, B.-S. 2018. Benevolence-dominant, authoritarianism-dominant, and classical paternalistic leadership: Testing their relationships with subordinate performance. *The Leadership Quarterly*, 29(6): 686–697.など。

27 Lau, W. K., Li, Z., & Okpara, J. 2020. An examination of three-way interactions of paternalistic leadership in China. *Asia Pacific Business Review*, 26(1): 32–49.

28 Graen, G. B., & Schiemann, W. 1978. Leader–member agreement: A vertical dyad linkage approach. *Journal of Applied Psychology*, 63(2): 206–212.やGraen, G. B., & Scandura, T. A. 1987. Toward a psychology of dyadic organizing. In B. Staw, & L. L. Cumming (Eds.), *Research in Organizational Behavior*, Vol. 9: 175–208. Greenwich, CT: JAI., Graen, G. B., & Uhl-Bien, M. 1995. Relationship-based approach to leadership: Development of leader-member exchange (LMX) theory of leadership over 25 years: Applying a multi-level multi-domain perspective. *The Leadership Quarterly*, 6(2): 219–247., Dansereau, F., Graen, G., & Haga, W. J. 1975. A vertical dyad linkage approach to leadership within formal organizations: A longitudinal investigation of the role making process. *Organizational Behavior and Human Performance*, 13(1): 46–78.など。

29 Graen, G. B., & Uhl-Bien, M. 1995. Relationship-based approach to leadership: Development of leader-member exchange (LMX) theory of leadership over 25 years: Applying a multi-level multi-domain perspective. *The Leadership Quarterly*, 6(2): 219–247.

30 Harris, T. B., Li, N., & Kirkman, B. L. 2014. Leader-member exchange (LMX) in context: How LMX differentiation and LMX relational separation attenuate LMX's influence on OCB and turnover intention. *The Leadership Quarterly*, 25(2): 314-328.

31 Dunegan, K. J., Uhl-Bien, M., & Duchon, D. 2002. LMX and subordinate performance: The moderating effects of task characteristics. *Journal of Business & Psychology*, 17(2): 275-285.

32 Dunegan, K. J., Uhl-Bien, M., & Duchon, D. 2002. LMX and subordinate performance: The moderating effects of task characteristics. *Journal of Business & Psychology*, 17(2): 275-285.やHarris, K. J., Wheeler, A. R., & Kacmar, K. M. 2009. Leader-member exchange and empowerment: Direct and interactive effects on job satisfaction, turnover intentions, and performance. *The Leadership Quarterly*, 20(3): 371-382.など。

33 Eisenberger, R., Shoss, M. K., Karagonlar, G., Gonzalez-Morales, M. G., Wickham, R. E., & Buffardi, L. C. 2014. The supervisor POS-LMX-subordinate POS chain: Moderation by reciprocation wariness and supervisor's organizational embodiment. *Journal of Organizational Behavior*, 35(5): 635-656.

34 石川淳，2007。企業内研究者の創造性を促進するリーダーシップ．In 日向野幹也・アラン=バード (Eds.)，入門ビジネス・リーダーシップ：131-151：日本評論社。

35 Wang, H., Sui, Y., Luthans, F., Wang, D., & Wu, Y. 2014. Impact of authentic leadership on performance: Role of followers' positive psychological capital and relational processes. *Journal of Organizational Behavior*, 35(1): 5-21.

36 ㈱minittsに関する記述は，日経トップリーダー2019年5月号の特集「スーパードライ組織か，ウルトラウェット組織化」の記事を元にしている。

37 最近では，フォロワー同士の関係も注目されるようになり，TMX (Team Member Exchange) という概念での研究も進んでいる。

38 学術書籍ではあるが，小野善，2016。フォロワーが語るリーダーシップ：有斐閣に暗黙的リーダーシップ理論について記述されている。

39 Eden, C. 1992. On the nature of cognitive maps. *Journal of Management Studies (Wiley-Blackwell)*, 29(3): 261-265.およびLord, R. G., & Maher, K. J. 1991. Cognitive theory in industrial and organizational psychology. *Handbook of Industrial and Organizational Psychology*, 2, 1-62.を参照のこと。

40 Epitropaki, O., & Martin, R. 2004. Implicit leadership theories in applied settings: factor structure, generalizability, and stability over time. *Journal of Applied Psychology*, 89(2): 293-310.

41 Keller, T. 1999. Images of the familiar: Individual differences and implicit leadership theories. *The Leadership Quarterly*, 10(4): 589-607.

42 Shen, W. 2019. Personal and Situational Antecedents of workers' implicit leadership theories: A within-person, between-jobs design. *Journal of Leadership & Organizational Studies*, 26(2): 204-216.

43 Cameron, K. S., & Quinn, R. E. 2011. *Diagnosing and Changing Organizational Culture: Based on The Competing Values Framework*. Reading, MA: John Wiley & Sons.

44 Abdalla, I. A., & Al-Homoud, M. A. 2001. Exploring the implicit leadership theory in the Arabian Gulf states. *Applied Psychology: An International Review*, 50(4): 503-531, Nye, J. L., & Forsyth, D. R. 1991. The effects of prototype-based biases on leadership appraisals. *Small Group Research*, 22(3): 360-379.

45 Martin, R., & Epitropaki, O. 2001. Role of organizational identification on implicit leadership theories (ILTs), transformational leadership and work attitudes. *Group Processes & Intergroup Relations*, 4(3): 247-262.

46 Sy, T., Shore, L. M., Strauss, J., Shore, T. H., Tram, S., Whiteley, P., & Ikeda-Muromachi, K. 2010. Leadership perceptions as a function of race-occupation fit: The case of Asian Americans. *Journal of Applied Psychology*, 95(5): 902-919.

47 van Quaquebeke, N., van Knippenberg, D., & Brodbeck, F. C. 2011. More than meets the eye: The role of subordinates' self-perceptions in leader categorization processes. *The Leadership Quarterly*, 22(2): 367-382, van Quaquebeke, N., van Knippenberg, D., & Eckloff, T. 2011. Individual differences in the leader categorization to openness to influence relationship: The role of followers' self-perception and social comparison orientation. *Group Processes & Intergroup Relations*, 14(5): 605-622.

48 Epitropaki, O., & Martin, R. 2005. From ideal to real: A longitudinal study of the role of implicit leadership theories on leader-member exchanges and employee outcomes. *Journal of Applied Psychology,* 90(4): 659-676.やEngle, E. M., & Lord, R. G. 1997. Implicit theories, self-schemas, and leader-member exchange. *Academy of Management Journal*, 40(4): 988-1010., Topakas, A. 2011. *Measurement of Implicit Leadership Theories and Their Effect on Leadership Processes and Outcomes*. (Doctoral dissertation), Aston University, Birmingham, UK.など

49 アクロクエストテクノロジー㈱に関する記述は，日経トップリーダー2019年５月号の特集「スーパードライ組織か，ウルトラウェット組織化」の記事および同社HP（https://www.acroquest.co.jp）を元にしている。

50 アクロクエストテクノロジー㈱は，「Great Place To Work Instituteが実施している「働きがいのある会社」ランキングの従業員25-99名部門において，これまで３回にわたって１位を獲得している。

51 例えばTavares, G. M., Sobral, F., Goldszmidt, R., & Araújo, F. 2018. Opening the

implicit leadership theories' black box: An experimental approach with conjoint analysis. *Frontiers in psychology*, 9: 100. など。

52 本節の記述は，石川淳，2016。シェアド・リーダーシップ：チーム全員の影響力が職場を強くする：中央経済社.を参考にしている。

53 例えば，Solomon, A., Loeffer, F. J., & Frank, G. H. 1953. An analysis of co-therapist interaction in group psychotherapy. *International Journal of Group Psychotherapy*, *3*: 171-180. やWinter, S. 1976. Developmental stages in the roles and concerns of group co-leaders. *Small Group Behavior*, 7(3): 349-362., Gibb, C. A. 1954. Leadership. In G. Lindzey (Ed.), *Handbook of Social Psychology* (Vol. 2, pp. 877-917). Reading MA: Addison-Wesley., Katz, D., & Kahn, R. L. 1978. *The Social Psychology of Organizations* (2nd. ed.). New York, NY: John Willey & Sons.など。

54 Song, Z., Gu, Q., & Cooke, F. L. 2020. The effects of high-involvement work systems and shared leadership on team creativity: A multilevel investigation. *Human Resource Management*, 59(2): 201-213.やWu, Q., & Cormican, K. 2016. Shared leadership and team creativity: A social network analysis in engineering design teams. *Journal of technology management & innovation*, 11(2): 2-12.など。

55 Wang, L., Han, J., Fisher, C. M., & Pan, Y. 2017. Learning to share: Exploring temporality in shared leadership and team learning. *Small Group Research*, 48(2): 165-189.

56 Mathieu, J. E., Kukenberger, M. R., D'Innocenzo, L., & Reilly, G. 2015. Modeling reciprocal team cohesion-performance relationships, as impacted by shared leadership and members' competence. *Journal of Applied Psychology*, 100(3): 713-734.やHoughton, J. D., Pearce, C. L., Manz, C. C., Courtright, S., & Stewart, G. L. 2015. Sharing is caring: Toward a model of proactive caring through shared leadership. *Human Resource Management Review*, 25(3): 313-327.

57 Erkutlu, H. 2012. The impact of organizational culture on the relationship between shared leadership and team proactivity. *Team Performance Management*, 18(1/2): 102-119.

58 Houghton, J. D., Pearce, C. L., Manz, C. C., Courtright, S., & Stewart, G. L. 2015. Sharing is caring: Toward a model of proactive caring through shared leadership. *Human Resource Management Review*, 25(3): 313-327.

59 Serban, A., & Roberts, A. J. B. 2016. Exploring antecedents and outcomes of shared leadership in a creative context: A mixed-methods approach. *Leadership Quarterly*, 27(2): 181-199.

60 D'Innocenzo, L., Mathieu, J. E., & Kukenberger, M. R. 2016. A meta-analysis of different forms of shared leadership-team performance relations. *Journal of Management*, 42

(7): 1964-1991.やWu, Q., Cormican, K., & Chen, G. 2020. A meta-analysis of shared leadership: Antecedents, consequences, and moderators. *Journal of Leadership & Organizational Studies*, 27(1): 49-64.

61 Choi, S. B., Kim, K., & Kang, S.-W. 2017. Effects of transformational and shared leadership styles on employees' perception of team effectiveness. *Social Behavior & Personality: An International Journal*, 45(3): 377-386.は，上司による変革型リーダーシップは効率性に，シェアド・リーダーシップはイノベーションに効果的であることを示している。

62 Hoch, J. E., & Kozlowski, S. W. J. 2014. Leading virtual teams: Hierarchical leadership, structural supports, and shared team leadership. *Journal of Applied Psychology*, 99(3): 390-403.

63 Grille, A., Schulte, E.-M., & Kauffeld, S. 2015. Promoting shared leadership: A multilevel analysis investigating the role of prototypical team leader behavior, psychological empowerment, and fair rewards. *Journal of Leadership & Organizational Studies*, 22(3): 324-339.

64 Kukenberger, M. R., & D'Innocenzo, L. 2020. The building blocks of shared leadership: The interactive effects of diversity types, team climate, and time. *Personnel Psychology*, 73(1): 125-150.

65 Kukenberger, M. R., & D'Innocenzo, L. 2020. The building blocks of shared leadership: The interactive effects of diversity types, team climate, and time. *Personnel Psychology*, 73(1): 125-150. やXu, N., Chiu, C.-Y., & Treadway, D. C. 2019. Tensions between diversity and shared leadership: The role of team political skill. *Small Group Research*, 50(4): 507-538.

66 Wu, Q., Cormican, K., & Chen, G. 2020. A meta-analysis of shared leadership: Antecedents, consequences, and moderators. *Journal of Leadership & Organizational Studies*, 27(1): 49-64.

67 これ以降のくまモンのプロモーション戦略に関する記述は，日経ビジネス2012年10月22日号の記事と熊本県庁チームくまモン『くまモンの秘密　地方公務員集団が起こしたサプライズ』幻冬舎による。

68 例えば，Avolio, B. J., Jung, D. I., Murry, W., & Sivasubramaniam, N. 1996. Building highly developed teams: Focusing on shared leadership processes, efficacy, trust, and performance. In M. M. Beyerlein, & D. A. Johnson (Eds.), *Advances in Interdisciplinary Studies of Work Teams*, Vol. 3: 173-209. Greenwich, CT: JAI Press.やEnsley, M. D., Hmieleski, K. M., & Pearce, C. L. 2006. The importance of vertical and shared leadership within new venture top management teams: Implications for the performance of startups. *The Leadership Quarterly*, 17(3): 217-231., Grille, A., & Kauffeld, S. 2015. Develop-

ment and preliminary validation of the Shared Professional Leadership Inventory for Teams (SPLIT). *Psychology*, 6(1): 75–92., Pearce, C. L., & Sims Jr., H. P. 2002. Vertical versus shared leadership as predictors of the effectiveness of change management teams: An examination of aversive, directive, transactional, transformational, and empowering leader behaviors. *Group Dynamics: Theory, Resarch, and Practice*, 6(2): 172–197., Pearce, C. L., Yoo, Y., & Alavi, M. 2004. Leadership, social work and virtual teams: The relative influence of vertical vs. shared leadership in the nonprofit sector. In R. E. Riggio, & S. Smith-Orr (Eds.), *Improving Leadership in Nonprofit Organizations*: 180–203. San Francisco, CA: Jossey-Bass., Sivasubramaniam, N., Murry, W. D., Avolio, B. J., & Jung, D. I. 2002. A longitudinal model of the effects of team leadership and group potency on group performance. *Group & Organization Management*, 27(1): 66–96.

69 Carson, J. B., Tesluk, P. E., & Marrone, J. A. 2007. Shared leadership in teams: An investigation of antecedent conditions and performance. *Academy of Management Journal*, 50(5): 1217–1234.やIshikawa, J. 2012. Transformational leadership and gatekeeping leadership: The roles of norm for maintaining consensus and shared leadership in team performance. *Asia Pacific Journal of Management*, 29(2): 265–283., Mehra, A., Smith, B. R., Dixon, A. L., & Robertson, B. 2006. Distributed leadership in teams: The network of leadership perceptions and team performance. *The Leadership Quarterly*, 17(3): 232–245.など。

70 Mehra, A., Smith, B. R., Dixon, A. L., & Robertson, B. 2006. Distributed leadership in teams: The network of leadership perceptions and team performance. *The Leadership Quarterly*, 17(3): 232–245.やKukenberger, M. R., & D'Innocenzo, L. 2020. The building blocks of shared leadership: The interactive effects of diversity types, team climate, and time. *Personnel Psychology*, 73(1): 125–150., Small, E. E., & Rentsch, J. R. 2010. Shared leadership in teams: A matter of distribution. *Journal of Personnel Psychology*, 9(4): 203–211.など。

71 D'Innocenzo, L., Mathieu, J. E., & Kukenberger, M. R. 2016. A meta-analysis of different forms of shared leadership-team performance relations. *Journal of Management*, 42(7): 1964–1991.やWu, Q., Cormican, K., & Chen, G. 2020. A meta-analysis of shared leadership: Antecedents, consequences, and moderators. *Journal of Leadership & Organizational Studies*, 27(1): 49–64.など。

第8章

リーダーシップ持論2.0へ

効果的なリーダーシップを発揮するために，これまでの持論を持論2.0にバージョンアップすることが必要である。理論を知りリーダーシップ現象についての理解を深めることで，個人的な経験や勘だけをもとに構築された持論を，より効果的な持論2.0へ発展させることできる。個人的な経験だけでなく，多くの様々な人の経験の集合知を採り入れることで，その有用性や汎用性が高まるのである。

ただし，理論そのものは実践で役に立たない。なぜなら，理論は，汎用性はあるものの，抽象度が高すぎて，そのまま現場で使いこなすことができないのである。例えば，バスの変革型リーダーシップの有効が高かったとしても，誰もが，理想化された影響，知的刺激，モチベーション鼓舞，個別配慮の全てを１人の人が担うことことができるとは限らない。また，理想化された影響といわれても，具体的にどのような行動を行うことが理想化された影響につながるのかは，現場によって異なるだろう。理論は，現場で必要となる具体的な行動まで語ってくれるわけではない。

これに対して，持論は具体性が高いため実践で使いやすい。持論は，仕事の内容ややり方，フォロワーの性格や能力，そして何よりも本人の能力や性格，価値観を反映しているからである。日々の経験から構築されているため，現場において具体的にどのような行動が必要となるのか，という点に示唆を得ることができるのである。

しかし，持論は，これまでとは異なる状況に対応しづらい。本人の経験や限られた範囲の観察によって構築されているからである。例えば，前の部署ではうまくいっていたリーダーシップが，新しい部署ではうまく機能しない，などというのはよくある話である。前の部署と現在の部署では，フォロワーの能力やニーズが異なるし，仕事の内容や進め方も異なる。このように，状況が大きく変化した場合，それまでの経験だけによって構築された持論が全く機能しなくなってしまうことが起こりうるのである。

だからこそ，持論2.0が必要になるのである。単に理論をそのまま実践するのでもなく，また，経験と勘だけで構築された持論に依存するのでもない。自らの経験のみから構築された持論を，理論という英知を元に検討し直し，さらに汎用性および有用性が高い持論にバージョンアップするのである。これが持論2.0である。

持論2.0の重要性は，今日，これまで以上に高まっている。その最大の理由は，これまでの個人の経験と勘が通じなくなっているからである。環境変化が激しくない時代は，それまでの経験と勘が通用していた。取り組んでいる仕事の性質がそれほど変わらず，フォローとなるべき人々のニーズもそれほど変わらない場合，これまでのやり方，特にそれまでに成功を収めたやり方が通用してきた。しかし，技術進化，競争環境の変化，顧客やフォロワーのニーズの多様化などがこれまでに無いスピードで進んでいるのが現代である。このような状況では，昨日成功したやり方が，明日の成功につながるとは限らない。これまでの成功体験が通用しなくなってきているのである。

このような時には，理論からヒントを得る必要がある。様々な人の経験や英知を総動員して構築された理論から，最も参考にすべき点を利用することが必要となるのである。また，新しい環境に必要なリーダーシップを探る際には，リーダーシップ理論の歴史を知ることが役に立つ。これまでの流れがわかると，適切なリーダーシップがどのように変化してきたのかがわかる。それがわかれば，新しい時代の中でどのようなリーダーシップが求められるのかを推測することができる。つまり，単なる個人的な経験だけから成り立つ持論を，理論を参考により汎用性および効果が高い持論2.0にバージョンアップすることが必要になるのである。

ただし，より豊かな持論2.0を構築するためには，理論を参考にすること以外に重要なことが3つある。パーソナリティ・ベース・リーダーシップという考え方を採り入れること，リーダーシップの基本を遵守すること，そしてPDCAを回し続けることである。

1 パーソナリティ・ベース・リーダーシップという考え方

著者が進めている最新のリーダーシップ研究によると，自らの強みを活かすリーダーシップが最も効果的であることが判明しつつある。状況に応じてリーダーシップを使い分けたり，変革型やカリスマ型リーダーシップのような既存のリーダーシップ・スタイルをとったりするよりも，自らの性格や能力，スキル面での強みを活かしたリーダーシップの方が効果的なのである。

例えば，部下の能力が低く，かつ，能力的にもそれほど高くない場合，SL理論によれば，上司は指示型リーダーシップをとることが最も効果的である。また，カリスマ型リーダーシップ理論でいえば，新しくて魅力的なビジョンを示したり，大事にしていることや理想について感情的にアピールをしたり，並外れた行動力を見せたりすることが求められる。

しかし，実際には，必要に応じて自らのリーダーシップを変化させることは難しい。例えば，参加型リーダーシップをとってきた人が，状況が変わったからといって，急に指示型リーダーシップをとりなさい，といわれても，そう簡単にリーダーシップ・スタイルを変えることはできないであろう。また，内気で人前で話すのが得意でない人が，いきなりカリスマ型リーダーシップで求められるような行動をとることは容易ではない。

自分が不得手なリーダーシップをあえてとることは，効果的ではない。そもそも，自分に不向きなリーダーシップをとることは難しい。また，たとえ無理をしてそのようなリーダーシップをとっても，期待された効果が得られるとは思えない。“状況が適しているから”とか“その方が効果的であることが検証されているから”といった理由で内気な人がカリスマ型リーダーシップをとることを要請されたとしても，そもそもカリスマを演じられないであろう。また，真似ごとはできたとしても，フォロワーには見透かされてしまうだろう。

それよりも，自分の強み，得意としていることをリーダーシップとして発揮した方がよほど効果的である。自分に向かないリーダーシップを無理して発揮しようとするよりも，自分に向いたリーダーシップを発揮する方が，その効果は高いと思われる。

例えば，内向的で頑固な山口氏がプロジェクトに所属していたとしよう。内向的で頑固，というと悪口に聞こえるかもしれない。しかし，言い方を変えれば，自らに向き合うことができ，なおかつ粘り強く努力ができる人である。そのような山口氏が所属しているプロジェクトは大きな困難にぶち当たり，プロジェクト・リーダーも含めて誰もがプロジェクトの目標達成を諦めかけていた。そんな中でも，山口氏だけは諦めることなく，黙々と目標達成に向けて努力をしていた。それを見た他のメンバーが，「山口さんがあそこまでがんばっているのなら，我々ももう一踏ん張りしてみよう」と思い直したとしたら，山口氏は立派なリーダーシップを発揮したことになる。演説が苦手な山口氏が，皆の前で感動的な演説を試みるよりも，自らの背中で他のメンバーに影響力を発揮した方がよほど効果的である（図表8-1）。

図表8-1　パーソナリティ・ベース・リーダーシップのイメージ

能力面においても同様である。新しくて奇抜なアイデアを考え出すことはできないが，必要なデータを集めて細かく分析することが得意な人は，無理をし

て思いつきによるアイデアを提案するよりも，データの分析に基づいた発言で貢献するべきである。周りのメンバーも，そのような人の思いつきによるアイデアよりも，データおよびその分析結果に基づいた発言の方が，よほど影響を受けるであろう。

このように，より豊かな持論2.0を構築する際には，自らの強みをベースにした持論を構築すべきである。雰囲気を盛り上げるのが得意な人は，フォロワーの気持ちを高めることを重視する持論にすべきだし，地道にコツコツ仕事をするのが得意な人は，ひたむきに努力する姿を見せることで影響力を及ぼすような持論にすべきだろう。無理をして有名なリーダーの真似をしたり，理論をそのまま実践したりするよりも，自らの強みを活かした持論2.0を実践する方が効果的なのである。

なお，パーソナリティ・ベース・リーダーシップという考え方には，研究の伏線がある。例えば，第7章第2節で示したAuthentic Leadershipの研究は，フォロワーに対して，無理に強がったり自信たっぷりに見せたりするのではなく，自らの考えや気持ちを正直にフォロワーに示すことが重要であることを主張している。つまり，何か特別なリーダーシップ・スタイルを演じるのではなく，自然体でフォロワーに接することを重視するのである。また，謙虚なリーダーシップ（Humble Leadership）の研究は，これをさらに強調し，自らの強みだけでなく弱さや不安な気持ちといったネガティブな面もさらけ出し，フォロワーを含む様々な人たちの考えやアイデアに対してオープン・マインドを保つことが重要であると指摘している[1]。

パーソナリティ・ベース・リーダーシップの考え方は，これらの先行研究の主張をさらに一歩進めている。単に自分をさらけ出すのではなく，自分の強みをもとにリーダーシップ持論を構築することの有効性を主張しているのである。これまで多くのデータが本書の著者のところに集まり分析が進んでいるが，その結果から，パーソナリティ・ベース・リーダーシップの有効性が他のリーダーシップ・スタイルの有効性を上回っていることが確認されている。

2　リーダーシップの基本

強みを活かせばどのようなリーダーシップでもよいのであろうか？　これまで見てきたとおり，パーソナリティ・ベース・リーダーシップの考え方に立てば，自らの強みをもとに持論を構築することが最も重要である。ということは，自らの強みを発揮すればどのようなリーダーシップでも良い，ということになる。

しかし，実際には，リーダーシップの基本はある。自らの強みを活かすことは重要である。ただし，どのようなリーダーシップを発揮するにも，守らなければならない基本はある。スポーツや芸術においても，個性を発揮することは重要だが，それは，基本ができていることが前提であろう。基本ができていない中で個性だけを発揮しようとしても，それは受け入れられない。リーダーシップも同様である。強みを発揮する前提として守らなければならない基本がある。特に，自分を知る，回りを知る，方向を決める，自ら行う，良心に従う，の５つは重要であろう（図表８-１）。

図表８-２　リーダーシップの基本

自分を知る	自分の強みや弱みを知る
周りを知る	自分を取り巻く状況を理解する
方向を決める	目標を共有化する
自ら行う	率先垂範する
良心に従う	コンプライアンスや倫理に従う

自分を知る：自分自身を知ることは重要である。なぜなら，パーソナリティ・ベース・リーダーシップを発揮するためには，まず，自分の強みを把握する必要がある。

人は，意外と自分の強みを知らないものである。「自分の長所と短所をあげなさい」と言われると，短所はいくつもあげられるのに，長所は１つか２つくらいしかあげられない人も多いだろう。

しかし，長所と短所は裏返しである。先ほどの例でもわかるとおり，“頑固者”と言えば短所に聞こえるが，“粘り強い”と言えば長所である。つまり，短所と同じくらい長所は持っているはずである。強みをリーダーシップに変える場合も，強みは多く持っていた方が良い。強みを多く持っていれば，状況に合わせて最も適切な強みをリーダーシップとして発揮できるからである。武器は多い方が良い。

これに加えて，自分の価値観などもきちんと把握していることも重要である。なぜなら，自らの行動は，意識するかしないかは別にして，自らの価値観に基づいているからである。自分が正しいと思うことは積極的に行うだろうし，正しくないと思うことはやらないことが多い。このため，持論も自らの価値観と整合するものでなければならない。あるリーダーシップが適切だと感じても，それが自らの価値観に整合しなければ，そのリーダーシップを発揮することはできないだろう。

このように考えると，以下の点について自身で把握する必要があるかもしれない。

自分の強みと弱みは何か？
- 能力・経験　　・性格

自分の価値観は？
- 本当に大切にしているもの　　・耐えられないもの

自分が仕事に求めるものは？
- 初心　　・仕事の意味

自分の将来は？
- キャリア・ビジョン　　・将来の夢

これらについて，機会を見て棚卸しをする必要がある。人は，日頃，自分の強みや価値観をそれほど意識せずに行動しているし，常に意識することは難しい。このため，日々の活動に追われていると，それらはないがしろにされがちである。それだけに，何かの機会を見つけて自分自身を棚卸しすることが必要になる。経営者の中には，瞑想を積極的に行っている人もいるし，“Ingress”や“ポケモンGo”といったヒットゲームを開発しているナイアンティックには，社内に瞑想部屋を設置している。もちろん，瞑想を行うのは自らの棚卸しだけが目的ではないだろう。しかし，瞑想が自らの棚卸しにとって重要な機会となるのは確かである。

周りを知る：自分を取り巻く状況について理解することも重要である。自分だけわかっていて周りが見えていないのでは，適切なリーダーシップは発揮できない。具体的には，組織や職場のミッション，ビジョン，戦略を知ること，職場全体の仕事の動きを知ること，そして職場のメンバーを知ることが必要になる。

まずは，組織や職場のミッション，ビジョン，戦略を知る必要がある。それを知らなければ，自分は適切だと思っても，周りから見るとトンチンカンなリーダーシップを発揮してしまう可能性がある。独りよがりのリーダーシップになってしまうのである。ミッションとは，組織の使命，究極の目的，存在意義である。ビジョンとは，ミッションを達成するためにあるべき組織の理想的な将来像である。そして戦略とは，ビジョンを実現するための組織の行動および資源配分の方針である。組織全体のミッション，ビジョン，戦略があり，それがブレイクダウンされて部門や職場のミッション，ビジョン，戦略となる。これらを理解した上で，それに沿った形でリーダーシップを発揮することが求められる。

また，職場の中でどのように仕事が流れているのかも知る必要がある。例えば，職場の業務プロセスを改善する案を思いついたとしよう。しかし，職場の仕事の流れを理解せずに提案したとすれば，効果的な提案にならない可能性が高い。その提案が一部のプロセスを改善したとしても，別のプロセスに支障をきたし，全体としては効率が悪くなってしまうかもしれない。また，職場の他のメンバーは急ぎの仕事で手一杯で，今提案しても，それを検討する余裕がないかもしれない。適切なタイミングで全体最適に資する改善提案を行わなければ，効果を発揮しない。そのためには，自らの仕事だけでなく，職場全体の仕事の流れを理解する視点を持つことが必要になる。

さらに，職場の他のメンバーを知ることも必要である。自身に様々な強みや弱みがあるように，周りのメンバーにも様々な強みや弱みがある。また，自分とは異なる経験や生活背景，価値観を持っているかもしれない。そのような違いを理解せずに，自分の価値観を押しつけたり，相手の強みや弱みについて一面的な見方しかできずに対応したりすれば，適切なリーダーシップを発揮することはできない。いくら本人が良い提案だと感じても，相手も同様に感じるとは限らない。適切なリーダーシップを発揮するためには，自分と他者の間，もしくは他者間に，能力，スキル，性格，価値観などについてどのような違いがあるのかを理解しておく必要がある。

方向を決める：適切なリーダーシップを発揮するためには，目標を設定して共有化することが必要になる。パーティーを組んで登山をする場合でも，そもそもどの山に登るのか，また，その山にどのようなルートで登るのかが決まっていなければ，パーティーとして登山をすることはできない。職場も同じである。メンバー間で目標が共有されていなければ，皆がバラバラに行動することになってしまうし，リーダーシップを発揮しようとしても，受け入れてもらうことが難しくなる。

目標の共有化のためには，やる気につながる目標を設定する必要がある。目標の共有化とは，単に目標を知るということではない。目標が大事だと考え，目標のために努力しようとすることである。いくら目標として設定したとしても，やる気につながる目標でなければ共有化につながらない。

やる気につながる目標とするために重要なことは3点ある。第1に，当該目標が組織のミッション，ビジョン，戦略に結びついていることである。目の前の目標を達成することが，全社の戦略遂行，ビジョン達成を通じてミッションに貢献することを示すことが必要となる。第2に，当該目標が，個人の成長につながっていることである。金銭的報酬だけでモチベーションを上げようとするだけでなく，成長や将来のキャリアに結びついていることを示し，やりがいを高めることが重要となる。第３に，当該目標が，具体的で測定可能なことである。具体的な目標は曖昧な目標よりもモチベーションを高めるし[2]，業務のPDCAにもつなげることができる。

自ら行う：なんと言っても，自ら行動に移すことが大事であろう。率先垂範である。いくらすばらしい演説をしたとしても，いくら説得力がある論理を展開しても，人にやらせるばかりで自らが行動に移さなければ，影響力を及ぼすことはできない。現場では，評論家のままではダメなのである。

平家物語によると，源義経は，一ノ谷の戦いにおいて，誰もが臆する一ノ谷の裏手の断崖絶壁から，自ら先頭に立って駆け下って平氏の陣に突入した。予想もしなかった方向から攻撃を受けた平氏陣営は大混乱となり，源氏軍は一ノ谷の戦いを制することができた。有名な鵯越（ひよどりごえ）の逆落としである。実際にそのとおりであったかどうかはともかく，今日でもこの話が語り継がれているのは，“リーダーたる者は，自らリスクをとって先頭に立つべきだ”という考えが我々にあるからだろう。

なお，自己犠牲的リーダーシップ（Self-Sacrificial Leadership）に関する研究は，リーダーが自己犠牲的リーダーシップを発揮すると，フォロワーがOCBや協調行動を高めたり，フォロワーの自尊心やリーダーへの信頼感，組織コミットメントを高めたり，さらには業績を高めることを明らかにしている[3]。自己犠牲的リーダーシップとは，自己の利益を後回しにして職場やチームの目標達成のために尽くすことで影響力を発揮するリーダーシップである[4]。リーダーが率先して自らの利益よりも職場やチーム目標を優先することが，フォロワーの効果的な態度・行動を引き出すのだろう。

良心に従う：最後は，正しいと信じる行動をとることである。自分や職場にとって得になることであっても正しくない行動はとらない。逆に，自分や職場にとってたとえ損になったとしても，とらなければならない行動はとる。損得を行動の基準にするのではなく，正しいか正しくないかを行動の基準とする必要がある。

今日，コンプライアンスの重要性が高まっていることは指摘するまでもないだろう。コンプライアンス違反を行うことは，組織にとっても組織のメンバーにとっても致命的な問題になる。以前は多少の違反が認められたものであっても，今日的には認められないものも多数ある。例えば，大学生の飲酒である。以前は，20歳未満であっても，大学生であれば飲酒が大目に見られていた。しかし，今日では，当然のことながら認められないだけでなく，場合によっては飲酒を許した店舗や，一緒に飲酒した成人が罰せられることもある。

ただし，コンプライアンスだけでなく倫理的な行動も重要になる。法令に触れていないからといって，非倫理的な行動をとることには問題がある。例えば，1990年代後半に生じた米国ナイキ（NIKE）社の搾取工場問題である。ナイキの商品の生産委託をしていた企業のさらなる委託先が，就労年齢に満たない子供を劣悪な労働環境で働かせていることが発覚し，ナイキ商品に対する世界的な不買運動に発展した。ナイキそのものが法律を犯していたわけではない。また，ナイキの委託先が法律を犯していたわけでもない。委託先のさらに委託先が法律違反を犯していただけである。それでも，ナイキは，社会から倫理性を問われたのである。

このようにコンプライアンスや倫理性に反する行動をとるようなことがあれば，組織として批判を受けることはもちろんのこと，フォロワーへのリーダーシップ効果も阻害してしまう。第7章第2節で指摘したとおり，オーセンティック・リーダーシップの研究は，リーダーが高い倫理意識を持つことがリーダーシップの効果を高めることを指摘している。また，倫理的リーダーシップ（Ethical Leadership）の研究は，リーダーの倫理的リーダーシップの発揮が，フォロワーの倫理的意思決定だけでなく[5]，フォロワーの業績や上司に対する満足度[6]，自由裁量度や仕事の重要性に関する感覚[7]，OCB[8]，組織への貢献意欲[9]，チームの創造性[10]にも重要な影響を及ぼすことを明らかにしている。倫理的リーダーシップとは，規範的に適切な行動を個人的な行為や個人間の関係を通じて示したり，双方向のコミュニケーションなどを通じてフォロワーにもそのような行動をとるように促したりするリーダーシップである[11]。

つまり，リーダーの倫理性は，対外的な評判だけでなく，フォロワーの満足度やモチベーション，業績や創造性にまで重要な影響を及ぼすのである。

これまで見てきたとおり，効果的なリーダーシップを発揮するためには５つの基本を守ることが重要である。もちろん，５つの基本を守っただけでは効果的なリーダーシップは発揮できない。何よりも，パーソナリティ・ベース・リーダーシップの考え方にもとづき，自らの強みをリーダーシップとして発揮することが求められる。しかし，この５つの基本がなければ，いくら強みをリーダーシップにしようとしても，それが効果を発揮することは難しい。何事につけ，まずは基本をきちんと抑えることが重要なのである。

3　リーダーシップ持論のPDCA

豊かな持論2.0を構築するためには，PDCAサイクルを回すことが重要である。持論構築のために，経験が重要であることは言うまでもない。しかし，いくら多くの経験を積んでも，その経験が豊かな持論構築に結びつかない人がいる。そのような人に足りないのが，PDCAサイクルを回すことである。どのような仕事であっても，より高い成果を上げるためには，PDCAサイクルを回す必要がある。リーダーシップ持論も同様である。より豊かなリーダーシップ持論を構築するためには，PDCAサイクルを回す必要がある（図表８-３）。

リーダーシップ持論構築のためのPDCAは，持論の構築（P）から始まる。自らの暗黙的または明示的な持論を整理し，自分なりの明示的で整理された持論を構築するのである。例えば以下のようなものである。

「人に影響力を与えるためには，フォロワーから信頼を得ることが重要である。フォロワーの信頼を得るためには，まずフォロワーと同じ目線に立ち，フォロワーの気持ちにより添うことが大事である。」

図表8-3　リーダーシップ持論のPDCAサイクル

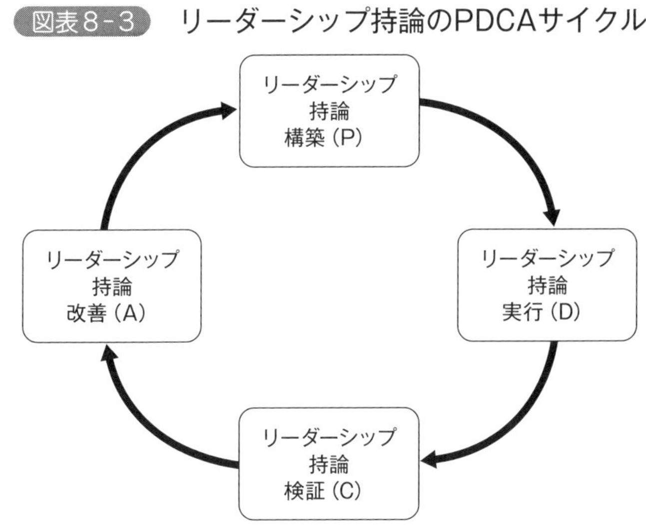

初めは余り深く考えず，「日頃自分が考えていることをただ整理するだけ」くらいの気持ちで記述するのがよいだろう。しかし，実際に記述しようとしてみると，日頃の考えがうまく明示化できていなかったり，うまくまとめて書けなかったりするかもしれない。記述する，という行為は，それだけで，自分の考えをまとめたり，考えを深めてみたりすることに役立つ。

次は構築された持論の実行（D）である。実際の職場で，持論を意識して使ってみるのである。日頃何気なく行っている行動であっても，意識してそれを行おうとすると，うまく行動に移せたり移せなかったり，ということが，自分なりによく理解できる。また，その行動の結果に対しても意識が行くようになるので，効果も確認しやすくなる。

次は，その効果の検証（C）である。実際に，自分が意識して行った行動が，どのような効果を生み出したのかを検証するのである。もちろん，それは，様々な基準で評価する必要がある。例えば以下のとおりである。

行動対象に対して

- 心理にどのような影響を及ぼしたのか

・行動にどのような影響を及ぼしたのか
・成果にどのような影響を及ぼしたのか

職場全体に対して

・雰囲気にどのような影響を及ぼしたのか
・全員の行動にどのような影響を及ぼしたのか
・成果にどのような影響を及ぼしたのか

自分に対して

・心理にどのような影響を及ぼしたのか
・行動にどのような影響を及ぼしたのか
・成果にどのような影響を及ぼしたのか

意外かもしれないが，自分にどのような影響を及ぼしたのかも重要である。もちろん独りよがりの評価は避けるべきである。行動対象の人や職場全体にどのような影響を及ぼしているのかは，厳密に評価すべきである。しかし，自分にどのような影響を及ぼしているのかも検討すべきである。

例えば，相手や職場全体には非常に効果的であるが，自分にとって，その行動をとることが気持ち悪い，とか，気分が晴れない，ということであれば，その行動は長続きしない。自分の気持ちや性格に合わないリーダーシップは，やはり，適切なリーダーシップとは言えないのである。

最後が，持論の改善（A）である。検証の際にうまく機能していないと思われた行動については，その理由を検討し，どのようにすればうまく機能するのかを考える。また，うまく機能していると思われた行動については，より強化するために何が必要なのかを考える。

例えば，先に提示したとおりの持論を実行したとしよう。いつもなら，相手に寄り添って話を聞いてあげれば，相手は心を開いて話してくれるのに，今回の相手は，相手目線に立って耳を傾けても，本音で語ってくれない。今度の人は，人のことを容易に信用せず，心を開くのが苦手な性格であったために，うまくいかなかったのである。だとすれば，誰に対しても“相手目線に立って話を聞く”という行動が，直ちに効果を生み出すわけではない。人によっては，じっくり時間をかけて人間関係を構築し，ある程度の信頼を得てから“相手に寄り添って話を聞く”方が有効なのである。このようにして，以前の持論を修正し，新たな，より豊かな持論の構築に結びつけるのである。

PDCAサイクルの出発点となる持論構築のために重要となるのが，経験，観察，対話，そして内省である（図表８-４）。PDCAサイクルは，まず持論構築から始まる。しかし，何もないところから持論を構築することはできない。持論構築に当たって何よりも重要なのは，自らの経験であろう。様々な経験を通じて，どのようなリーダーシップであれば自分の性格や能力を活かすことができ，なおかつ効果を発揮することができるのかを知ることができる。他人に対して適切な影響力を発揮することができた時，なぜうまくいったのか，また，自分のどのような能力や性格がうまく機能したのかを知ることができる。逆にうまくいかなかった時でも，うまくいかなかった理由を知ることができる。このような経験の積み重ねは，自分の強みを知る良い機会になる。

図表８-４　リーダーシップ持論構築のために

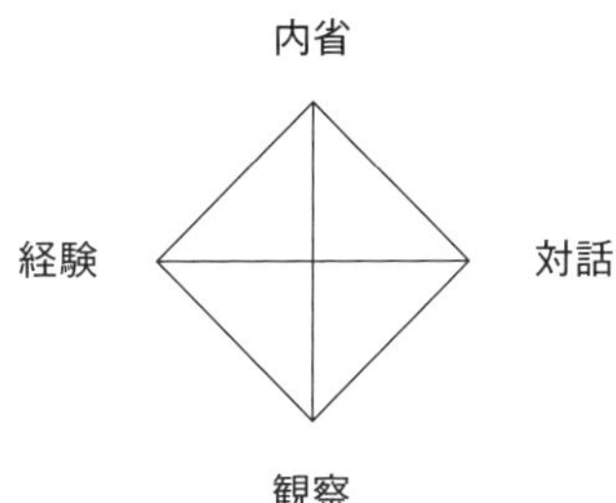

一方で，自らができる経験には限りがある。このため，他人の経験を観察し，他人の経験を代理体験したことが，自らの持論構築に役立つこともある。成功したり失敗した他人を見て，その成功や失敗の理由を考えたり，自分だったらどうするかをシミュレーションしてみることで，持論構築のために得られることは多くある。

他人の経験の観察は，実際に目で見た観察に限らない。偉大なリーダーの軌跡を記した書籍を読むことで，偉大なリーダーの経験を代理体験することができる。また，多くの人の経験の集合体という意味では，理論を知ることも，持論の構築に役立つであろう。偉大なリーダーの軌跡もリーダーシップ理論も，そのまま真似をするだけでは役に立たない。しかし，自らの持論を構築する際には，参考になる面が多くある。

持論の構築には，対話も重要な役割を果たす。人との対話によって，他人の経験を代理体験することができる。また，他者のリーダーシップについて語ることで，自らの考えが整理することもある。さらに，自らの経験を他者と対話することで，自らの経験から得られる示唆を形式知化することもあるかもしれない。

しかし，対話において最も重要なのはフィードバックを得られることである。人は，とかく，自分が知っている自分だけを本当の自分と思いがちである。しかし，実際には，自分で気づいていない面も多くある。効果的なリーダーシップを発揮するためには，自分の強みを活かす必要がある。そのためには，リーダーシップに活かせる自分の強みを発見することが何より重要となる。強みは武器になるのだから，いくら多くても困ることはない。また，時にはその強みが弱みになる場合もあろう。粘り強さが強みの人が，仕事上の１つの課題に固執しすぎて，全体が見えなくなってしまうことなどありそうである。そのような時には，弱みに対するフィードバックを真摯に受け止め，それを，強みとしてリーダーシップに変えるにはどのようにすればよいかを考える必要がある。先述したとおり，リーダーシップの基本の１つは自らを知ることである。自分を知るためには，他人からのフィードバックが重要な役割を果たすのである。

最後に，内省も重要な役割を果たす。色々経験したり話してみたりするだけでなく，自分のことを見つめ直すことも必要である。じっくり考えることで，今まで気づかなかったことに気づくこともある。

例えば，自分の利害を考えずに，職場や職場のメンバーにとって最も重要なビジョンを提示することで効果的なリーダーシップを発揮してきた人がいたとしよう。その人は，自分の利害を超えてビジョンを提示することが重要だと考えている。しかし，よくよく考えてみると，他のメンバーとの間に信頼関係ができていたからこそ，自身の利害を超えたビジョンであることを信じてもらえたのだと気づくかもしれない。そうであるなら，ビジョンを提示する前提として，まず，他のメンバーと信頼関係を築くことが重要となる。そのように考えると，今までの自分の言動がどのようにメンバーとの信頼関係を気づいてきたのか，また，メンバーが替わった時に，同じようなやり方で信頼を築くことができるかどうかについても考えるようになる。このように，じっくり考えてみると，たとえ経験をしなくても，より深い持論構築ができるようになる。

普通の人は，日頃忙しくて，自分のリーダーシップの持論を振り返る時間など持てない。しかし，より豊かな持論を構築するためには，ときには，自分自身や他のメンバーのこと，そして職場全体のことを振り返って，じっくり考えてみることも必要になる。

なお，図表8-4は，経験，観察，対話，内省がそれぞれ関連し合って持論構築に貢献していることを示している。経験するだけでなく，経験を他者と対話したり内省したりすることで効果的な持論につなげることができる。また，観察したことをそのまま採り入れるのではなく，自らの持論として適切であるかどうかを内省したり，同じようなリーダーシップを実験的に経験したりすることで，より良い持論として構築されるのである。このように，経験，観察，対話，内省は，それぞれを単独で行うよりも，組み合わせて行う方がより効果的なのである。

4　誰もが効果的なリーダーシップを

従来，リーダーシップは，一部の限られた人にのみ許されたものと考えられていた。課長や部長といった権限を持った人こそが発揮するべきものと考えられていた。また，カリスマなどの特別な能力を持った人だけが発揮できるものと考えられていた。

しかし，今日的には，誰もが発揮できるものであると考えられている。リーダーシップは，“職場やチームの目標を達成するために他のメンバーに及ぼす影響力”である。職場の雰囲気を盛り上げたり，困った人に寄り添ったりすることも，目標達成に貢献するのであればリーダーシップである。そのように考えれば，特別な権限やカリスマ性と関係なく誰もが発揮できるものである。

加えて，誰もが必要な時にリーダーシップを発揮する必要がある。例えば，営業チームに緊急対応を必要とするクレームが顧客から入ったとしよう。チーム・リーダーがいればチーム・リーダーがリーダーシップを発揮するのかもしれない。しかし，チーム・リーダーがいなければ，誰かがリーダーシップを発揮しなければならない。日頃から頼りにされている年長者の場合もあるだろうし，同様のクレームに対応した経験をもつメンバーがリーダーシップを発揮するかもしれない。場合によっては，チーム・リーダーがいたとしても，経験豊富なメンバーがリーダーシップを発揮した方が良い場合もあるだろう。若年層をターゲットにした新製品のプロモーション戦略を検討している課内会議を想定してみよう。会議で主たるリーダーシップをとるのは課長かもしれない。しかし，若手社員の方がよいアイデアを思いつくこともあるだろうし，若年層顧客のニーズに関する情報も豊富に持っている可能性がある。そうであれば，一方的に課長のリーダーシップに従うよりも，若年層であっても必要なタイミングでリーダーシップを発揮した方が，よい戦略を生み出すことができるだろう。シェアド・リーダーシップの研究を待つまでもなく，誰もがリーダーシップを発揮した方が職場の成果が高くなると考えられる。

ただし，誰もが，そのままでリーダーシップを発揮できる，というわけではない。例えば，ほとんどの人は自転車を乗りこなすことができるだろう。だからといって，誰もが最初からいきなり乗りこなすことができたわけではない。最初は練習が必要だし，うまく乗りこなすためのコツをつかむことが必要である。リーダーシップも同様である。うまく発揮するためには，そのためのコツ，すなわち持論が必要である。リーダーシップの発揮につながる持論を身につけるためには，訓練や思考，そして試行錯誤が必要になる。しかし，そのようなプロセスを経て持論をつかんでしまえば，自転車同様，特別な才能がなくても誰もが発揮できる。ただし，自転車をうまく乗りこなしたり，スピードや持久力を身につけようとしたりすれば，それなりに訓練を続けていく必要がある。リーダーシップも，より効果的に発揮するためには，その後も，さらに磨きをかけていくことが必要になる。

図表8-5　リーダーシップも自転車も練習次第

効果的なリーダーシップを発揮するためには，より効果的な持論にするために持論を鍛え続ける必要がある。具体的には，以下が必要になる。

- 自らの持論を認識して明文化する
- 理論の助けを得ながら，汎用性および有用性がより高い持論，すなわち持論2.0にバージョンアップする
- 当該持論2.0を，パーソナリティ・ベース・リーダーシップの考え方をベースにPDCAサイクルによってさらに効果的なものに鍛え続ける

持論2.0を構築することは，簡単な作業ではない。持論を明文化するのは面

倒な作業だし，理論を勉強したり，それを自らの持論に採り入れて再構築したりするのも大変である。さらに，いったん効果的な持論2.0ができあがったとしても，それをバージョンアップし続けるのは骨の折れる作業である。日々の仕事が忙しい中，PDCAサイクルを回すのは労力がいるし，他者からフィードバックを得るのも心理的に負担である。

しかし，このようなプロセスを経ることができれば，特別な能力がなくても，リーダーに向かないと思っている人も含めて誰もが効果的なリーダーシップを発揮できるようになる。これらのプロセスは，根気はいるものの，その気になれば誰でも行える作業である。このようなプロセスを地道に遂行できる人とできない人では，数年経った時のリーダーシップの有効性に格段の差が出てくる。たとえ現時点で効果的なリーダーシップを発揮している人も，バージョンアップを怠れば，あっという間に時代遅れの非効果的なリーダーシップしか発揮できない人になってしまうだろう。

このような地道なプロセスを通じてしかリーダーシップの有効性を高めることはできない。逆に，このような地道な作業を根気よく行えば，だれでも効果的なリーダーシップを発揮することができるようになるのである。

1　Owens, B. P., & Hekman, D. R. 2012. Modeling how to grow: An inductive examination of humble leader behaviors, contingencies, and outcomes. *Academy of Management Journal*, 55(4): 787-818, Owens, B. P., & Hekman, D. R. 2016. How does leader humility influence team performance? exploring the mechanisms of contagion and collective promotion focus. *Academy of Management Journal*, 59(3): 1088-1111, Schein, E. H., & Schein, P. A. 2018. *Humble Leadership: The Power of Relationships, Openness, and Trust*. Oakland, CA: Berrett-Koehler Publishers.

2　Locke, E. A., & Latham, G. P. 1990. *A Theory of Goal Setting and Task Performance*. Englewood Cliffs, NJ: Prentice Hall.

3　De Cremer, D., Mayer, D. M., Van Dijke, M., Schouten, B. C., & Bardes, M. 2009. When does self-sacrificial leadership motivate prosocial behavior? It depends on followers' prevention focus. *Journal of Applied Psychology*, 94(4): 887-899, De Cremer, D., & Van

Knippenberg, D. 2004. Leader self-sacrifice and leadership effectiveness: The moderating role of leader self-confidence. *Organizational Behavior & Human Decision Processes*, 95 (2): 140–155, De Cremer, D., & Van Knippenberg, D. 2005. Cooperation as a function of leader self-sacrifice, trust, and identification. *Leadership & Organization Development Journal*, 26(5): 355–369, De Cremer, D., van Knippenberg, D., van Dijke, M., & Bos, A. E. 2006. Self-sacrificial leadership and follower self-esteem: When collective identification matters. *Group Dynamics: Theory, Research, and Practice*, 10(3): 233–245, Edmondson, A. C., & McManus, S. E. 2007. Methodological fit in management field research. *Academy of Management Review*, 32(4) : 1155–1179, Halverson, S. K., Holladay, C. L., Kazama, S. M., & Quiñones, M. A. 2004. Self-sacrificial behavior in crisis situations: The competing roles of behavioral and situational factors. *The Leadership Quarterly*, 15(2): 263–275, Li, R., Zhang, Z. Y., & Tian, X. M. 2016. Can self-sacrificial leadership promote subordinate taking charge? The mediating role of organizational identification and the moderating role of risk aversion. *Journal of Organizational Behavior*, 37(5): 758–781, Mostafa, A. M. S., & Bottomley, P. A. 2020. Self-sacrificial leadership and employee behaviours: An examination of the role of organizational social capital. *Journal of Business Ethics*, 161(3): 641–652.

4 Choi, Y., & Yoon, J. 2005. Effects of leaders' self-sacrificial behavior and competency on followers' attribution of charismatic leadership among Americans and Koreans. *Current Research in Social Psychology*, 11(5): 51–69.

5 Brown, M. E., & Treviño, L. K. 2006. Ethical leadership: A review and future directions. *The Leadership Quarterly*, 17(6): 595–616.

6 Brown, M. E., Treviño, L. K., & Harrison, D. A. 2005. Ethical leadership: A social learning perspective for construct development and testing. *Organizational Behavior & Human Decision Processes*, 97(2): 117–134, Lee, J., Cho, J., Baek, Y., Pillai, R., & Oh, S. H. 2019. Does ethical leadership predict follower outcomes above and beyond the full-range leadership model and authentic leadership?: An organizational commitment perspective. *Asia Pacific Journal of Management*, 36(3): 821–847, Neubert, M. J., Carlson, D. S., Kacmar, K. M., Roberts, J. A., & Chonko, L. B. 2009. The virtuous influence of ethical leadership behavior: Evidence from the field. *Journal of Business Ethics*, 90(2): 157–170.

7 Piccolo, R. F., Greenbaum, R., Hartog, D. N. d., & Folger, R. 2010. The relationship between ethical leadership and core job characteristics. *Journal of Organizational Behavior*, 31(2–3): 259–278.

8 Newman, A., Kiazad, K., Miao, Q., & Cooper, B. 2014. Examining the cognitive and affective trust-based mechanisms underlying the relationship between ethical leadership

and organisational citizenship: A case of the head leading the heart? *Journal of Business Ethics*, 123(1): 113–123.

9 De Hoogh, A. H. B., & Den Hartog, D. N. 2008. Ethical and despotic leadership, relationships with leader's social responsibility, top management team effectiveness and subordinates' optimism: A multi-method study. *The Leadership Quarterly*, 19(3): 297–311.

10 Tu, Y., Lu, X., Choi, J. N., & Guo, W. 2019. Ethical leadership and team-level creativity: Mediation of psychological safety climate and moderation of supervisor support for creativity. *Journal of Business Ethics*, 159(2): 551–565.

11 Brown, M. E., Treviño, L. K., & Harrison, D. A. 2005. Ethical leadership: A social learning perspective for construct development and testing. *Organizational Behavior & Human Decision Processes*, 97(2): 117–134.

おわりに

私の本務校である立教大学では，全学でリーダーシップ教育に力を入れている。本格的に始まったのが2006年の経営学部創設時なので，日本の大学では，先進的に取り組んでいる方だろう。

とはいえ，最近では，本学に限らず，多くの大学にてリーダーシップ教育に力を入れ始めている。このように若い人たちを対象にリーダーシップ教育が盛んになっているのは，それだけリーダーシップを発揮する人材が社会で求められているからだろう。また，リーダーシップが，一部の限られた人にだけ求められるのではなく，若い人も含めて広く多くの人に求められるようになってきたからだろう。

リーダーシップを育成するには，何よりも実践が必要である。自分なりのリーダーシップ持論を構築し，それを実践し，実践プロセスを振り返ることでさらに効果的な持論を構築していくことが必要になる。教室で，ただ，講義を聴いているだけでは育成につながらない。

ただし，ただ闇雲に実践するだけでも意味がない。リーダーシップを本気で発揮するような場が必要であるし，また，それを仲間と一緒に振り返ったりフィードバックをしあったりする場も必要である。また，持論構築も闇雲に行うのではなく，理論を理解した上で持論構築を行った方が効果的である。つまり，理論だけ聴いていても育成につながらないが，理論を全く知らなくても効果的な育成はできないのである。

その意味で，リーダーシップ理論を知ることは重要だし，さらに，それを時代の変化に合わせて発展させることは重要である。単に研究上重要，というだけではなく，リーダーシップ育成のためにも重要となる。

一方で，日本から発信されるリーダーシップ研究は非常に少ないのが現状である。リーダーシップに関する書籍は多く出されているので，一見，リーダーシップ研究が盛んに行われているように見える。しかし，実際には，リーダーシップをきちんと研究して発信している人は非常に少ない。実際に，国際的な学術雑誌においても，日本発のリーダーシップ研究は，他のアジアの国々と比較しても非常に少ない。

しかし，本来であれば，日本からも，もっと多くのリーダーシップ研究の成果を発信すべきである。日本企業の多くはこの“失われた20年”ですっかり自信をなくしている。これに伴い，日本的なマネジメントもその問題点が多くして記されている。だが，日本的なマネジメントのすべてが機能しないわけではない。もともと日本的なマネジメントの中には，世界に通用するマネジメントは多く存在する。リーダーシップも同じである。例えば，本書でも紹介しているシェアド・リーダーシップは，本来，日本の職場では当たり前のように行われてきたことである。職位にかかわらず誰もが意見を述べ合い，現場で最も効果的な問題解決を図るのは，現場を重視する日本企業では当たり前のように行われてきたことである。

本書が，日本発のリーダーシップ研究が盛んになるきっかけになってくれることを願ってやまない。

なお，本書執筆にあたって，様々な方にお世話になった。とりわけ，リーダーシップ研究に取り組むきっかけを作り，その環境を整備してくださった立教大学経営学部の同僚である教職員の方々には，大変お世話になった。また，中央経済社の市田由紀子氏には，本書出版の機会を与えていただいたばかりか，本書作成プロセスにおいて重要なアドバイスをいただいた。

皆さまからいただいたご恩を，日本でのリーダーシップ研究の発展に貢献するという形で少しでも返すことができたのであれば幸いである。

最後に，私事ではあるが，家族に感謝したい。とりわけ妻の友貴子には，精神的にも物理的にも多大な支援をしてもっている。彼女の支援がなければ，本書を書き上げることはおろか，満足な研究活動さえできなかっただろう。大いなる感謝を述べたい。

REFERENCES（参考文献）

Abdalla, I. A., & Al-Homoud, M. A. 2001. Exploring the implicit leadership theory in the Arabian Gulf states. *Applied Psychology: An International Review*, 50(4): 503-531.

Avolio, B. J., Jung, D. I., Murry, W., & Sivasubramaniam, N. 1996. Building highly developed teams: Focusing on shared leadership processes, efficacy, trust, and performance. In M. M. Beyerlein, D. A. Johnson, & S. T. Beyerlein (Eds.), *Advances in Interdisciplinary Studies of Work Teams*, Vol. 3: 173-209. Greenwich, CT: JAI Press.

Bass, B. M. 1985. *Leadership and Performance beyond Expectation*. New York: Free Press.

Bass, B. M., & Avolio, B. J. 1990. Developing transformational leadership: 1992 and beyond. *Journal of European Industrial Training*, 14(5): 21-27.

Bass, B. M., & Avolio, B. J. (Eds.), 1994. *Improving Organizational Effectiveness through Transformational Leadership*. Thousand Oaks, CA: SagePublications.

Bedi, A. 2020. A meta-analytic review of paternalistic leadership. *Applied Psychology: An International Review*, 69(3): 960-1008.

Blake, R. R., & Mouton, J. S. 1985. *The Managerial Grid III: The Key to Leadership Excellence*. Houston, TX: Gulf Publishing Co.

Brown, M. E., & Treviño, L. K. 2006. Ethical leadership: A review and future directions. *The Leadership Quarterly*, 17(6): 595-616.

Brown, M. E., Treviño, L. K., & Harrison, D. A. 2005. Ethical leadership: A social learning perspective for construct development and testing. *Organizational Behavior & Human Decision Processes*, 97(2): 117-134.

Burns, J. M. 1978. *Leadership*. New York, NY: Harper & Row.

Cameron, K. S., & Quinn, R. E. 2011. *Diagnosing and Changing Organizational Culture: Based on the Competing Values Framework*. Reading, MA: John Wiley & Sons.

Carson, J. B., Tesluk, P. E., & Marrone, J. A. 2007. Shared leadership in teams: An investigation of antecedent conditions and performance. *Academy of Management Journal*, 50 (5): 1217-1234.

Cartwright, D. E., & Zander, A. E. 1953. *Group Dynamics Research and Theory*. Evanston, IL: Row, Peterson.

Cavazotte, F., Moreno, V., & Hickmann, M. 2012. Effects of leader intelligence, personality and emotional intelligence on transformational leadership and managerial performance. *The Leadership Quarterly*, 23(3): 443-455.

Chen, X.-P., Eberly, M. B., Chiang, T.-J., Farh, J.-L., & Cheng, B.-S. 2014. Affective trust in Chinese leaders: Linking paternalistic leadership to employee performance. *Journal of*

Management, 40(3): 796-819.

Chen, Y., Zhou, X., & Klyver, K. 2019. Collective efficacy: Linking paternalistic leadership to organizational commitment. *Journal of Business Ethics*, 159(2): 587-603.

Choi, S. B., Kim, K., & Kang, S.-W. 2017. Effects of transformational and shared leadership styles on employees' perception of team effectiveness. *Social Behavior & Personality: An International Journal*, 45(3): 377-386.

Choi, Y., & Yoon, J. 2005. Effects of leaders' self-sacrificial behavior and competency on followers' attribution of charismatic leadership among Americans and Koreans. *Current Research in Social Psychology*, 11(5): 51-69.

Cianci, A. M., Hannah, S. T., Roberts, R. P., & Tsakumis, G. T. 2014. The effects of authentic leadership on followers' ethical decision-making in the face of temptation: An experimental study. *The Leadership Quarterly*, 25(3): 581-594.

Conger, J. A., & Kanungo, R. N. 1988. *Charismatic Leadership: The Elusive Factor in Organization Effectiveness*. San Francisco, CA: Jossey-Bass.

Conger, J. A., & Kanungo, R. N. 1994. Charismatic leadership in organizations: Perceived behavioral attributes and their measurement. *Journal of Organizational Behavior*, 15(5): 439-452.

Dansereau, F., Graen, G., & Haga, W. J. 1975. A vertical dyad linkage approach to leadership within formal organizations: A longitudinal investigation of the role making process. *Organizational Behavior and Human Performance*, 13(1): 46-78.

De Cremer, D., Mayer, D. M., Van Dijke, M., Schouten, B. C., & Bardes, M. 2009. When does self-sacrificial leadership motivate prosocial behavior? It depends on followers' prevention focus. *Journal of Applied Psychology*, 94(4): 887-899.

De Cremer, D., & Van Knippenberg, D. 2004. Leader self-sacrifice and leadership effectiveness: The moderating role of leader self-confidence. *Organizational Behavior & Human Decision Processes*, 95(2): 140-155.

De Cremer, D., & Van Knippenberg, D. 2005. Cooperation as a function of leader self-sacrifice, trust, and identification. *Leadership & Organization Development Journal*, 26(5): 355-369.

De Cremer, D., van Knippenberg, D., van Dijke, M., & Bos, A. E. 2006. Self-sacrificial leadership and follower self-esteem: When collective identification matters. *Group Dynamics: Theory, Research, and Practice*, 10(3): 233-245.

De Hoogh, A. H. B., & Den Hartog, D. N. 2008. Ethical and despotic leadership, relationships with leader's social responsibility, top management team effectiveness and subordinates' optimism: A multi-method study. *The Leadership Quarterly*, 19(3): 297-311.

Dorfman, P. W., & Howell, J. P. 1988. Dimensions of national culture and effective leadership patterns: Hofstede revisited. In E. G. McGoun (Ed.), *Advances in International*

Comparative Management, Vol. 3: 127-149. Greenwich, CT: JAI.

Dunegan, K. J., Uhl-Bien, M., & Duchon, D. 2002. LMX and subordinate performance: The moderating effects of task characteristics. *Journal of Business & Psychology*, 17(2): 275-285.

Dvir, T., Eden, D., Avolio, B. J., & Shamir, B. 2002. Impact of transformational leadership on follower development and performance: A field experiment. *Academy of Management Journal*, 45(4): 735-744.

D'Innocenzo, L., Mathieu, J. E., & Kukenberger, M. R. 2016. A meta-analysis of different forms of shared leadership-team performance relations. *Journal of Management*, 42(7): 1964-1991.

Eden, C. 1992. On the nature of cognitive maps. *Journal of Management Studies (Wiley-Blackwell)*, 29(3): 261-265.

Edmondson, A. C., & McManus, S. E. 2007. Methodological fit in management field research. *Academy of Management Review*, 32(4): 1155-1179.

Eisenberger, R., Shoss, M. K., Karagonlar, G., Gonzalez-Morales, M. G., Wickham, R. E., & Buffardi, L. C. 2014. The supervisor POS-LMX-subordinate POS chain: Moderation by reciprocation wariness and supervisor's organizational embodiment. *Journal of Organizational Behavior*, 35(5): 635-656.

Engle, E. M., & Lord, R. G. 1997. Implicit theories, self-schemas, and leader-member exchange. *Academy of Management Journal*, 40(4): 988-1010.

Ensley, M. D., Hmieleski, K. M., & Pearce, C. L. 2006. The importance of vertical and shared leadership within new venture top management teams: Implications for the performance of startups. *The Leadership Quarterly*, 17(3): 217-231.

Epitropaki, O., & Martin, R. 2004. Implicit leadership theories in applied settings: factor structure, generalizability, and stability over time. *Journal of Applied Psychology*, 89(2): 293-310.

Epitropaki, O., & Martin, R. 2005. From ideal to real: A longitudinal study of the role of implicit leadership theories on leader-member exchanges and employee outcomes. *Journal of Applied Psychology*, 90(4): 659-676.

Erben, G. S., & Güneşer, A. B. 2008. The relationship between paternalistic leadership and organizational commitment: Investigating the role of climate regarding ethics. *Journal of Business Ethics*, 82(4): 955-968.

Erkutlu, H. 2012. The impact of organizational culture on the relationship between shared leadership and team proactivity. *Team Performance Management*, 18(1/2): 102-119.

Farh, J. L., & Cheng, B. S. 2000. A cultural analysis of paternalistic leadership in Chinese organizations. In J. T. Li, A. S. Tsui, & E. Weldon (Eds.), *Management and Organizations in the Chinese Context*: 84-127. London: Macmillan.

Fayol, H. 1949. *General and Industrial Management* (C. Storrs, Trans.). London, UK: Pitman.

Fiedler, F. E. 1967. *A Theory of Leadership Effectiveness*. New York, NY: McGraw-Hill.

Fiedler, F. E., Chemers, M. M., & Mahar, L. 1976. *Improving Leadership Effectiveness: The Leader Match Concept*. New York, NY: John Wiley & Sons.

Folger, R., & Konovsky, M. A. 1989. Effects of procedural and distributive justice on reactions to pay raise decisions. *Academy of Management Journal*, 32(1): 115-130.

古川公成・石田英夫・柳原一夫, 1996。李健熙三星会長に聞く：質重視への経営改革. 慶應経営論集, 13(2)：143-167.

Gantt, H. L. 1916. *Work, Wages, and Profits*. New York, NY: Engineering Magazine Company.

Gardner, W. L., Avolio, B. J., Luthans, F., May, D. R., & Walumbwa, F. 2005. "Can you see the real me?" A self-based model of authentic leader and follower development. *The Leadership Quarterly*, 16(3): 343-372.

George, B. 2003. *Authentic Leadership: Rediscovering the Secrets to Creating Lasting Value*. San Francisco, CA: John Wiley & Sons.

George, B. 2010. *True North: Discover Your Authentic Leadership*. San Francisco, CA: John Wiley & Sons.

Ghemawat, P. 2007. *Redefining Global Strategy: Crossing Borders in a World Where Differences Still Matter*. Boston, MA: Harvard Business Press.

Gibb, C. A. 1954. Leadership. In G. Lindzey (Ed.), *Handbook of Social Psychology* (Vol. 2, pp. 877-917). Reading MA: Addison-Wesley.

Gill, C., & Caza, A. 2018. An investigation of authentic leadership's individual and group influences on follower responses. *Journal of Management*, 44(2): 530-554.

Graen, G., & Schiemann, W. 1978. Leader-member agreement: A vertical dyad linkage approach. *Journal of Applied Psychology*, 63(2): 206-212.

Graen, G. B., & Scandura, T. A. 1987. Toward a psychology of dyadic organizing. In B. Staw, & L. L. Cumming (Eds.), *Research in Organizational Behavior*, Vol. 9: 175-208. Greenwich, CT: JAI.

Graen, G. B., & Uhl-Bien, M. 1995. Relationship-based approach to leadership: Development of leader-member exchange (LMX) theory of leadership over 25 years: Applying a multi-level multi-domain perspective. *The Leadership Quarterly*, 6(2): 219-247.

Greenleaf, R. K. 1977. *Servant Leadership: A Journey into the Nature of Legitimate Power and Greatness*. New York, NY: Paulist Press.

Grille, A., & Kauffeld, S. 2015. Development and preliminary validation of the Shared Professional Leadership Inventory for Teams (SPLIT). *Psychology*, 6(1): 75-92.

Grille, A., Schulte, E.-M., & Kauffeld, S. 2015. Promoting shared leadership: A multilevel analysis investigating the role of prototypical team leader behavior, psychological empowerment, and fair rewards. *Journal of Leadership & Organizational Studies*, 22(3): 324-339.

Gumusluoglu, L., & Ilsev, A. 2009. Transformational leadership, creativity, and organizational innovation. *Journal of Business Research*, 62(4): 461-473.

Halverson, S. K., Holladay, C. L., Kazama, S. M., & Quiñones, M. A. 2004. Self-sacrificial behavior in crisis situations: The competing roles of behavioral and situational factors. *The Leadership Quarterly*, 15(2): 263-275.

Harris, K. J., Wheeler, A. R., & Kacmar, K. M. 2009. Leader-member exchange and empowerment: Direct and interactive effects on job satisfaction, turnover intentions, and performance. *The Leadership Quarterly*, 20(3): 371-382.

Harris, T. B., Li, N., & Kirkman, B. L. 2014. Leader-member exchange (LMX) in context: How LMX differentiation and LMX relational separation attenuate LMX's influence on OCB and turnover intention. *The Leadership Quarterly*, 25(2): 314-328.

Hemphill, J. K., & Coons, A. E. 1957. Development of the leader behavior description questionnaire. In R. M. Stogdill, & A. E. Coons (Eds.), *Leader Behavior: Its Description and Measurement* (*Research Monograph No. 88*). Columbus, OH: Ohio State University, Bureau of Business Research.

Hersey, P., & Blanchard, K. 1977. *Management of Organizational Behavior: Utilizing Human Resources* (3rd ed.). Englewood Cliffs, NJ: Prentice Hall.

Hersey, P., & Blanchard, K. 1993. *Management of Organizational Behavior: Utilizing Human Resources* (6th ed.). Englewood Cliffs, NJ: Prentice Hall.

Herzberg, F. 1959. *The Motivation to Work*. New York, NY: John Wiley and Sons.

Hoch, J. E., Bommer, W. H., Dulebohn, J. H., & Wu, D. 2018. Do ethical, authentic, and servant leadership explain variance above and beyond transformational leadership? A meta-analysis. *Journal of Management*, 44(2): 501-529.

Hoch, J. E., & Kozlowski, S. W. J. 2014. Leading virtual teams: Hierarchical leadership, structural supports, and shared team leadership. *Journal of Applied Psychology*, 99(3): 390-403.

Houghton, J. D., Pearce, C. L., Manz, C. C., Courtright, S., & Stewart, G. L. 2015. Sharing is caring: Toward a model of proactive caring through shared leadership. *Human Resource Management Review*, 25(3): 313-327.

House, R. J. 1976. A 1976 theory of charismatic leadership. In J. G. Hunt, & L. L. Larson (Eds.), *Leadership: The Cutting Edge*. Carbondale, IL: Southern Illinois University Press.

House, R. J. 1971. A path goal theory of leader effectiveness. *Administrative Science Quarterly*, 16(3): 321-339.

House, R. J., Hanges, P. J., Ruiz-Quinganilla, S. A., Dorfman, P. W., Javidan, M., Dickson, M., & Associates. 1999. Cultural Influences on leadership and organizations: Project GLOBE. In W. H. Mobley, M. J. Gressner, & V. Arnold (Eds.), *Advances in Global Leadership* (pp. 131-233). Stamford, CT: JAI Press.

Huei-Jeng, C. 2012. Effects of paternalistic leadership on job satisfaction - Regulatory focus as the mediator. *International Journal of Organizational Innovation*, 4(4): 62-85.

池田守男・金井壽宏, 2007。サーバント・リーダーシップ入門：かんき出版。

石川淳, 1997。三星グループの組織変革. 慶應義塾経営管理学会リサーチペーパー, No.50.

石川淳, 2007。企業内研究者の創造性を促進するリーダーシップ. In 日向野幹也・アラン=バード (Eds.), 入門ビジネス・リーダーシップ：131-151：日本評論社。

石川淳, 2009。変革型リーダーシップが研究開発チームの業績に及ぼす影響：変革型リーダーシップの正の側面と負の側面. 組織科学, 43(2): 97-112.

Ishikawa, J. 2012. Transformational leadership and gatekeeping leadership: The roles of norm for maintaining consensus and shared leadership in team performance. *Asia Pacific Journal of Management*, 29(2): 265-283.

石川淳, 2016。シェアド・リーダーシップ：チーム全員の影響力が職場を強くする：中央経済社。

Javidan, M., Dorfman, P. W., De Luque, M. S., & House, R. J. 2006. In the eye of the beholder: Cross cultural lessons in leadership from Project GLOBE. *Academy of Management Perspectives*, 20(1): 67-90.

Judge, T. A., & Piccolo, R. F. 2004. Transformational and transactional leadership: A meta-analytic test of their relative validity. *Journal of Applied Psychology*, 89(5): 755-768.

Jung, D. I. 2001. Transformational and transactional leadership and their effects on creativity in groups. *Creativity Research Journal*, 13(2): 185-195.

梶原一明監修, 2007。本田宗一郎の見方・考え方：PHP研究所。

Katz, D., & Kahn, R. L. 1951. Human organization and worker motivation. In L. R. Tripp (Ed.), *Industrial Productivity*: 146-171. Madison, WI: Industrial Relations Research Association.

Katz, D., & Kahn, R. L. 1978. *The Social Psychology of Organizations* (2nd. ed.). New York, NY: John Willey & Sons.

Keller, T. 1999. Images of the familiar: Individual differences and implicit leadership theories. *The Leadership Quarterly*, 10(4): 589-607.

Kotter, J. P. 1996. *Leading change*. Boston, MA: Harvard Business Press.

Kukenberger, M. R., & D'Innocenzo, L. 2020. The building blocks of shared leadership: The interactive effects of diversity types, team climate, and time. *Personnel Psychology*, 73(1): 125-150.

Lau, W. K., Li, Z., & Okpara, J. 2020. An examination of three-way interactions of paternalistic leadership in China. *Asia Pacific Business Review*, 26(1): 32–49.

Lawler, E. E. Ⅲ. 1971. *Pay and Organizational Effectiveness: A Psychological View*. New York, NY: McGraw-Hill.

Lee, J., Cho, J., Baek, Y., Pillai, R., & Oh, S. H. 2019. Does ethical leadership predict follower outcomes above and beyond the full-range leadership model and authentic leadership?: An organizational commitment perspective. *Asia Pacific Journal of Management*, 36(3): 821–847.

Leroy, H., Anseel, F., Gardner, W. L., & Sels, L. 2015. Authentic leadership, authentic followership, basic need satisfaction, and work role performance. *Journal of Management*, 41 (6): 1677–1697.

Lewin, K. 1951. *Field Theory in Social Science*. New York, NY: Harper & Row.

Li, R., Zhang, Z. Y., & Tian, X. M. 2016. Can self-sacrificial leadership promote subordinate taking charge? The mediating role of organizational identification and the moderating role of risk aversion. *Journal of Organizational Behavior*, 37(5): 758–781.

Liden, R. C., Panaccio, A., Hu, J., & Meuser, J. D. 2014. Servant leadership: Antecedents, consequences, and contextual moderators. In D. V. Day (Ed.), *The Oxford Handbook of Leadership and Organizations*. Oxford, UK: Oxford University Press.

Liden, R. C., Wayne, S. J., Chenwei, L., & Meuser, J. D. 2014. Servant leadership and serving culture: Influence on individual and unit performance. *Academy of Management Journal*, 57(5): 1434–1452.

Liden, R. C., Wayne, S. J., Zhao, H., & Henderson, D. 2008. Servant leadership: Development of a multidimensional measure and multi-level assessment. *The Leadership Quarterly*, 19(2): 161–177.

Likert, R. 1961. *New Patterns of Management*. New York, NY: McGraw-Hill.

Likert, R. 1967. *The Human Organization: Its Management and Values*. New York, NY: McGraw-Hill.

Locke, E. A., & Latham, G. P. 1990. *A Theory of Goal Setting and Task Performance*. Englewood Cliffs, NJ: Prentice Hall.

Lord, R. G., & Maher, K. J. 1991. Cognitive theory in industrial and organizational psychology. *Handbook of Industrial and Organizational Psychology*, 2, 1–62.

Lord, R. G., De Vader, C. L., & Alliger, G. M. 1986. A meta-analysis of the relation between personality traits and leadership perceptions: An application of validity generalization procedures. *Journal of Applied Psychology*, 71(3): 402–410.

Luthans, F., & Avolio, B. J. 2003. Authentic leadership: A positive developmental approach. In K. S. Cameron, J. E. Dutton, & R. E. Quinn (Eds.), *Positive Organizational Scholarship*. San Francisco, CA: Barrett-Koehler.

Mann, R. D. 1959. A review of the relationships between personality and performance in small groups. *Psychological Bulletin*, 56(4): 241-270.

Martin, R., & Epitropaki, O. 2001. Role of organizational identification on implicit leadership theories (ILTs), transformational leadership and work attitudes. *Group Processes & Intergroup Relations*, 4(3): 247-262.

Martinez, P. G. 2005. Paternalism as a positive form of leadership in the Latin American context: Leader benevolence, decision-making control and human resource management practices. In M. Elvira, & A. Davila (Eds.), *Managing Human Resources in Latin America: An Agenda for International Leaders*: 75-93. Oxford, UK: Routledge.

Maslow, A. 1954. *Motivation and Personality*. New York, NY: Harper & Row.

Mathieu, J. E., Kukenberger, M. R., D'Innocenzo, L., & Reilly, G. 2015. Modeling reciprocal team cohesion-performance relationships, as impacted by shared leadership and members' competence. *Journal of Applied Psychology*, 100(3): 713-734.

McFarlin, D. B., & Sweeney, P. D. 1992. Distributive and procedural justice as predictors of satisfaction with personal and organizational outcomes. *Academy of Management Journal*, 35(3): 626-637.

McGregor, D. 1960. *The Human Side of Enterprise*. New York, NY: McGraw-Hill.

Mehra, A., Smith, B. R., Dixon, A. L., & Robertson, B. 2006. Distributed leadership in teams: The network of leadership perceptions and team performance. *The Leadership Quarterly*, 17(3): 232-245.

Men, L. R., & Stacks, D. 2014. The effects of authentic leadership on strategic internal communication and employee-organization relationships. *Journal of Public Relations Research*, 26(4): 301-324.

三隅二不二, 1984。リーダーシップ行動の科学（改訂版）：有斐閣。

三隅二不二, 1986。リーダーシップの科学：指導力の科学的診断法：講談社。

Moore, B. V. 1927. The May conference on leadership. *Personnel Journal*, 6(124): 50-74.

Moorman, R. H. 1991. Relationship between organizational justice and organizational citizenship behaviors: Do fairness perceptions influence employee citizenship? *Journal of Applied Psychology*, 76(6): 845-855.

Morris, T., & Pavett, C. M. 1992. Management style and productivity in two cultures. *Journal of International Business Studies*, 23(1): 169-179.

Mostafa, A. M. S., & Bottomley, P. A. 2020. Self-sacrificial leadership and employee behaviours: An examination of the role of organizational social capital. *Journal of Business Ethics*, 161(3): 641-652.

中部博, 2001。定本　本田宗一郎伝――飽くなき挑戦　大いなる勇気：三樹書房。

Neider, L. L., & Schriesheim, C. A. 2011. The authentic leadership inventory (ALI) : Development and empirical tests. *The Leadership Quarterly*, 22(6): 1146-1164.

Neubert, M. J., Carlson, D. S., Kacmar, K. M., Roberts, J. A., & Chonko, L. B. 2009. The virtuous influence of ethical leadership behavior: Evidence from the field. *Journal of Business Ethics*, 90(2): 157-170.

Newman, A., Kiazad, K., Miao, Q., & Cooper, B. 2014. Examining the cognitive and affective trust-based mechanisms underlying the relationship between ethical leadership and organisational citizenship: A case of the head leading the heart? *Journal of Business Ethics*, 123(1): 113-123.

NHK制作DVD『プロジェクトX　挑戦者たち　第２巻　窓際族が世界規格を作った～VHS・執念の逆転劇～』。

NHK「プロジェクトX」制作班編，2000。プロジェクトX　挑戦者たち１　執念の逆転劇：NHK出版。

Northouse, P. G. 2015. *Leadership: Theory and Practice* (Seventh ed.). Thousand Oak, CA: Sage.

Nye, J. L., & Forsyth, D. R. 1991. The effects of prototype-based biases on leadership appraisals. *Small Group Research*, 22(3): 360-379.

小野善，2016。フォロワーが語るリーダーシップ：有斐閣。

恩地祥光，2013。昭和のカリスマと呼ばれた男　中内㓛のかばん持ち：プレジデント社。

Ötken, A., & Cenkci, T. 2012. The impact of paternalistic leadership on ethical climate: The moderating role of trust in leader. *Journal of Business Ethics*, 108(4): 525-536.

Owens, B. P., & Hekman, D. R. 2012. Modeling how to grow: An inductive examination of humble leader behaviors, contingencies, and outcomes. *Academy of Management Journal*, 55(4): 787-818.

Owens, B. P., & Hekman, D. R. 2016. How does leader humility influence team performance? Exploring the mechanisms of contagion and collective promotion focus. *Academy of Management Journal*, 59(3): 1088-1111.

Pearce, C. L., & Sims Jr., H. P. 2002. Vertical versus shared leadership as predictors of the effectiveness of change management teams: An examination of aversive, directive, transactional, transformational, and empowering leader behaviors. *Group Dynamics: Theory, Resarch, and Practice*, 6(2): 172-197.

Pearce, C. L., Yoo, Y., & Alavi, M. 2004. Leadership, social work and virtual teams: The relative influence of vertical vs. shared leadership in the nonprofit sector. In R. E. Riggio, & S. Smith-Orr (Eds.), *Improving Leadership in Nonprofit Organizations*: 180-203. San Francisco, CA: Jossey-Bass.

Pekerti, A. A., & Sendjaya, S. 2010. Exploring servant leadership across cultures: Comparative study in Australia and Indonesia. *International Journal of Human Resource Management*, 21(5): 754-780.

Pellegrini, E. K., & Scandura, T. A. 2006. Leader-member exchange (LMX), paternalism, and delegation in the Turkish business culture: An empirical investigation. *Journal of*

International Business Studies, 37(2): 264-279.

Peterson, S. J., Walumbwa, F. O., Avolio, B. J., & Hannah, S. T. 2012. The relationship between authentic leadership and follower job performance: The mediating role of follower positivity in extreme contexts. *The Leadership Quarterly*, 23(3): 502-516.

Peus, C., Wesche, J., Streicher, B., Braun, S., & Frey, D. 2012. Authentic leadership: An empirical test of its antecedents, consequences, and mediating mechanisms. *Journal of Business Ethics*, 107(3): 331-348.

Piccolo, R. F., Greenbaum, R., Hartog, D. N. d., & Folger, R. 2010. The relationship between ethical leadership and core job characteristics. *Journal of Organizational Behavior*, 31 (2-3): 259-278.

Rego, A., Sousa, F., Marques, C., & Cunha, M. P. E. 2012. Authentic leadership promoting employees' psychological capital and creativity. *Journal of Business Research*, 65(3): 429-437.

Robbins, S. P. 1997. *Essentials of Organizational Behavior* (5th ed.) Upper Saddle River, NJ: Prentice Hall.

Robbins, S. P., Coulter, M., & De Cenzo, D. A. 2014. *Fundamentals of Management* (Global ed.). Upper Saddle River, NJ: Prentice Hall.

Roethlisberger, F. J., & Dickson, W. J. 1934. *Management and the Worker: Technical vs. Social Organization in an Industrial Plant*. Cambridge, MA: Harvard University.

真田茂人, 2012。サーバント・リーダーシップ実践講座：奉仕するリーダーが成果を上げる！：中央経済社。

佐野眞一, 2001。カリスマ　中内㓛とダイエーの「戦後」上・下：新潮文庫。

Schein, E. H., & Schein, P. A. 2018. *Humble Leadership: The Power of Relationships, Openness, and Trust*. Oakland, CA: Berrett-Koehler Publishers.

Sendjaya, S., Sarros, J. C., & Santora, J. C. 2008. Defining and measuring servant leadership behaviour in organizations. *Journal of Management Studies*, 45(2): 402-424.

Serban, A., & Roberts, A. J. B. 2016. Exploring antecedents and outcomes of shared leadership in a creative context: A mixed-methods approach. *Leadership Quarterly*, 27(2): 181-199.

Shamir, B., House, R. J., & Arthur, M. B. 1993. The motivational effects of charismatic leadership: A self-concept based theory. *Organization Science*, 4(4): 577-594.

Shen, W. 2019. Personal and situational antecedents of workers' implicit leadership theories: A within-person, between-jobs design. *Journal of Leadership & Organizational Studies*, 26(2): 204-216.

Simons, T., & Roberson, Q. 2003. Why managers should care about fairness: The effects of aggregate justice perceptions on organizational outcomes. *Journal of Applied Psychology*, 88(3): 432-443.

Sivasubramaniam, N., Murry, W. D., Avolio, B. J., & Jung, D. I. 2002. A longitudinal model of the effects of team leadership and group potency on group performance. *Group & Organization Management*, 27(1): 66-96.

Small, E. E., & Rentsch, J. R. 2010. Shared leadership in teams: A matter of distribution. *Journal of Personnel Psychology*, 9(4): 203-211.

Solomon, A., Loeffer, F. J., & Frank, G. H. 1953. An analysis of co-therapist interaction in group psychotherapy. *International Journal of Group Psychotherapy, 3*: 171-180.

Song, Z., Gu, Q., & Cooke, F. L. 2020. The effects of high-involvement work systems and shared leadership on team creativity: A multilevel investigation. *Human Resource Management*, 59(2): 201-213.

Spears, L. C. 2002. Tracing the past, present, and future of servant-leadership. In L. C. Spears, & M. Lawrence (Eds.), *Focus on Leadership: Servant-leadership for the Twenty-first Century*: 1-16. New York, NY: John Wiley & Sons.

Stogdill, R. M. 1948. Personal factors associated with leadership: A survey of the literature. *Journal of Psychology*, 25(1): 35-71.

Stogdill, R. M. 1963. *Manual for the Leader Behavior Description Questionnaire-form XII*. Columbus, OH: Ohio State University, Bureau of Business Research.

Stogdill, R. M. 1974. *Handbook of Leadership*. New York: Free Press.

Sy, T., Shore, L. M., Strauss, J., Shore, T. H., Tram, S., Whiteley, P., & Ikeda-Muromachi, K. 2010. Leadership perceptions as a function of race-occupation fit: The case of Asian Americans. *Journal of Applied Psychology*, 95(5): 902-919.

竹中千春，2018。ガンディー　平和を紡ぐ人：岩波書店。

Taylor, F. W. 1919. *The Principles of Scientific Management*. New York, NY: Harper & Brothers.

Tavares, G. M., Sobral, F., Goldszmidt, R., & Araújo, F. 2018. Opening the implicit leadership theories' black box: An experimental approach with conjoint analysis. *Frontiers in psychology*, 9: 100.

Tichy, N. M., & Devanna, M. A. 1986. *The Transformational Leader*. New York, NY: John Wiley & Sons.

Topakas, A. 2011. *Measurement of Implicit Leadership Theories and Their Effect on Leadership Processes and Outcomes*. (Doctoral dissertation), Aston University, Birmingham, UK.

Tu, Y., Lu, X., Choi, J. N., & Guo, W. 2019. Ethical leadership and team-level creativity: Mediation of psychological safety climate and moderation of supervisor support for creativity. *Journal of Business Ethics*, 159(2): 551-565.

Uhl-Bien, M., Tierney, P. S., Graen, G. B., & Wakabayashi, M. 1990. Company paternalism and the hidden-investment process. *Group & Organization Studies*, 15(4): 414-430.

van Dierendonck, D., Stam, D., Boersma, P., de Windt, N., & Alkema, J. 2014. Same difference? Exploring the differential mechanisms linking servant leadership and transformational leadership to follower outcomes. *The Leadership Quarterly*, 25(3): 544-562.

van Quaquebeke, N., van Knippenberg, D., & Brodbeck, F. C. 2011. More than meets the eye: The role of subordinates' self-perceptions in leader categorization processes. *The Leadership Quarterly*, 22(2): 367-382.

van Quaquebeke, N., van Knippenberg, D., & Eckloff, T. 2011. Individual differences in the leader categorization to openness to influence relationship: The role of followers' self-perception and social comparison orientation. *Group Processes & Intergroup Relations*, 14(5): 605-622.

Vroom, V. H. 1964. *Work and Motivation*. New York, NY: John Wiley & Sons.

Walumbwa, F. O., Avolio, B. J., Gardner, W. L., Wernsing, T. S., & Peterson, S. J. 2008. Authentic leadership: Development and validation of a theory-based measure. *Journal of Management*, 34(1): 89-126.

Walumbwa, F. O., Hartnell, C. A., & Oke, A. 2010. Servant leadership, procedural justice climate, service climate, employee attitudes, and organizational citizenship behavior: A cross-level investigation. *Journal of Applied Psychology*, 95(3): 517-529.

Walumbwa, F. O., Lawler, J. J., & Avolio, B. J. 2007. Leadership, individual differences, and work-related attitudes: A cross-culture investigation. *Applied Psychology: An International Review*, 56(2): 212-230.

Walumbwa, F. O., Orwa, B., Wang, P., & Lawler, J. J. 2005. Transformational leadership, organizational commitment, and job satisfaction: A comparative study of Kenyan and U.S. financial firms. *Human Resource Development Quarterly*, 16(2): 235-256.

Walumbwa, F. O., Peng, W., Lawler, J. J., & Kan, s. 2004. The role of collective efficacy in the relations between transformational leadership and work outcomes. *Journal of Occupational & Organizational Psychology*, 77(4): 515-530.

Wang, A.-C., Tsai, C.-Y., Dionne, S. D., Yammarino, F. J., Spain, S. M., Ling, H.-C., Huang, M.-P., Chou, L.-F., & Cheng, B.-S. 2018. Benevolence-dominant, authoritarianism-dominant, and classical paternalistic leadership: Testing their relationships with subordinate performance. *The Leadership Quarterly*, 29(6): 686-697.

Wang, H., Sui, Y., Luthans, F., Wang, D., & Wu, Y. 2014. Impact of authentic leadership on performance: Role of followers' positive psychological capital and relational processes. *Journal of Organizational Behavior*, 35(1): 5-21.

Wang, L., Han, J., Fisher, C. M., & Pan, Y. 2017. Learning to share: Exploring temporality in shared leadership and team learning. *Small Group Research*, 48(2): 165-189.

Weber, M. 1947. Max Weber: *The Theory of Social and Economic Organization* (Trans. A. M. Henderson, & Talcott Parsons.). New York, NY: Oxford University Press.

Winter, S. 1976. Developmental stages in the roles and concerns of group co-leaders. *Small Group Behavior,* 7(3): 349–362.

Wu, Q., & Cormican, K. 2016. Shared leadership and team creativity: A social network analysis in engineering design teams. *Journal of Technology Management & Innovation*, 11(2): 2–12.

Wu, Q., Cormican, K., & Chen, G. 2020. A meta-analysis of shared leadership: Antecedents, consequences, and moderators. *Journal of Leadership & Organizational Studies*, 27(1): 49–64.

Xu, N., Chiu, C.-Y., & Treadway, D. C. 2019. Tensions between diversity and shared leadership: The role of team political skill. *Small Group Research*, 50(4): 507–538.

Yoshida, D. T., Sendjaya, S., Hirst, G., & Cooper, B. 2014. Does servant leadership foster creativity and innovation? A multi-level mediation study of identification and prototypicality. *Journal of Business Research*, 67(7): 1395–1404.

Yukl, G. 2002. *Leadership in Organizations* (5th ed.). Upper Saddle River, NJ: Prentice-Hall.

索　引

欧文

ALI……174
ALQ……174
GLOBE……61, 158
ILT……190
LBDQ……77
LMX理論……183
LPC得点……90
minitts……187
MLQ……137
M機能……80
OCB……69
PDCAサイクル……27, 230
PM理論……79
P機能……80
Situational Leadership®……103
SL理論……12, 28, 57, 96, 116

あ　行

アウト・グループ……183
アクロクエストテクノロジー……194
暗黙的持論……21
暗黙的リーダーシップ理論（ILT）……189, 190
委任型リーダーシップ……98, 100
イン・グループ……183
オーセンティック・リーダーシップ……168, 186
オハイオ研究……76
温情主義的リーダーシップ……29, 175

か　行

概念……6
カリスマ型リーダーシップ……58, 124
関係的公正感……70
ガント……51
期待理論……105
くまモン……205
グループ変容過程モデル……138, 140
クルト・レヴィン……138
謙虚なリーダーシップ……223
高LMX……185
交換型リーダーシップ……131, 132
構造づくり……77
行動アプローチ研究……75
行動科学……56
コーチング型リーダーシップ……98, 100
コッターの変革型リーダーシップ理論……142
個別配慮……135
コンガーとカヌンゴのカリスマ型リーダーシップ研究……129
コンティンジェンシー・アプローチ研究……89

さ　行

サーバント・リーダーシップ……15, 161
サムスン……147
参加型リーダーシップ……107
シェアド・リーダーシップ……198
支援型リーダーシップ……98, 100, 107
支援的行動……97
自己犠牲的リーダーシップ……228
指示型リーダーシップ……98, 100, 107
資質アプローチ研究……63
指示的行動……97
シャミアらのカリスマ型リーダーシップ

研究……127
従業員志向……78
受動的例外管理……135
職務の自律性……16
持論……10, 11, 20, 23
持論2.0……31, 32, 219
持論のバージョンアップ……25, 27
親和欲求……108
成果に応じた報酬提供……135
生産志向……78
組織公正感……69
組織コミットメント……69
組織サポート感……186

た　行

タスク構造……92
達成志向型リーダーシップ……107
地位パワー……92
知的刺激……134
低LMX……185
ティシーとディバナの変革型リーダーシップ理論……18, 137, 153
テイラー……51
手続き的公正感……70

な　行

中内㓛……179
人間関係論研究……54
能動的例外管理……135

は　行

パーソナリティ・ベース・リーダーシップ……221
配慮……77
ハウスのカリスマ型リーダーシップ研究……125
パス・ゴール理論……18, 104
バスの変革型リーダーシップ理論……131, 151
ファヨール……51
フィードラー理論……18, 90, 115
フォロワーの成熟度……98, 99
分配的公正感……70
変革型アプローチ研究……123
変革型リーダーシップ……58, 132, 133, 186

ま　行

マックス・ウェーバー……125
マネージャー……46, 47
マネジメント……44, 45
マネジリアル・グリッド……86
マハトマ・ガンジー……172
ミシガン研究……78
明示的持論……21
モチベーション鼓舞……134
モデレータ……57
モデレート……16

ら　行

ラルフ・ストッグディル……66
リーダー……46, 47
リーダーシップの基本……224
リーダーシップの定義……40
リーダーとフォロワーの関係性……91
理想化された影響……134
リチャード・マン……66
理論……6, 11, 13, 17
倫理的リーダーシップ（Ethical Leadership）……229
ローカス・オブ・コントロール……108
ロバート・グリーンリーフ……162

〔著者紹介〕
石川　淳（いしかわ　じゅん）
生　年：1962年
学　歴：慶應義塾大学法学部政治学科卒
慶應義塾大学経営管理研究科修士課程修了
同　　　　　　　　博士課程修了
学　位：博士（経営学）
現　職：立教大学統括副総長
立教学院常務理事
立教大学経営学部　教授

主要著作：

・『シェアド・リーダーシップ：チーム全員の影響力が職場を強くする』中央経済社，2016年（単著）
・『善き経営　GBIの理論と実践』丸善雄松堂，2016年（分担執筆）
・「研究開発プロセスのリーダーシップ：文献レビューと課題の提示」『日本労働研究雑誌』660号，66-86頁，2015年（単著）
・「研究開発チームにおけるシェアド・リーダーシップ：チームリーダーのリーダーシップ，シェアド・リーダーシップ，チーム業績の関係」『組織科学』48巻4号，67-82頁，2013年（単著）
・Transformational leadership and gatekeeping leadership: The roles of the norm for maintaining consensus and shared leadership in team performance, *Asia Pacific Journal of Management*, 29(2): 265-283, 2012.（単著）

主要受賞歴：

1997年　日本労務学会研究奨励賞
2014年　Pan-Pacific Business Conference Outstanding Paper Award

本文イラスト：斉藤ヨーコ

リーダーシップの理論
——経験と勘を活かす武器を身につける

2022年3月30日　第1版第1刷発行
2024年7月20日　第1版第4刷発行

著　者　石　川　　淳
発行者　山　本　　継
発行所　㈱　中　央　経　済　社
発売元　㈱中央経済グループパブリッシング

〒101-0051　東京都千代田区神田神保町1－35
電話　03（3293）3371（編集代表）
03（3293）3381（営業代表）
https://www.chuokeizai.co.jp

印刷／㈱ 堀 内 印 刷 所
製本／㈲ 井 上 製 本 所

＊頁の「欠落」や「順序違い」などがありましたらお取り替えいたしますので発売元までご送付ください。（送料小社負担）
ISBN978-4-502-41861-7　C3034